"十四五"职业教育国家规划教材

|职业教育电子商务专业 系列教材|

电子商务基础

（第3版）

主　编／钟雪梅

副主编／彭　军　杨　洋　王　薇

参　编／（排名不分先后）

吴小欢　傅苑辉　赖　宇

廖瑗瑗　黄　劲　许　刚

重庆大学出版社

内容提要

本书围绕电子商务的新业态新模式发展来组织内容编写,采用"项目→任务→活动"的编写体例,通过项目模块,任务细分、课堂活动实操,融入相关的理论知识。全书内容包括 8 个项目:走进电子商务世界、初识电子商务平台、体验电子商务支付、熟悉电子商务物流、体验网络营销活动、警惕电子商务安全、专注移动电子商务、培养电子商务职业道德。让学生深入学习电子商务的理论知识,提高专业的实践技能,提升爱国敬业、诚实守信的职业素养,成为能适应社会发展需求的电子商务技术技能型人才。

本书可作为职业院校的电子商务、直播电商服务、市场营销等财经商贸相关专业学生的教材,也可作为企事业单位从事电子商务行业人员的参考用书。

图书在版编目(CIP)数据

电子商务基础/钟雪梅主编.--3 版.--重庆:
重庆大学出版社,2022.8(2024.8 重印)
职业教育电子商务专业系列教材
ISBN 978-7-5624-9541-3

Ⅰ.①电⋯ Ⅱ.①钟⋯ Ⅲ.①电子商务—中等专
业学校—教材 Ⅳ.①F713.36

中国版本图书馆 CIP 数据核字(2022)第 024920 号

职业教育电子商务专业系列教材

电子商务基础(第 3 版)
DIANZI SHANGWU JICHU
主 编 钟雪梅
副主编 彭 军 杨 洋 王 薇
策划编辑:王海琼
责任编辑:王海琼 版式设计:王海琼
责任校对:邹 忌 责任印制:赵 晟
*
重庆大学出版社出版发行
出版人:陈晓阳
社址:重庆市沙坪坝区大学城西路 21 号
邮编:401331
电话:(023) 88617190 88617185(中小学)
传真:(023) 88617186 88617166
网址:http://www.cqup.com.cn
邮箱:fxk@cqup.com.cn(营销中心)
全国新华书店经销
重庆正文印务有限公司印刷
*
开本:787mm×1092mm 1/16 印张:13.5 字数:339 千
2016 年 1 月第 1 版 2022 年 8 月第 3 版 2024 年 8 月第 27 次印刷
印数:134 331—144 330
ISBN 978-7-5624-9541-3 定价:49.00 元

编写人员名单

主　编　钟雪梅　中山市沙溪理工学校

副主编　彭　军　中山市沙溪理工学校

　　　　　杨　洋　惠州工程职业学院

　　　　　王　薇　东莞市商业学校

参　编（排名不分先后）

　　　　　吴小欢　广州市财经商贸职业学校

　　　　　傅苑辉　广州市花都区职业技术学校

　　　　　赖　宇　广东工贸职业技术学院

　　　　　廖瑷瑷　广东省外语艺术职业学院

　　　　　黄　劲　湛江幼儿师范专科学校

　　　　　许　刚　中山市买它网络科技有限公司

前 言（第3版）

近年来，全球经济发展面临多重挑战，在这百年未有之大变局中，我国电子商务从快速发展的成长期步入提质增效的成熟期，电子商务已深度融入大众生产生活的各个领域，已不断满足人民日益增长的美好生活需求，成为推动国民经济和社会发展的重要力量。随着数字经济的发展，电子商务也迎来了新的发展机遇，直播电商、农村电商、跨境电商、兴趣电商、社交电商等新业态新模式的蓬勃发展，对培养能适应社会经济高质量发展需求的电子商务技术技能型人才提出了更高要求。

本教材第1版于2015年出版，第2版于2019年修订，被评为"十三五"职业教育国家规划教材，受到全国各地广大读者一致好评。同时，也收到许多宝贵的意见和建议，为此再次组织优秀的教师团队进行第3版教材修订工作。

教材第3版修订并完善了以下内容：

1. 本次修订更新了电子商务发展的最新案例和发展数据，紧跟电子商务行业发展趋势；修改并完善了各个任务活动设计与实施步骤，融入思政要求和内容，增加了各项目的思维导图和课后拓展内容（二维码），更有利于课程教育教学活动的开展。

2. 本次修订，各个项目增加内容较多，其中项目1增加电子商务发展中的农村电商、跨境电商、直播电商等新模式；项目2增加最新的电子商务平台运营状况；项目3完善移动支付的新工具、新技术；项目4增加跨境物流、智慧物流等；项目5增加社交营销、直播营销等；项目6增加个人隐私保护内容；项目7增加小程序的应用情况；项目8完善电子商务最新的法律法规。

3. 本次修订调整并补强编写团队。本书由钟雪梅担任主编统筹编写，由彭军、杨洋、王薇担任副主编，协助完成审稿和配套教学资料的整合。其中，项目1由彭军、钟雪梅编写；项目2由杨洋编写；项目3由赖宇编写；项目4由黄劲编写；项目5由傅苑辉、吴小欢编写；项目6由王薇编写；项目7由廖媛媛编写；项目8由钟雪梅、许刚编写。

本书配有电子课件、电子教案、习题答案、二维码、期中期末试卷及答案各一套等资源供教师参考，需要者可登录重庆大学出版社资源网站（www.cqup.com.cn）下载。

本书在修订过程中采纳了近几年来广大读者的反馈信息，对教材的实用性和前瞻性具有巨大的帮助，在此一并表示感谢。由于作者水平有限，书中不足之处在所难免，恳请广大读者批评指正。

联系邮箱：xm520@126.com

编 者

2022 年 1 月

近年来,随着互联网与电子商务技术的快速发展,"互联网+"以一种新的经济业态带来更为广阔的成长、发展空间,电子商务已经成为我国经济发展中活力和创新力最强、社会影响力最广的朝阳产业,广泛渗透到社会经济生活的各个领域,不仅成为企业拓展市场、降低成本的新渠道,更是消费者便利消费的新选择,而且在促进社会就业、推动产业转型升级、带动全球贸易增长等方面发挥着日益重要的作用,着力推动大众创业,万众创新。

"全民电子商务"时代的到来普及电子商务知识和学习电子商务技能成为现代人才技能培养需求,本书结合电子商务最新发展动态,从应用的角度全面系统地介绍了电子商务领域各个方面的基本知识和技能,按项目导向和任务驱动的形式组织教材体系结构和内容。内容主要包括8个项目模块:走进电子商务世界、初识电子商务平台、体验电子商务支付、熟悉电子商务物流、体验网络营销活动、警惕电子商务安全、专注移动电子商务、培养电子商务职业道德,并根据每个项目内容与特点,安排了具体的情境任务、课堂活动、合作实训和课后习题。

本书具有以下特点:

1. 本书打破中职教材的传统编写模式,采用"项目—任务—活动"的编写体例,通过具体项目模块,任务细分,课堂活动操作,融入相关的理论知识,避免了从纯理论入手的传统教学模式。

2. 本书编写内容以学生为主体,以项目为驱动,让学生亲身体验真实的电子商务任务情境实践,在做中学,学中做。遵循了先易后难的原则,从简单的课堂活动引出相关理论知识,再到综合的合作实训。

3. 本书吸纳了著名企业的电子商务行业专家亲自执笔撰写,确保学习内容与企业真实应用同步,而且把电子商务企业真实工作提炼出来作为实训项目,辅以必要的理实一体化作业,帮助学生提升综合竞争力。

本书的每个项目设计两个任务,每个任务安排若干个活动。项目的基本结构如下:

【项目综述】简述本项目要完成的具体任务及涉及的相关知识点。

【任务情境】本任务依据真实的学习状况和公司动态设定情境。

【知 识 窗】本任务完成所涉及的电子商务相关的理论知识。

【活动实施】本任务分解成若干个具体的课堂活动,指导学生完成活动的具体步骤。

【合作实训】为巩固学生学习基础知识和培养学生团队合作能力进行综合实训项目。

【项目总结】启发学生对本项目所涉及知识和技能的回顾和总结。

【项目检测】帮助学生思考、理解和消化本项目的知识点。

当读者系统学习本书之后,不仅全面了解行业发展历程和网络交易平台发展状况,同时能学习和体验网络购物、电子支付和物流配送活动,掌握一定的网络营销活动推广和电子商务安全管理的技能,培养电子商务职业道德和就业创业的相关知识和技能。

本书的配套资料:为了方便教学,作者为本书提供了如下资料:任务活动所需的素材图片、每个项目教学设计和多媒体课件、项目检测习题的参考答案。

本书的配套资料可在重庆大学出版社的资源网站(www.cqup.com.cn,用户名和密码:cqup)上下载。

本书由钟雪梅担任主编统筹编写,由杨洋和黄清担任副主编,协助完成审稿和配套教学资料的整合。项目1由彭军、黄燕华编写;项目2由杨洋编写;项目3由赖宇编写;项目4由黄劲编写;项目5由黄清、廖卓萍、吴慕勤编写;项目6由江凯彬编写;项目7由廖瑗瑗编写;项目8由曾怡洁编写。在编写过程中,参阅、借鉴并引用了大量国内外有关电子商务技术、创新等方面书刊资料和研究成果,浏览了许多相关网站,在此深表感谢。特别是得到了重庆大学出版社、中山市暴风电子商务有限公司的大力支持和帮助,在此一并致以衷心的感谢!

限于作者编写水平,书中错误和不妥之处在所难免,恩请读者不吝指教。

联系邮箱:xm520@126.com

编　者

2015 年 12 月

项目 1
走进电子商务世界

【项目综述】

根据中国互联网络信息中心（CNNIC）发布的第 53 次《中国互联网络发展状况统计报告》显示，截至 2023 年 12 月，我国网民规模达 10.92 亿，网络购物用户规模达 9.15 亿，占网民整体的 83.8%。如此庞大的用户群为电子商务带来极大的发展空间。目前，许多电子商务企业已经利用互联网平台发展形成了自身的商业模式，如阿里巴巴、京东、拼多多、美团等，电子商务的发展催生了庞大的人才需求。

李伟、王杰、张艳和刘洋同学是光明职业技术学校的高一新生。恰逢学校校企合作单位 MT 电子商务有限公司（简称"MT 公司"）正在着手建立电子商务新平台，李伟、王杰、张艳和刘洋看到了 MT 公司的校园招聘，希望通过自身努力成功进入企业，为今后的电子商务专业学习做好准备，也为自身未来的就业创业打好基础。

【项目目标】

通过本项目的学习，应达到的具体目标如下：

知识目标

◇了解电子商务发展历程

◇了解电子商务岗位设置

◇掌握电子商务传统模式

◇了解电子商务新型模式

能力目标

◇掌握利用网络从事商务活动的技巧

◇掌握商务活动的有效沟通技巧

◇掌握市场调查的操作技巧

素质目标

◇增强学生团队合作意识

◇培养学生理论联系实际的能力

◇培养学生与时俱进、开拓创新的精神

◇初步形成适应社会主义市场经济需要的就业观和人生观

【项目思维导图】

```
                              ┌── 任务1  认识电子商务世界 ──┬── 活动1  了解电子商务发展历程
                              │                              └── 活动2  初识电子商务就业岗位
  项目1  走进电子商务世界 ───┤
                              │                              ┌── 活动1  熟悉传统电子商务模式
                              └── 任务2  创新电子商务模式 ──┴── 活动2  体验新型电子商务模式
```

任务 1 »»»»»»
认识电子商务世界

情境设计

刚踏入学校的李伟、王杰、张艳和刘洋无意间得知 MT 公司因平台扩建正在学校进行校园招聘,有网店客服、美工助理、物流助理、运营助理、网络推广助理等实习岗位。为在招聘面试中脱颖而出,李伟团队需要提前做好知识准备。在学校指导老师的引导下,李伟团队组成了一个学习小组。

任务分解

为成功获得 MT 公司的实习岗位,小组成员在学校指导老师的引导下,需要先借助网络搜索工具了解电子商务在大环境下的发展历程,掌握电子商务的基本理论知识,深入了解知名网站的基本功能。在此基础上,李伟小组借助网络了解电子商务岗位设置,并各自进行初步的职业定位,通过模拟招聘加深对电子商务岗位的认知。

活动 1　了解电子商务发展历程

活动背景

李伟和王杰、张艳、刘洋由于刚踏入学校,对电子商务的知识并不熟悉,因此在真正接触电子商务岗位之前,由学校专业指导老师带领他们学习专业知识:电子商务产生和发展、电子商务基本概念、电子商务基本特点和电子商务基本组成要素,然后通过指导老师组织开展的小组活动巩固知识。

□ 知识窗

1.电子商务的产生和发展

(1)全球电子商务发展历程

1994 年至 1995 年,亚马逊(Amazon)和易贝(eBay)先后在美国成立。此后,这种以互联网为依托进行商品和服务交易的新兴经济活动迅速普及全球。

电子商务起源于欧美,但兴盛于亚洲。欧美地区电子商务起步早、应用广,而亚洲地区电子商务体量大、发展快。

（2）我国电子商务发展历程

中国电子商务的发展经历了以下4个阶段。

①起步期（1999—2002年）。

根据2000年年中公布的统计数据,中国网民仅1 000万,与今天中国的网民数量相比实在是少得可怜。在这个阶段里,网民的网络生活方式仅仅停留在电子邮件收发和新闻浏览。以8848为代表的B2C电子商务站点是当时最闪耀的亮点。1999年3月,8848等B2C网站正式开通,网上购物进入实际应用阶段。同年,政府上网、企业上网、电子政务、网上纳税、网上教育、远程诊断等广义电子商务启动,并有试点,开始进入实际试用阶段。

②增长期（2003—2006年）。

当当网、卓越亚马逊、阿里巴巴、慧聪网、全球采购网、淘宝网,这几个亮眼的名字频频出现在互联网世界。这个阶段,越来越多的网民开始接受网络购物的生活方式,而且这个规模还在高速地扩张,众多的中小型企业从B2B电子商务中获得订单及销售机会,"网商"的概念深入商家之心,电子商务基础环境不断成熟,物流、支付、诚信瓶颈得到基本解决。在B2B、B2C、C2C领域里,都有不少的网络商家迅速成长,积累了大量的电子商务运营管理经验和资金。

③发展期（2006—2010年）。

发展期这个阶段最明显的特征就是,电子商务已经不仅仅是互联网企业的天下,数不清的传统企业和资金流入电子商务领域,使得电子商务世界变得异彩纷呈。B2B领域的阿里巴巴、网盛生意宝的上市标志着电子商务步入了规范化、稳步化的发展阶段。淘宝的战略调整,百度的试水意味着C2C市场不断地优化和细分,红孩子、京东商城的火爆,不仅引爆了整个B2C领域,更让众多传统商家纷纷跟进。

④成熟期（2011年至今）。

电子商务世界百花齐放,移动互联网和智能手机的普及极大地推动了移动电商的发展,开始涌现跨境电商、农村电商、直播电商等电子商务新业态。电子商务世界出现前所未有的繁荣,各行各业都开始进驻电子商务。电子商务已提升到国家战略层面,2019年正式实施的《中华人民共和国电子商务法》使得电子商务市场变得有法可依,行业也将逐步规范化。

2.电子商务的基本概念

电子商务源于英文Electronic Commerce,简写为EC。顾名思义,其内容包含两个方面:一是电子方式,二是商务活动。电子商务是指以信息网络技术为手段,以商品交换为中心的商务活动。

从范围来看:电子商务的概念有广义和狭义之分。广义的电子商务是指包括互联网、企业内部网（Intranet）、局域网（LAN）等各种不同形式网络在内的一切计算机网络中进行的商务活动。狭义的电子商务仅仅是指通过互联网进行的商务活动。

从其内涵看:电子商务是高科技在商务领域中的应用;电子商务的本质是商务,而不是技术;电子商务是传统商务的拓展,是企业整个营销战略的重要组成部分。

3.电子商务的基本特点

电子商务与传统商务相比,具有7个基本特点,如图1.1.1所示。

①交易虚拟化:买卖双方无须线下面对面交易,直接通过互联网完成所有的交易环节,整个交易过程完全虚拟化。

全球电子商务的10大发展趋势

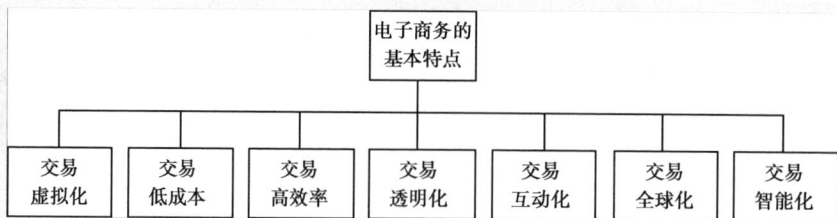

图 1.1.1　电子商务的基本特点

②交易低成本：买卖双方通过互联网交易，无须中介者参与，减少了贸易环节，降低了传统商务中存在的交易成本。

③交易高效率：传统的交易方式，在信息传递和人工往返方面会耗费大量时间，而电子商务实行"无纸贸易"，网络信息化和计算机自动化处理解决了传统商务效率低的缺点，极大地缩短了交易时间，提高了交易效率。

④交易透明化：从洽谈开始到交易完成的整个交易过程都是通过网络进行，使全社会资源以透明、快捷、互动方式流动，改变了整个社会生产经营活动的价值链。

⑤交易互动化：电子商务缩短了商家与消费者的距离，消费者可以通过网络与商家直接进行反馈，而商家也可以及时根据消费者的反馈信息进行调整和改进，做到良性互动。

⑥交易全球化：网络拉近了空间距离，使得全球的网民都可以包容在一个市场中。互联网跨越国界、跨越时空，无论身处何地，只要有网络就可以访问任何国家、地域的网站。

⑦交易智能化：人工智能技术为电子商务的发展开辟了新思路。"AI+电商"将人工智能运用到电子商务的各个环节，使得交易更加智能高效，例如智能客服机器人、智能推荐引擎、图片智能搜索、库存智能预测和货物智能分拣等。

4.电子商务的基本组成要素

从电子商务应用的角度来看，电子商务由网络、用户、物流配送、认证中心、银行、商家6个基本要素组成，它们一起构成了电子商务的运作环境，即电子商务的总体框架结构，如图1.1.2所示。

①网络：包括互联网（Internet）、企业内部网（Intranet）、企业外部网（Extranet）。互联网是电子商务的基础，是商务、业务信息传送的载体；企业内部网是企业内部商务活动的场所；企业外部网

图 1.1.2　电子商务的基本组成

是企业与企业以及企业与个人之间进行商务活动的纽带。

②用户：是指连接在互联网上的个人用户和企业用户。

③商家：在网络上从事商业活动（生产、经营相关物品）的个人和各种组织。

④认证中心（Certificate Authority，CA）：是法律承认并授权的权威机构，负责发放和管理数字证书，使网上交易的各方能互相确认身份。

⑤物流配送：接受买卖双方委托，组织运送网上无法直接传递的商品，跟踪产品的流向，直到将商品送到消费者手中。

⑥网上银行：是传统银行业务在互联网上的拓展，为电子商务交易中的用户和商家提供24小时实时服务，是网上资金结算的中心。

活动实施

◎搜一搜◎　熟悉国内外电子商务环境。

步骤 1：通过选用合适的搜索引擎（如 Baidu 或 360 搜索等）或者其他电子商务信息检索工具探索我国和世界电子商务的发展历程，收集信息如下：

①世界电子商务的发展历程中，有哪些关键年份和典型事件？

②我国电子商务的发展历程中，有哪些关键年份和典型事件？

③我国和世界电子商务的发展相比，有何不同？

步骤 2：4 人为一组，选出小组代表，分工、合作整理出各自对电子商务发展的认知。

步骤 3：小组代表分享成果。

做一做　观摩知名的电子商务网站。

步骤 1：打开 IE 浏览器，输入中国企业集成网网址，点击进入"电子商务"子页，查看电子商务的相关网站。

步骤 2：4 人为一组，组员讨论后选出一个自己组较为喜欢的网站，通过点击链接进入该网站并查看该网站的结构信息。建议每个成员完成查找两个功能与特色的分析任务（具体分工组员间可自行调整），以用户的角度完成表 1.1.1 的浏览体验报告表。

表 1.1.1　网站浏览体验报告表

一、基本情况			
网站名称		网　址	
网站描述	这是一个_____的网站		
体验者			
体验日期		年　　　月　　　日	
二、网站模块分析			
网站模块		体验想法	
网站的功能和特色			
三、网站的优点和缺点分析			
网站具有的优点			
网站具有的缺点			

步骤 3：完成浏览报告后，小组组员间相互讨论，选出小组代表，由小组代表展示成果。

步骤 4：所有小组看完每个小组代表的展示后，组队之间互相评价，每组完成一份网站浏览体验实训评价表（见表 1.1.2）。

表 1.1.2　网站浏览体验实训评价表

评价项目	小组展示(50%)	模块分析(25%)	优缺点分析(25%)	总分/分
评价标准	A.流畅、详细、精准 B.简明、扼要、基本到位 C.表述不流畅、脱离主题	A.非常合理 B.合理 C.不合理	A.非常合理 B.合理 C.不合理	100
组1				
组2				
组3				

说明:

①表格内按百分制打分。

②每个小组完成一份评价表,对其他组队进行评价,不做自评要求。

③总分＝小组展示(50%)+模块分析(25%)+优缺点分析(25%)。

④各标准对应的分数范围:A.80～100分;B.60～79分;C.60分以下。

步骤5:计算并公布每组得分,教师对整个实训做出评价,并提出改进建议。

活动小结

李伟及其小组成员通过活动初步接触了互联网搜索工具,并利用互联网更加深入地了解电子商务的发展历程,这次活动是小组成员第一次尝试合作,在活动中互相了解对方,加强团队合作意识。

活动2　初识电子商务就业岗位

活动背景

李伟和其他成员经过学校指导老师的活动引导后,基本掌握了电子商务的基础理论知识,但是,为了接下来的招聘面试还需要对电子商务的岗位做些了解,因此对电子商务的岗位认知开始了……

🔲 知识窗

1.电子商务岗位认知

根据商务部中国国际电子商务中心2024年3月发布的《中国电子商务人才发展报告》显示,当前我国电子商务从业人数已超7 000万人。从需求看,直播电商、农村电商、跨境电商等行业人才缺口依然较大,达1 500万。

电子商务行业不断向纵深发展,生态环境越来越丰饶。随着新零售、物联网、跨境电商、直播电商、农村电商、人工智能、现代物流等不同电子商务新形态的快速推进,更需要大量的电子商务人才。

不同类型的企业设置的电子商务岗位会有一定的差异。一般来说,电子商务岗位分为技术型岗位、商务型岗位和综合管理型岗位。

（1）技术型人才岗位方向细分

电子商务技术型人才岗位分类如图1.1.3所示。

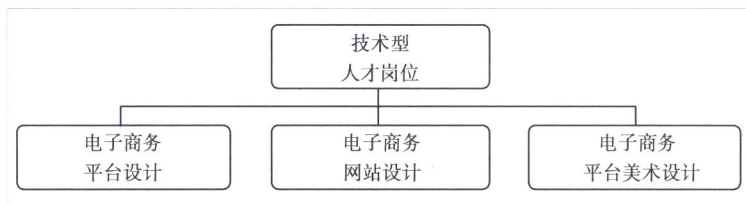

图1.1.3 技术型人才岗位分类

● 电子商务平台设计（代表性岗位：网站策划/编辑人员）：主要从事电子商务平台规划、网络编程、电子商务平台安全设计等工作。

● 电子商务网站设计（代表性岗位：网站设计/开发人员）：主要从事电子商务网页设计、数据库建设、程序设计、站点管理与技术维护等工作。

● 电子商务平台美术设计（代表性岗位：网站美工人员）：主要从事平台颜色处理、文字处理、图像处理、视频处理等工作。

（2）商务型人才岗位方向细分

电子商务的商务型人才岗位分类如图1.1.4所示。

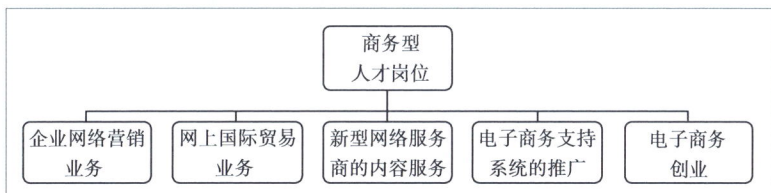

图1.1.4 商务型人才岗位分类

● 企业网络营销业务（代表性岗位：网络营销人员）：主要是利用网络为企业开拓网上业务、负责网络品牌管理、客户服务等工作。

● 网上国际贸易业务（代表性岗位：外贸电子商务人员）：利用网络平台开发国际市场，进行国际贸易。

● 新型网络服务商的内容服务（代表性岗位：网站运营人员/主管）：频道规划、信息管理、频道推广、客户管理等。

● 电子商务支持系统的推广（代表性岗位：网站推广人员）：负责销售电子商务系统和提供电子商务支持服务、客户管理等。

● 电子商务创业：借助电子商务平台，利用虚拟市场提供产品和服务。

（3）综合管理型人才岗位方向细分

电子商务综合管理型人才岗位分类如图1.1.5所示。

● 电子商务平台综合管理（代表性岗位：电子商务项目经理）：这类人才要求不仅对计算机、网络和社会经济都有深刻的认识，而且又具备项目管理能力。

● 企业电子商务综合管理（代表性岗位：电子商务部门经理）：主要从事企业电子商务的整体规划、建设、运营和管理等工作。

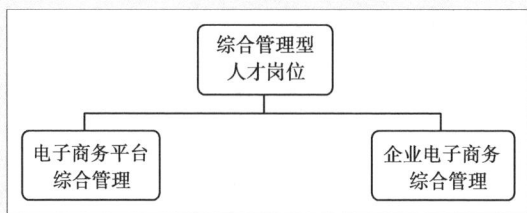

图 1.1.5　综合管理型人才岗位分类

2.校企合作 MT 公司的岗位介绍

李伟及其小组成员在全面了解电子商务岗位细分后,对电子商务行业涉及的岗位有一定的认知,为应聘成功,他们还需进一步深入了解校企合作的 MT 公司的电子商务相关岗位,通过搜集整理出相关岗位分析表,见表 1.1.3。

表 1.1.3　校企合作单位岗位分析表

岗位名称	岗位任务	岗位要求
产品拍摄	对产品进行拍摄。	熟悉摄影基本知识及操作程序,熟悉各种摄影用品的使用方法。
产品编辑	负责产品的基本信息与内容的编辑。	①熟练掌握 OFFICE 办公软件,熟悉 Photoshop、Dreamweaver 等相关设计软件; ②具有优秀的文字处理能力。
美工设计	①负责公司相关网页的美工创意、设计和美化; ②负责公司宣传广告的各种平面设计,及企业画册设计。	①熟练操作 Photoshop、Freehand、Coreldraw 等流行设计软件; ②有扎实的美术功底、良好的创意思维和理解能力。
网站客服	①负责通过钉钉、QQ 等即时通信工具接待客户咨询,促成客户下单; ②负责处理售后问题,维护客户关系。	①熟练掌握钉钉、QQ 等网上沟通工具的使用方法; ②具有优秀的语言表达能力、沟通能力和应急处置能力。
网络营销	①负责公司互联网营销计划的执行、实施和反馈工作; ②利用有效的网络平台和工具整合资源、推广业务。	①熟悉公众号平台、短视频平台、论坛、贴吧、微博等平台发布软文,精通各种网络推广方法; ②具备较好的语言组织能力和沟通能力,有强烈的敬业精神。
SEO 专员	负责网络的广告投放,并根据广告数据进行广告的优化和调整。	①熟悉网络运营流程,了解网络广告的资源和投放形式,擅长广告数据的统计分析,根据数据提供优化及建议; ②工作主动性强,具有良好团队意识。
物流配送	①按照企业要求对产品进行发货前的包装,负责跟进产品进货和发货,定期清点库存; ②根据客户订单做相应货品分配,核对订单和商品货号、数量等。	①熟悉电子商务物流运作流程,熟悉基本办公软件的操作; ②工作细致负责,具有良好的服务意识。

续表

岗位名称	岗位任务	岗位要求
网店运营	①负责网店的总体运营,制订网店运营计划和目标,带领和管理本团队成员出色完成销售业绩目标; ②定期监控网站数据:营销数据、交易数据、顾客管理、优化店铺及商品排名; ③跟踪平台运作规则,市场环境和竞争对手,及时协调调整网店运营策略。	①熟悉网站运作流程和规则,熟练掌握淘宝直通车、淘宝客等推广技巧,熟悉网络社区的状况以及可利用的资源; ②有优秀的团队管理能力、优秀的策划和沟通能力,有一定数据分析能力和文字功底。
新媒体运营	①负责互联网新媒体平台(如微信公众号、短视频平台等)的日常运营及推广工作; ②紧跟新媒体流行趋势,制作和发布优质的、有高度传播性、迎合用户需求的内容作品; ③了解用户需求,收集用户反馈,分析用户行为。	①文字编辑能力突出,具有新媒体内容创作能力; ②熟悉主流新媒体平台的平台规则、推荐机制和推广方式等; ③善于捕捉互联网热点事件与话题,对网络语言敏感度高; ④热爱互联网行业,勇于创新,知识面广,思维活跃,能快速响应社会、行业热点话题。
直播运营	①负责策划及执行直播运营活动,包含活动策划、方案撰写、需求沟通、上线及后续跟进总结等; ②负责直播运营和内容建设,提升用户黏性; ③负责直播的日常管理,维护直播运营的秩序; ④收集和分析直播运营数据,定期反馈最新信息。	①熟悉直播平台的平台规则、推荐机制和推广方式等; ②了解直播的各种运营策略和手段; ③责任心强,工作细致、严谨,有较强的团队沟通能力; ④具备直播营销策划能力和数据分析能力。

活动实施

★ 找一找 ★ 了解电子商务岗位的网络需求情况。

打开 IE 浏览器,在地址栏中输入前程无忧和智联招聘的网站地址,进入网站首页。

步骤 1:在网站行业类目查找"互联网/电子商务",通过设定工作区域了解"北京""上海""深圳"和"广州"的招聘需求情况,将搜索结果数量填入表 1.1.4。

表 1.1.4 电子商务岗位网络需求情况分析表

网 站	需求数量				职位名称	职位要求
	北京	上海	深圳	广州		
51job (前程无忧)						

续表

网　站	需求数量				职位名称	职位要求
Zhaopin（智联招聘）	北京	上海	深圳	广州		
总结

(1) _____城市需求量最高,原因: _____
(2)以上岗位中,哪个自己最感兴趣: _____,属于_____岗位类型。
(3)你认为电子商务岗位对哪些方面要求较高? _____

　　步骤2:分别在前程无忧和智联招聘网站中选取3个与电子商务相关的岗位,将"职位名称"与"职位要求"填入表1.1.4。

　　步骤3:分析搜索的结果,做出总结。

★ 模拟体验 ★　模拟招聘现场。

　　步骤1:根据学生的具体情况,指导老师选定一部分电子商务行业中较为常见的岗位名称,制作抽签纸。

　　步骤2:以4人为一组,每个组以抽签的方式选出电子商务一个具体岗位(确保每个组选择的岗位不重复),制作招聘广告牌,并张贴于实训室(制作形式不限,如使用色卡纸、POP广告等)。

　　步骤3:每组选择一名学生代表,担任自己组选定岗位的人事经理角色,其他组员则扮演面试人员。

　　步骤4:模拟现场招聘的情境,学生根据兴趣选择岗位并到相应岗位前等待面试,确保每个职位的面试人员相对均等。

　　步骤5:面试时,人事经理要求扮演面试的学生分别介绍对应聘岗位的认知和工作任务,以及应具备何种技能与素质才能胜任该岗位,如果上任后将如何开展工作。

　　步骤6:面试者根据经理提出的要求进行回答,人事经理、教师和第三方(邀请校企合作企业代表)对面试者进行综合评价记录,填写招聘面试评价表格,见表1.1.5。

　　步骤7:经理宣布面试结果。

　　步骤8:面试结束后,由每个学生选出一个最佳招聘广告牌。

　　步骤9:教师和第三方对整个模拟面试情况进行点评、总结,并提出改正措施。

　　说明:

①表格内按百分制打分。

②分项综合得分=经理评分(30%)+教师评分(40%)+第三方评分(30%)。

③总得分=仪表举止得分(25%)+现场面试的表述得分(50%)+职业定位得分(25%)。

④各标准对应的分数范围:A.80~100分;B.60~79分;C.60分以下。

表1.1.5 招聘面试评价表

应聘人员		应聘岗位	
评价项目	礼仪举止(25%)	现场面试的表述(50%)	职业定位(25%)
评价标准	A.仪表端庄、举止稳重 B.穿着、行为无明显过失 C.有明显过失	A.流畅、详细、精准 B.简明、扼要基本到位 C.表述不流畅、脱离主题	A.定位清晰 B.定位合理 C.定位不合理
经理评分			
教师评分			
第三方评分			
分项综合得分			
总得分			

活动小结

在这个活动中,李伟及其小组成员通过招聘网站、模拟应聘对电子商务岗位有一定的认知,根据对自身情况的了解,初步为自己的职业生涯做一个规划,在校企合作MT公司此次招聘中选择当前最适合自己的职位。由于准备充分,李伟及其小组成员成功地通过了招聘面试,加入了MT公司实习团队。

合作实训

实训名称:电子商务知识竞答活动,主题为"电子商务知多少"。

实训背景:李伟及其小组成员通过学习对电子商务产生了更加浓厚的兴趣,在老师的鼓励下主动向学校申请开办电子商务社团,但开办电子商务社团需要招收更多的成员,因此首先他们需要做一个宣传计划,让学校其他专业的学生和老师更加了解电子商务。

实训目的:让电子商务融入其他专业中,为今后电子商务跨专业的实训合作打下基础。

实训过程:

步骤1:由专业老师向学校相关部门提出活动申请,作为活动的总负责人召集学生组建活动实施小组,投票选出活动小组长,由小组长负责向学校学生会申请活动经费,活动经费将作为竞答活动奖品。

步骤2:通过小组开会,共同梳理出了这次竞答活动的流程安排,明确好竞答活动前的准备工作,会议讨论通过小组分工安排,并明确了各项工作的时间要求,任务分工见表1.1.6。

步骤3:制订好活动宣传和实施计划后,按照分工安排各自完成准备工作(见表1.1.6序号1、2、3、4)。

表1.1.6 知识竞赛活动任务分工表

序 号	工作任务	成 员	团队职位	时间/天	成果形式
1	制订竞答活动宣传和实施计划	李伟	负责人	4	计划书
2	设计竞答题目	王杰	出卷专员	3	知识竞答题目

续表

序　号	工作任务	成　员	团队职位	时间/天	成果形式
3	策划竞答活动的具体实施工作	张艳	策划专员	2	实施策划书
4	制作活动宣传单	刘洋	制作专员	2	活动宣传单
5	派发宣传单、维持竞答活动现场	王杰、张艳、刘洋3人	活动专员	3	竞答结果登记、活动奖品派发
6	撰写活动总结报告	李伟	负责人	2	总结报告

步骤4:在学校学生流动密集处和教师办公室给学生和老师派发知识竞答活动的宣传单,鼓励他们积极参与。

步骤5:活动当天在社团活动区分成两个展区,分别展示电子商务知识和竞答题目(形式可自定),竞答题目的答案可以从电子商务知识展区中找到,设置竞答结果登记处和活动奖品派发处。

步骤6:学生参加竞答活动,可在展区抽取题目到竞答结果登记处回答,回答正确题目越多奖品越丰富。

步骤7:1个小时的竞答活动结束后,参与者可凭借登记处给的凭证在活动奖品派发处领取奖品。

步骤8:回收活动道具,整理活动现场,开会总结活动经验,由负责人撰写总结报告。

实训小结:通过这次的竞答活动,小组成员也了解到目前学校非电子商务专业学生对电子商务的认识情况,同时也通过竞答活动更加巩固了自身的专业知识,活动结束后整理出活动开展的不足之处,为今后的团队开展活动打好基础。

任务 2 ⟫⟫⟫⟫⟫⟫⟫
创新电子商务模式

情境设计

经过上次任务的学习,李伟和王杰、张艳、刘洋成功加入了MT公司的实习团队,恰逢MT公司正在着手构建新电商平台,需要从此次招聘的实习团队中挑选一批热情活跃的高一新生帮助进行市场调查和平台构建。李伟小组对此次活动很感兴趣,但是他们并不太懂电子商务的平台模式,因此需要进行新一轮的学习。

任务分解

为成功加入此次MT公司新型平台新建的团队,李伟及其小组成员在学校指导老师的引导下先熟悉电子商务传统的模式和代表企业,了解当前形势下主流电子商务模式的发展情况;然后通过网络接触新型的电子商务模式,了解新型电子商务模式所具有的优势。

活动 1　熟悉传统电子商务模式

活动背景

李伟和王杰、张艳、刘洋经过学习对电子商务的基本理论有一定的了解,但对电子商务模式的分类体系较为陌生,MT 公司此次的平台新建团队需要一批对电子商务模式有一定了解的实习学生,因此李伟小组需要系统学习电子商务传统的分类模式。

📖 知识窗

1. 电子商务模式的分类

伴随着互联网的迅猛发展,电子商务在发展中逐渐形成了不同的模式。近年来,国内外对电子商务模式都提出了许多不同的分类方法。以电子商务交易的主体为分类标志,电子商务模式可分为三类,如图 1.2.1 所示。

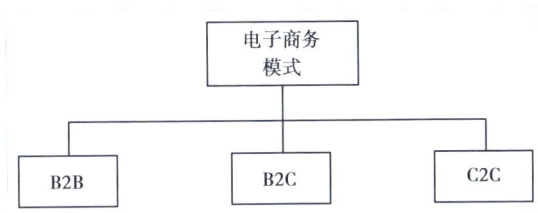

图 1.2.1　电子商务模式分类

2. B2B 电子商务模式介绍

[案例索引]B2B 电子商务模式代表企业——阿里巴巴。

阿里巴巴网络有限公司是于 1999 年在中国杭州成立的企业对企业的网上交易平台,是阿里巴巴集团的旗舰公司,为世界领先的 B2B 电子商务公司之一,服务于中国和全球的中小企业。网站首页如图 1.2.2 所示。

图 1.2.2　阿里巴巴网站首页

（1）B2B 电子商务模式的概念

B2B（是 Business-to-Business 的缩写）电子商务模式,是指企业与企业之间通过互联网进行产品、服务及信息交换的电子商务模式。

（2）B2B 电子商务模式的参与主体

B2B 电子商务模式参与主体有 5 个,如图 1.2.3 所示。

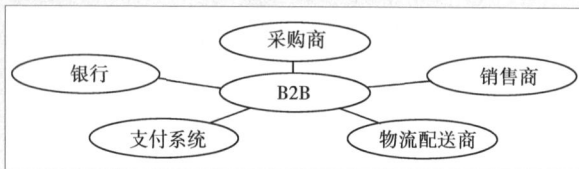

图 1.2.3　B2B 电子商务模式的参与主体

- 采购商:也称商业客户,是电子交易的购买商家。
- 销售商:为电子商务的销售方,包括各种商品和服务的提供商。
- 物流配送商:是运送货物的商家,即各种类型的物流公司。
- 支付系统:是连接银行网络与用户支付的一组 Internet 服务器,主要完成交易双方的网络货币支付或资金流转。
- 银行:随着电子商务的不断发展,银行一方面不断完善自己的实体业务,另一方面也大力发展网上银行,为电子商务的开展提供支持。

（3）B2B 电子商务模式的分类

B2B 电子商务模式的分类具体如图 1.2.4 所示。

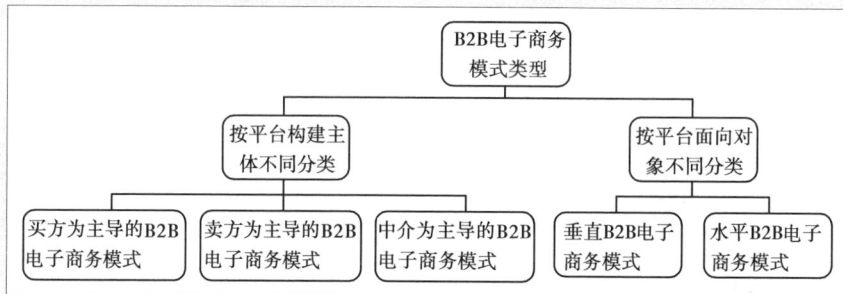

图 1.2.4　B2B 电子商务模式的类型

① 按平台构建主体不同分类。

- 买方为主导的 B2B 电子商务模式:也称网上采购,是一个买家企业与多个卖家企业之间的交易模式。在该类型的电子商务模式下,由需要购买产品或服务的企业（即买方）构建一个电子商务平台来发布需求信息,然后等待卖方企业前来洽谈和交易。这里的买方企业一般是大中型企业,在供应链中处于强势地位,如海尔招标网,如图 1.2.5 所示。
- 卖方为主导的 B2B 电子商务模式:也称网上批发销售,是一个卖方企业与多个买方企业之间的交易模式。在供应链中处于优势地位的卖方企业构建自己的电子商务销售平台,吸引自身的下游企业（即买方企业）来平台购买自己的产品和服务。这里的卖方企业一般是大中型企业,在供应链中处于强势地位,如图 1.2.6 所示是联想为企业客户提供一站式服务的平台。

图 1.2.5　海尔招标网站首页

图 1.2.6　联想的百应平台首页

●中介为主导的 B2B 电子商务模式:是由不直接参与交易的第三方企业构建的,这类第三方电子商务公司是独立于买方和卖方的第三方,主要为没有能力自建电子商务平台的中小企业提供一个自由买卖、公平交易的网络平台,如慧聪网(见图 1.2.7)。

②按平台面向对象不同分类。

●垂直 B2B 电子商务模式(也称行业性 B2B 电子商务):是指聚焦于一个或某几个特定相关行业的 B2B 电子商务模式。这类平台专业性很强,针对的对象也较为集中,如中国化工网、农伯网(见图 1.2.8)。

●水平 B2B 电子商务模式(也称综合性 B2B 电子商务):是指将各行各业中相近的交易过程、买卖双方集中到一个市场上进行信息交流、商品拍卖竞价、交易等的 B2B 电子商务模式。这类平台涉及行业范围广,如环球资源网(见图 1.2.9)。

图 1.2.7　慧聪网站首页

图 1.2.8　农伯网首页

图 1.2.9　环球资源网站首页

3. B2C 电子商务模式介绍

[案例索引]B2C 电子商务模式代表企业——亚马逊中国。

亚马逊中国(见图 1.2.10),中国 B2C 电子商务领导者,是目前国内具有影响力和辐射力的电子商务网站之一。前身为卓越网,被亚马逊公司收购后,成为其子公司。卓越网创立于 2000年,为客户提供各类图书、音像、软件、玩具礼品、百货等商品。2004 年 8 月亚马逊全资收购卓越网,改名为卓越亚马逊,将卓越网收归为亚马逊中国全资子公司,使亚马逊全球领先的网上零售专长与卓越网深厚的中国市场经验相结合,进一步提升了客户体验,并促进了中国电子商务的成长。2007 年将其中国子公司改名为卓越亚马逊。2011 年 10 月 27 日,卓越亚马逊总裁王汉华宣布,卓越亚马逊正式更名为"亚马逊中国",并启用短域名。总部设在北京,并成立了上海和广州分公司,发展至今已成为网上零售的领先者。

图 1.2.10　亚马逊中国网站首页

(1)B2C 电子商务模式的概念

B2C(Business-to-Customer 的缩写)电子商务模式,是指企业与个人之间通过互联网技术,把企业产品和服务直接销售给消费者的电子商务模式。

(2)B2C 电子商务模式的参与主体

B2C 电子商务模式参与主体有 5 个,如图 1.2.11 所示。

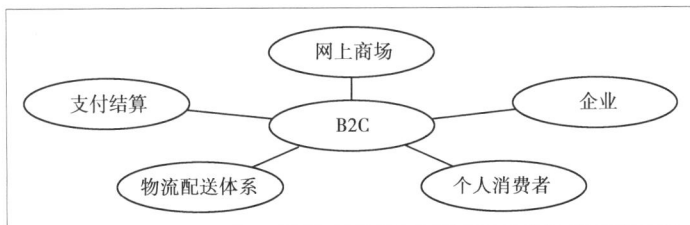

图 1.2.11　B2C 电子商务模式的参与主体

● 网上商场:也称虚拟商场,是商家直接面向消费者的场所。

- 企业：即利用互联网出售商品或服务的一方。
- 个人消费者：即利用互联网购买商品或服务的一方。
- 物流配送体系：物流配送体系是关系 B2C 商务模式能否顺利发展的关键。
- 支付结算：目前 B2C 电子商务方式中的支付方式有货到付款、银行汇款和电子支付，其中电子支付方式是电子商务支付的主流。

（3）B2C 电子商务模式的分类

B2C 电子商务模式的分类具体如图 1.2.12 所示。

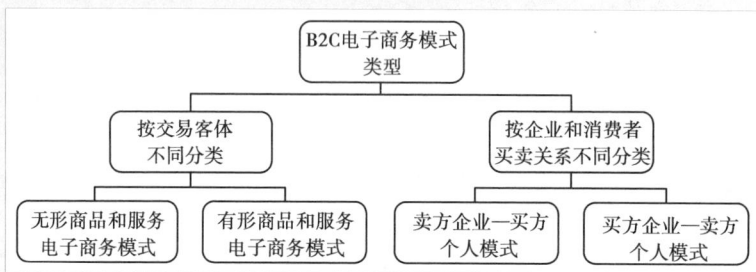

图 1.2.12　B2C 电子商务模式的类型

①按交易客体不同分类。

- 直接电子商务模式：这种模式交易不需要辅助线下交易，直接通过网络提供商品给消费者，这种模式主要有网上订阅、付费浏览、广告支持和网上赠予等。
- 间接电子商务模式：这种模式交易需要借助传统运货方式，如邮政、快递、货运等。

②按企业和消费者买卖关系不同分类。

- 卖方企业—买方个人模式：这是商家出售商品和服务给消费者个人的电子商务模式，如当当网上书店（见图 1.2.13）。

图 1.2.13　当当网站首页

● 买方企业—卖方个人模式：这是企业在网上向个人求购商品或服务的一种电子商务模式，如前程无忧 51job 网站（见图 1.2.14）。

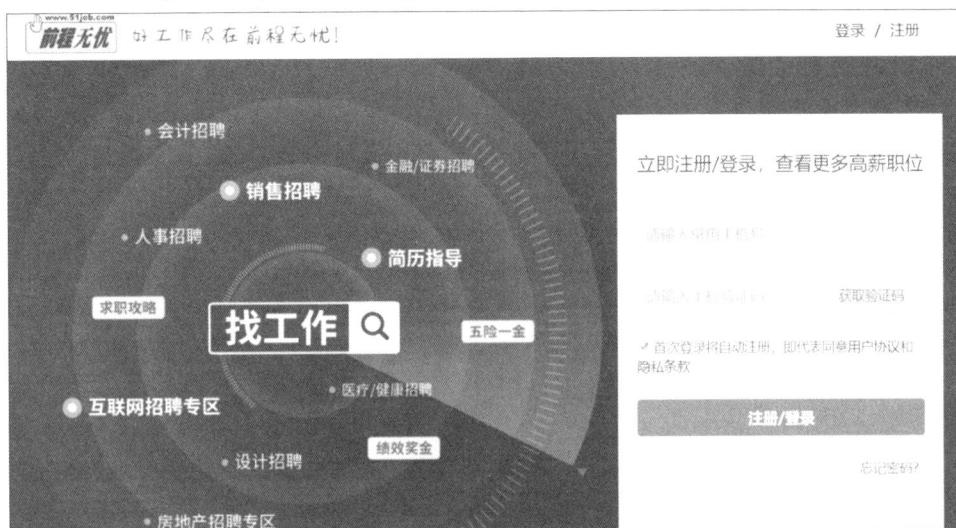

图 1.2.14 前程无忧 51job 网站首页

4. C2C 电子商务模式介绍

［案例索引］C2C 电子商务模式代表企业——易趣网。

易趣网（见图 1.2.15）是全球最大的电子商务公司之一，是 eBay 和国内领先的门户网站、无线互联网公司 TOM 在线于 2006 年 12 月携手组建的一家合资公司。1999 年 8 月，易趣在上海创立。2002 年，易趣与 eBay 结盟，更名为 eBay 易趣，并迅速发展成国内最大的在线交易社区之一。易趣网是定位于消费者的电子商务模式，其营销策略的核心内容是重视客户服务队伍，以竞价、一口价的定价形式，为个人及大、小商家提供了低成本高流量的销售渠道，为买家提供价廉物美的各式商品，开通免费服务电话，组织网友线下交流。

图 1.2.15 易趣网站首页

（1）C2C 电子商务模式的概念

C2C（是 Customer-to-Customer 的缩写）电子商务模式，即消费者对消费者的电子商务。具体来说，就是消费者通过互联网与消费者之间进行相互的个人交易。

（2）C2C 电子商务模式的参与主体

C2C 电子商务模式参与主体有 5 个，如图 1.2.16 所示。

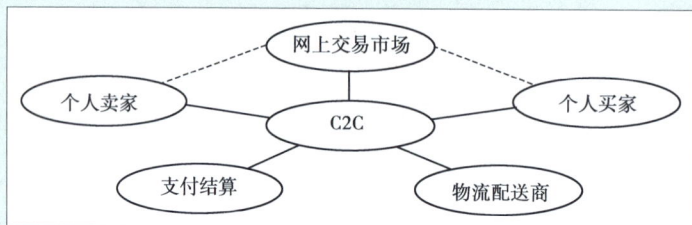

图 1.2.16　C2C 电子商务模式的参与主体

（3）C2C 电子商务模式的分类

C2C 电子商务模式的分类具体如图 1.2.17 所示。

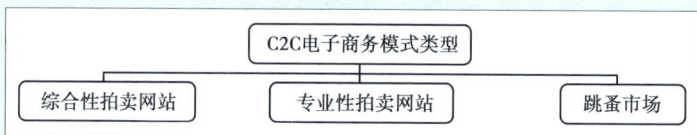

图 1.2.17　C2C 电子商务模式的类型

● 综合性拍卖网站：强调拍卖种类多且广泛，如车、古董、钱币、邮票、书籍等。此类网站通常开放给所有个人，只要是合法合理的拍卖品都可以上网拍卖。著名的易趣网、淘宝网（见图1.2.18）都属于此类。

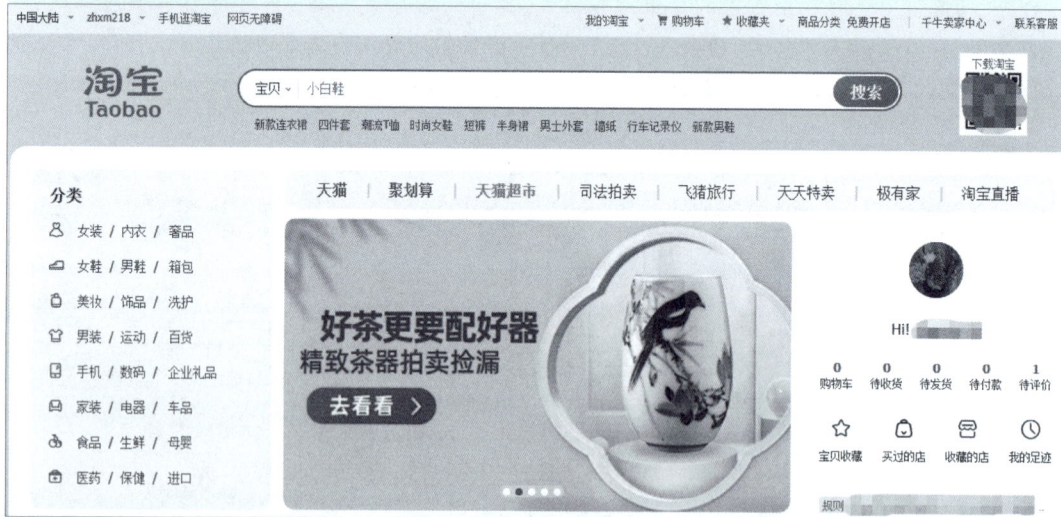

图 1.2.18　淘宝网站首页

● 专业性拍卖网站：主要经营那些种类少的特殊商品。此类网站拍卖物通常价格不菲，大部分需要专家鉴定，如路易森林（见图 1.2.19）。

图1.2.19　路易森林网站首页

● 跳蚤市场:也称二手交易市场,通常是交易个人将自己不需要的东西拿出来卖。网上跳蚤市场无须设置固定的交易地点和时间,只要将供需信息发布网上,有意者会主动询问。如淘宝闲鱼(见图1.2.20)。

图1.2.20　淘宝闲鱼网站首页

活动实施

★ 找一找 ★　辨别各种电子商务模式。

步骤1:分析各个模式的特点,通过搜索查找互联网资源为每种模式举例,要求不可使用教材已出现的网站案例。完成表1.2.1的相关内容。

表 1.2.1 模式分析表

模式	分类标准	模式类型	网站代表	网站网址
B2B				
B2C				
C2C				

步骤2:小组代表分享成果。

🖉 做一做　尝试网上发布采购信息。

国庆节来临,因企业节日活动的需要,要求采购一批礼品,采购要求见表1.2.2。

表 1.2.2 采购要求表

产品描述	产品数量	产品单价	特殊要求
杯体磨砂,有塑料盖	300 个	不高于 15 元	可 DIY,杯体设置企业 LOGO

步骤1:选择阿里巴巴第三方 B2B 平台,注册网站个人账户。

步骤2:在网站首页中选择"我的阿里",点击"发布询价单",按采购需求填写询价单,如图1.2.21 所示。

图 1.2.21 询价单界面

步骤3：采购信息发布完成后，根据活动体验完成网上采购信息发布体验报告表，见表1.2.3。

表1.2.3　网上采购信息发布体验报告表

选定网上发布采购信息的平台：	
选择原因：	
选购商品名称：	选购商品价格及数量：
网上发布采购信息步骤：	
与传统采购"遍地跑"相比，网上发布采购信息的新体验是：	

活动小结

　　李伟及其小组成员通过归纳、对比活动，巩固了电子商务传统模式的知识，并成功加入了校企合作MT公司的新平台构建团队，顺利地完成了MT公司给予的第一项任务——网上发布采购信息，通过此次任务感受到了电子商务模式的优势，培养了理论联系实际的能力。

活动2　体验新型电子商务模式

活动背景

　　李伟和同小组的王杰、张艳、刘洋经过任务活动的学习，基本上掌握了电子商务传统的商务模式。为适应市场需求，MT公司目前需要转型升级，准备推出新电子商务平台，李伟小组也已加入构建团队，为此李伟及小组成员需要积累、更新知识……

▢ 知识窗

　　电子商务云集的时代，随着电商竞争的加剧、人口红利的争夺，传统的电商模式如B2B、B2C和C2C很难跟上现今商务活动的发展，为了生存，很多电子商务企业开始转型，电子商务世界开始涌现出各种各样新型的电子商务模式。

新型电商
模式案例

　　1.O2O电子商务模式

　　（1）O2O电子商务模式的概念

　　O2O，其中一个"O"是Online（在线或线上），另一个"O"是Offline（离线或线下），是指将线下的商务机会与线上的互联网融合在一起，最大限度地发挥线上和线下的资源优势，整合达到最优。这个概念最早来源于美国。2013年O2O进入高速发展阶段，开始了本地化及移动设备的整合。

　　（2）O2O电子商务模式的关键因素

　　O2O电子商务模式的关键是：在网上寻找消费者，然后将他们带到现实的商店中。它是支付模式和为店主创造客流量的一种结合（对消费者来说，也是一种"发现"机制），实现了线上的购买，线下的服务。

　　图1.2.22为O2O电子商务模式的应用流程图。

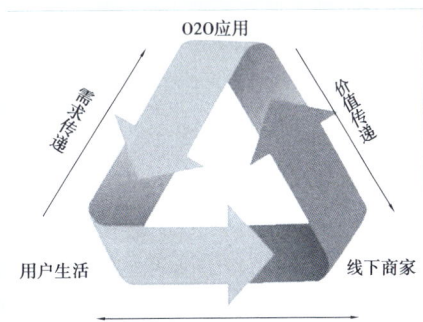

图1.2.22　O2O模式的应用流程图

2."社交+电子商务"模式

(1)社交电子商务的概念

社交电子商务(Social Commerce)是电子商务的一种新的衍生模式。它借助社交网站、SNS、微博、社交媒介、网络媒介的传播途径,通过社交互动、用户自生内容等手段来辅助商品的购买和销售行为。

(2)"社交+电子商务"模式的类型及案例

按照流量获取方式和运营模式的不同,目前社交电子商务模式可以分为拼购类、会员制、社区团购和内容类4种类型。

①拼购类社交电子商务:聚集两人及以上的用户,通过拼团减价模式,激发用户分享形成自传播。这种模式适合个性化弱、普遍适用、单价较低的商品。如拼多多。

②会员制社交电子商务:即S2B2C模式。S2B2C模式是一种集合供货商赋能于渠道商并共同服务于顾客的全新电子商务营销模式。在S2B2C模式中,S即是大供货商,B指渠道商,C为顾客。这种模式适合有一定毛利空间的商品。

大供货商负责选品、配送和售后等全供应链流程,通过销售提成刺激用户成为渠道商,利用其自有社交关系进行分享裂变,实现"自购省钱,分享赚钱"。如京东京小店。

③社区团购:以社区为基础,社区居民加入社群后通过微信小程序等工具下订单,社区团购平台在第二天将商品统一配送至团长处,消费者上门自取或由团长进行最后一公里的配送的团购模式。这种模式适合复购率高的日常家庭生活用品。

④内容类社交电子商务:通过形式多样的内容,如软文、音频、短视频和直播等去引导消费者进行购物,实现商品与内容的协同,从而提升电子商务营销效果。这种模式主要针对是容易受KOL(Key Opinion Leader,即关键意见领袖)影响的消费人群或有共同兴趣的社群。如抖音。

3."跨境+电子商务"模式

(1)跨境电子商务的概念

跨境电子商务是指分属不同关境的交易主体,通过电子商务平台达成交易、进行支付结算,并通过跨境物流送达商品、完成交易的电子商务平台和在线交易平台。

(2)跨境电子商务和国内电子商务的区别

①业务环节的差异。

跨境电子商务业务环节更加复杂。需要经过海关通关、检验检疫、外汇结算、出口退税、进口征税等环节。

②交易主体差异。

跨境电子商务的交易主体遍及全球,有不同的消费习惯、文化心理、生活习俗,复杂性远远超出国内的电子商务。

③交易风险差异。

不同国家商业环境和法律体系的差异会引起知识产权纠纷。国内电子商务行为发生在同一个国家,甲乙双方对商标、品牌等知识产权有统一的认识,侵权引起的纠纷较少,即使产生纠纷,处理时间也较短。

④适用规则差异。

跨境电子商务比国内电商所需要适应的规则更多更细更复杂。首先是平台规则,跨境电子商务经营借助平台除了国内的平台,还可能在国外跨境电子商务平台上开展交易,各个平台均有不同的操作规则。

跨境电子商务要以国际一般贸易协定和双边多边的贸易协定为基础。跨境电子商务要及时了解国际贸易体系、规则、进出口管制、政策的变化,对进出口形式也要有更深入的了解和分析。

新型电商案例
——跨境电商案例

4."农村+电子商务"模式

（1）农村电子商务的概念

农村电子商务是指利用互联网、计算机、多媒体等现代信息技术，为从事涉农领域的生产经营主体提供在网上完成产品或服务的销售、购买和电子支付等业务交易的过程。

（2）影响我国农村电子商务发展的因素

①农村电子商务基础设施薄弱。

目前，我国农村电子商务平台的构建资金来源单一，政府财政投入有限，大量的通信技术、信息数据资源库、设备等得不到更新和普及，这在一定程度上阻碍了我国农村电子商务的发展。

②农民电子商务运用意识不强。

由于受传统农业生产方式影响，农民对农村电子商务的运用意识并不强烈。近年来，虽然各地区都相应地建立了农村电子商务服务点，并开通了宽带，配上了电脑，但是不少农民由于不懂得如何使用网络，在对农村电子商务的认识上存在局限性和习惯性偏差，从而最终降低了农民对农村电子商务建设的主观能动性。

③农村电子商务服务体系不健全。

具体表现为两个方面：一是各地区农村电子商务服务质量参差不齐，信息处理、收集、传播的软硬件设备不足，信息的分析、汇总多采取传统方式，电子化程度偏低；二是信息管理缺位现象严重，各地区涉农部门之间信息共享能力差，重复建设严重，甚至对所收集、传播的农业信息的真实性无法保障。

④新型农村电子商务服务人才缺乏。

目前，我国基层农村电子商务服务人员整体素质不高，对计算机网络等现代信息技术的把握能力不强，甚至在部分地区，不仅人才缺乏，还出现人才严重流失的现象。

（3）农村电子商务的案例——农村淘宝（见图1.2.23）

农村淘宝是阿里巴巴集团的战略项目。阿里巴巴与各地政府深度合作，以电子商务平台为基础，通过搭建县村两级服务网络，充分发挥电子商务优势，突破物流、信息流的瓶颈，实现"网货下乡"和"农产品进城"的双向流通功能。

五大经典农村
电商成功案例

农村淘宝于 2017 年 6 月 1 日正式升级，升级后的农村淘宝和手机淘宝合二为一，手机淘宝针对农村市场增设"家乡版"。

图 1.2.23　农村淘宝网站界面

活动实施

✎ 做一做　尝试团购美食。

为迎接新一批实习生的到来,公司打算举行欢迎宴,由李伟负责在网上找寻一家物美价廉的饭店作为欢迎宴的地点。

步骤1:选择合适的团购网站,注册成为网站会员。

步骤2:搜索和对比各个团购产品,选择一个最适合的团购。在团购网站搜索框中输入关键字"饭店"。在搜索结果中对比选定一家饭店。

步骤3:选定后点击进入提交订单,选择支付方式进行结算。

步骤4:完成团购体验后,把操作过程中的体验感受填入表1.2.4。

表1.2.4　团购体验报告表

选定团购平台: 选择原因:
网上团购步骤:
与传统的电子商务 B2C 网站相比,团购网站有何不同:

🎤 议一议　列举讨论其他新型电子商务模式。

步骤1:分组,选出小组代表,4人为一组,各小组分工完成。

步骤2:利用各种网络搜索工具,找一找除了 O2O 模式、社交电商、跨境电商和农村电商之外其他的新型电子商务模式,并找出相关的成功案例,整理完成新型的电子商务模式分析表1.2.5。

表1.2.5　新型电子商务模式分析表

序号	模式类型	网站代表	与传统模式相比具有的优势
1			
2			
3			

步骤3:小组代表分享成果。

活动小结

通过接触网上 O2O 电子商务模式的代表网站——美团网,李伟和小组成员对新型电子商务模式有一定的认知,同时通过小组讨论活动,了解了目前现阶段出现的其他一些新型的电子商务模式。从这些活动中,李伟及小组成员充分地认识到电子商务的发展变动,要带着"发展"的眼光去看待电子商务,学会与时俱进的学习态度。

合作实训

实训名称:市场调研活动,主题为"本地服装业中小企业'触电'现状调查活动"。

实训背景:李伟及王杰、张艳、刘洋加入了 MT 公司的新平台构建团队,MT 公司 O2O 新平台雏形——触电网已初步形成,新平台的搭建需要更多的企业入驻。因此,李伟小组需要配合 MT 公司新平台的推出做一个市场调查,调查目前在学校周围的服装行业中小型企业电子商务的发展状况。

实训目的:调查本地服装业电子商务的发展情况,挖掘 MT 公司潜在市场需求,在市场调查过程中宣传 O2O 平台——触电网,吸引更多企业入驻,为 O2O 新平台的推出做好准备。

实训过程:

步骤1:任命一名活动小组长,由于李伟在之前的活动中表现出较好的团队领导能力,因此通过小组讨论选出李伟作为组长。

步骤2:通过小组开会,共同梳理出了市场调查流程,明确实施市场调查前的准备工作,李伟根据小组成员的不同特点进行了分工,并明确了各项工作的时间要求,任务分工见表 1.2.6。

表 1.2.6　市场调查小组任务分工表

序　号	工作任务	成　员	团队职位	时间/天	成果形式
1	制订调查计划	李伟	负责人	4	计划书
2	设计调查问卷	王杰	问卷专员	3	调查问卷
3	策划市场调查具体实施工作	张艳	策划专员	2	实施策划书
4	根据调查反馈信息,进行数据统计	刘洋	数据分析员	3	调查结果分析
5	实地实施市场调查工作	王杰、张艳、刘洋	调研专员	7	回收调查问卷表
6	撰写调查报告	李伟	负责人	2	调查报告

步骤3:制订好市场调查计划,明确市场调查范围(抽样调查),设计好问卷调查表,印刷好问卷调查表,根据市场调查实施计划开展实地调查工作。

步骤4:实地调查过程中,宣传触电网线上新平台和线下体验商场,更大限度地吸引调查对象尝试体验触电网。

步骤5:回收市场调查问卷表,统计数据,整理信息。

步骤6:小组开会共同讨论反馈结果,小组长整理出调查报告。

实训小结:通过此次市场调查活动,小组成员整理出了本地服装业中小企业接触电子商务情况,并尽可能地在中小企业圈里灌输电子商务发展的优势,吸引他们进驻,提高 MT 公司知名度,为 MT 公司触电网的推广活动做准备。同时在活动中也遇到调查对象不配合调查的情况,提醒小组成员在准备工作中需要考虑突发情况的应对。

项目总结

本项目是学习电子商务最基础也是最重要的一步,为接下来电子商务其他项目的学习做好铺垫。学生通过本项目的学习,了解电子商务的历史和具有代表性的成功网站,借由校企合作MT 公司招聘实习生的机会学习电子商务的岗位设置,了解电子商务岗位技能和要求。此外,学生还通过归纳对比的方式来巩固传统电子商务模式的知识,在实习中得到 MT 公司企业师傅的指导,加入 MT 公司平台构建团队,第一次尝试完成公司的采购任务,并深入 MT 公司新平台的搭建工作,这一系列的项目活动充分调动了学生学习电子商务的积极性。

项目检测

1. 判断题(正确的打"√",错误的打"×")

(1)电子商务产生的原动力是信息技术的进步和社会商业的发展。　　　　　(　　)

(2)电子商务的内容就是商务活动。　　　　　(　　)

(3)B2B 电子商务模式,是指企业与消费者之间通过互联网进行产品、服务及信息的交换的电子商务模式。　　　　　(　　)

(4)O2O 电子商务模式是传统电子商务模式之一。　　　　　(　　)

(5)拼购类社交电商适合个性化弱、普遍适用,单价较高的产品。　　　　　(　　)

(6)不同国家商业环境和法律体系的差异会引起知识产权纠纷。　　　　　(　　)

(7)农村电子商务不需要运用互联网技术就可以实现交易。　　　　　(　　)

2. 单项选择题(每题只有一个正确答案,请将正确的答案填在题后的括号中)

(1)电子商务最早产生于(　　　)。

  A. 20 世纪 50 年代　　　　　　　　B. 20 世纪 60 年代

  C. 20 世纪 70 年代　　　　　　　　D. 20 世纪 80 年代

(2)电子商务网站设计岗位主要是(　　　)。

  A. 从事电子商务平台规划、网络编程、电子商务平台安全设计等工作

  B. 从事平台颜色处理、文字处理、图像处理、视频处理等工作

  C. 从事电子商务网页设计、数据库建设、程序设计、站点管理与技术维护工作

  D. 以上都是

(3)不属于 C2C 电子商务模式的网站是(　　　)。

  A. 拍拍　　　　　B. 淘宝　　　　　C. 易趣　　　　　D. 阿里巴巴

(4)属于垂直 B2B 电子商务模式的网站是(　　　)。

  A. 环球资源网　　B. 慧聪网　　　　C. 中国化工网　　　D. 阿里巴巴

(5)京东京小店 App 属于 (　　　) 类型。

  A. 拼购类社交电商　　　　　　　　B. 会员制社交电商

  C. 社区团购社交电商　　　　　　　D. 内容类社交电商

(6)抖音短视频平台属于 (　　　) 类型。

  A. 拼购类社交电商　　　　　　　　B. 会员制社交电商

  C. 社区团购社交电商　　　　　　　D. 内容类社交电商

(7)以下关于我国农村电商发展情况的说法,错误的是 (　　　)。

  A. 受传统农业生产方式影响,农民对农村电子商务的运用意识并不强烈

  B. 目前的农村电子商务平台面临构建资金不足、政府投入不够、信息技术不够普及的问题

    C.目前我国没有农村电子商务平台

    D.我国基层农村电子商务服务人员整体素质不高，对计算机网络等现代信息技术的把握能力不强

3. 不定项选择题(每题有两个或两个以上的正确答案,请将正确的答案填在题后的括号中)

(1)电子商务的基本特点有(　　　)。

    A.交易虚拟化　　B.交易透明化　　　　C.交易互动化　　　　D.交易全球化

(2)B2C 电子商务模式按交易客体不同分类可分为(　　　)。

    A.无形商品和服务电子商务模式　　　B.有形商品和服务电子商务模式

    C.卖方企业—买方个人模式　　　　　D.买方企业—卖方个人模式

(3)以下哪些属于电子商务岗位?(　　　　)

    A.网站客服　　B.网店运营　　　　C.美工设计　　　　D.产品拍摄

(4)属于 O2O 电子商务模式的平台是(　　　)。

    A.美团　　　　B.神州租车　　　　C.饿了么　　　　D.快手

(5)以下关于跨境电商的描述,正确的是(　　　)。

    A.跨境电商的业务环节复杂、需要经过海关通关、检验检疫、外汇结算、出口退税、进口征税等环节

    B.跨境电商的交易主体虽遍及全球,但消费习惯、文化心理和生活习俗差异不大

    C.跨境电商与国内电商相比,侵权产生的纠纷更少

    D.跨境电商要以国际一般贸易协定和双际多边的贸易协定为基础

4. 简答题

(1)电子商务基本组成要素有哪些?

(2)传统的电子商务模式有哪些?

项目 2
初识电子商务平台

【项目综述】

李伟、王杰、张艳和刘洋 4 人学习小组已经了解了电子商务就业岗位以及模式,他们决定利用业余时间开设一家属于他们自己的网店,且计算机平台、移动平台、新媒体平台和跨境平台同时运营,真正踏上他们的电子商务之旅。而此时,王杰和张艳提出,他们虽然以前使用过计算机,却对如何操作网站、使用互联网并不了解。因此,李伟和刘洋决定根据老师的学习要求,帮助王杰、张艳掌握互联网平台操作,并了解建立网站的基础知识。此外,他们 4 人还决定,在开店前登录各类电子商务平台,了解不同电子商务平台的经营模式,为确定网店的经营方向做好准备。

【项目目标】

通过本项目的学习,应达到的具体目标如下:

知识目标

◇ 了解不同领域电子商务平台的特点

◇ 理解 IP 和域名的关系

能力目标

◇ 掌握互联网的基本功能

◇ 掌握 HTML 语言的编写格式

◇ 掌握淘宝店铺的开设流程

◇ 掌握微店店铺的开设流程

◇ 掌握抖音小店的开设流程

◇ 掌握虾皮店铺的开设流程

素质目标

◇ 让学生体验主动参与的乐趣,激发学生学习电子商务的兴趣

◇ 培养学生获取信息、处理信息、应用信息的能力

◇ 增强学生互帮互助精神,提高团队合作能力

◇ 提高学生的法治素养、诚信修养,加强学生个人隐私保护意识

◇ 培养学生探索和创新的精神,以及精益求精的工匠精神

【项目思维导图】

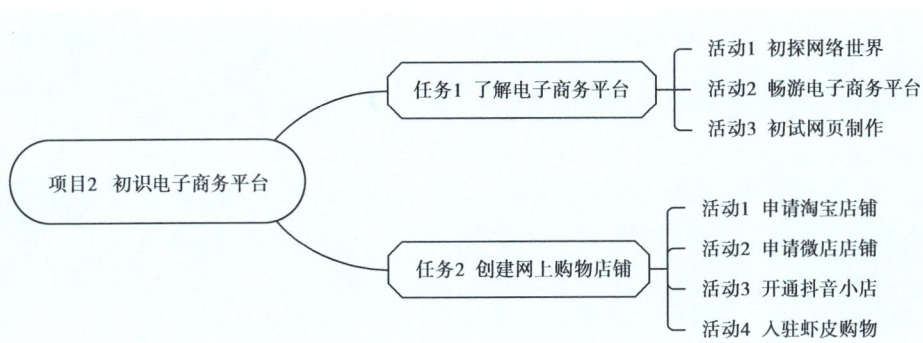

```
                                        ┌─── 活动1  初探网络世界
                    ┌─ 任务1  了解电子商务平台 ┼─── 活动2  畅游电子商务平台
                    │                   └─── 活动3  初试网页制作
  项目2  初识电子商务平台 ┤
                    │                   ┌─── 活动1  申请淘宝店铺
                    └─ 任务2  创建网上购物店铺 ┼─── 活动2  申请微店店铺
                                        ├─── 活动3  开通抖音小店
                                        └─── 活动4  入驻虾皮购物
```

任务1 »»»»»»
了解电子商务平台

情境设计

　　4人学习小组为了能够更好地调研网店的经营方向,李伟决定利用课余时间,先和刘洋共同帮助王杰和张艳了解IP地址和域名,掌握互联网的常用功能,然后他们通过互联网平台,仔细研究不同领域的电子商务平台。随后,在学习编辑网站的HTML语言时,他们发现能够设计一个简单的网站很有成就感,于是4人决定根据老师的课后作业,了解更多的HTML语言知识,为以后装修网店打下基础。

任务分解

　　结束今天的课程,4人商定先由李伟和刘洋带着王杰和张艳去漫游网络世界,掌握互联网的基本操作,然后再分工探索各种类型的电子商务平台,收集调研素材,最后一起巩固今天学习的知识,并尝试拓展课上内容。

活动1　初探网络世界

活动背景

　　李伟认为,王杰和张艳首先必须使自己的计算机连接网络,设置校园IP地址,然后再掌握访问网站域名的方法。而刘洋建议他们还要学会使用电子邮件、浏览文件、传输文件的操作。

📖 知识窗

1. IP地址和域名

　　当你有一个包裹要寄到学校时,如何让快递人员快速又准确地送达呢? 快递单上必须要填哪些内容呢? 对,地址。假设网络中的信息就是包裹,你的计算机就是学校,怎样让信息快速又准确地出现在你的计算机屏幕上呢? 此时需要的是IP地址。

　　IP，全称 IP 协议，又称为网际协议，是为计算机网络相互连接进行通信而设计的协议。IP 地址就是给每个连接在 Internet 上的计算机分配一个在全世界范围的唯一编号，使人们可以在 Internet 上很方便地寻址，也就是说 IP 地址具有唯一性。

　　常见的 IP 地址分为 IPv4 和 IPv6 两类，主要区别在于地址的长度和数量。截至 2011 年 12 月，全球的 IPv4 地址数已分配完毕。根据中国互联网络信息中心《第 53 次中国互联网络发展状况统计报告》显示，截至 2023 年 12 月，我国 IPv4 地址数量为 39 219 万个，IPv6 地址数量为 68 042 块/32，IPv6 活跃用户数达 7.62 亿。

第49次《中国互联网络发展状况统计报告》

　　IPv4 地址的长度为 32 位，分为 4 段，每段 8 位，用十进制数字表示，每段数字范围为 0～255，段与段之间用"．"隔开，即×××．×××．×××．×××表示，如图 2.1.1 所示。IPv6 地址的长度为 128 位，"/32"是指前 32 位为网络号。

图 2.1.1　IPv4 协议属性

　　IP 地址分为 A、B、C、D、E 5 类，它们适用的类型分别为：大型网络、中型网络、小型网络、多目地址、备用。常用的是 B 和 C 两类。A 类 IP 地址是指，在 IP 地址的 4 段号码中，第 1 段号码为网络号码，剩下的 3 段号码为本地计算机的号码，它的范围是 1.0.0.0～127.255.255.255。B 类 IP 地址是指，在 IP 地址的 4 段号码中，前两段号码为网络号码，它的地址范围是 128.0.0.0～191.255.255.255。C 类 IP 地址是指，在 IP 地址的 4 段号码中，前 3 段号码为网络号码，剩下的一段号码为本地计算机的号码，即地址范围在 192.0.0.0～223.255.255.255，如图 2.1.2 所示。

　　如果每次访问一个网站都需要输入 IP 地址是一件非常麻烦的事，而且人们对 IP 地址的记忆很容易混淆。为了给每一个网站一个通俗易懂又容易记忆的地址，由此诞生了符号化的域名代替数字化的 IP 地址。域名也具有唯一性，必须向特定机构申请注册。截至 2023 年 12 月，我国域名总数为 3 160 万个，其中，"．CN"域名数量为 2 013 万个。

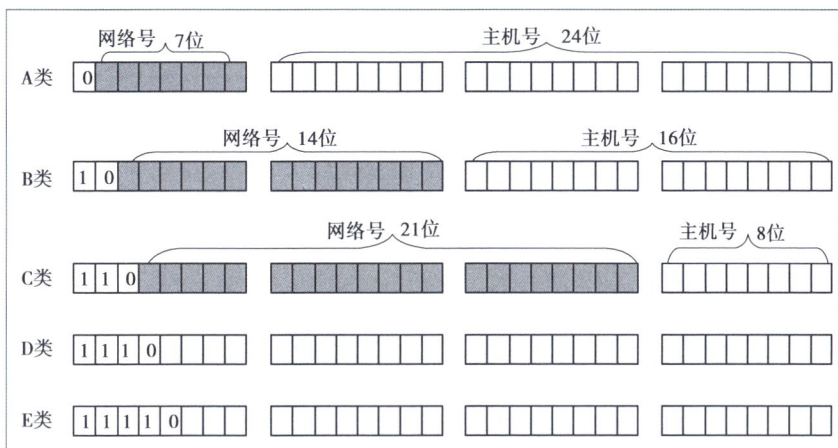

图 2.1.2　IP 地址分类

　　域名中的标号都由英文字母和数字组成,用"."间隔,不区分大小写字母,分为顶级域名、二级域名、三级域名以此类推,最低的域名写在最左边,而级别最高的域名写在最右边。以 www. tsinghuaedu. cn(清华大学)为例,tsinghua. edu. cn 是域名,cn 是顶级域名,代表中国;edu. cn 是二级域名,代表中国的大学;tsinghua. edu. cn 是三级域名,tsinghua 是组织结构标识,见表 2.1.1。

表 2.1.1　常用顶级域名

常用顶级域名		新增顶级域名	
域名名称	意　义	域名名称	面向用户
com	商业组织	info	信息服务的实体
edu	教育机构	biz	商业、企业
gov	政府部门	coop	非营利组织
net	网络服务机构	name	个人
cn	中国	aero	航空业

　　如何快速知道本主机的 IP 地址?

　　在菜单中打开"所有程序"→"Windows 系统"→"命令提示符"。在光标后输入"ipconfig",按回车键,就可以看到当前主机 IP 地址的情况,如图 2.1.3 所示。

　　2. 互联网的基本服务功能

　　互联网是泛指全球所有计算机连接在一起的庞大网络,也正是有了它的诞生和发展,才出现了电子商务。互联网提供一些基本的服务功能,这些功能不仅能够传递信息,还是电子商务活动中必要的工具。

　　互联网提供的服务功能有很多,早期应用广泛的有万维网、电子邮件、远程登录、文件传输以及电子公告牌,现今常见的功能还有 P2P、即时通信和网络会议。

重塑我国网络根基推动中文域名普及应用

图 2.1.3　查询本机的 IP 地址

（1）万维网（WWW）

万维网即 WWW，英文全称 World Wide Web，是一个由许多互相链接的超文本组成的系统，也是我们通常访问的网络，更是互联网的一个组成部分。它使用超文本传输协议（HTTP）传递信息，使用超文本标记语言（HTML）定义网站格式，是建立电子商务网站的基础。

（2）电子邮件（E-mail）

电子邮件是一种用电子手段提供信息交换的通信方式，是互联网应用最广的服务。它具备低成本、速度快的特点，在电子商务的营销活动中深受喜爱。电子邮件地址的格式为：用户名@邮箱域名。

（3）远程登录（Telnet）

远程登录是指用户将自己的本地计算机与网络上另一远程计算机相互连接。为安全起见，通常远程登录不仅需要用户名，还需要密码。随着技术的革新，这种服务被使用得越来越少。

（4）文件传输（FTP）

文件传输可以将文件从一台计算机实时、快速地传递给另一台计算机，传递的文件类型多种多样，既可以是文本、图片，也可以是视频、音频、动画等。用户从远程计算机上复制文件到自己计算机上称为下载，将自己计算机的文件复制到远程服务器上称为上传。

（5）电子公告牌（BBC）

电子公告牌，也称电子公告板，是 Internet 的一种电子信息服务系统，它提供一块公共电子白板，每个用户都可以在上面书写，发布信息或提出看法。基于 HTTP 协议的发展，传统的 BBS 所剩无几，取而代之的还是多姿多彩的 Web 式讨论环境，也就是现在大家熟知的"论坛"。

（6）P2P 技术

点对点技术（简称 P2P），又称对等互联网络技术，互联网用户不需要通过中央 Web 服务器就可以直接共享文件和计算机资源。这种技术用途广泛，如共享音乐文件、共享 CPU 的计算能力、共享存储空间、共享网络、共享打印机等,使人们通过互联网直接交互,让沟通变得容易。

(7)即时通信(IM)

即时通信是通过特定的软件,使网络中的人们即时进行沟通或者就某些共同话题进行多人讨论,它是 Internet 上最受欢迎的服务之一。随着网络技术的扩展,除常见的文字聊天外,语音聊天、视频聊天也开始流行起来。

(8)网络会议(NetMeeting)

网络会议又指远程协同办公,是指通过在互联网中使用多媒体会议软件,参会者突破时间和地域的限制实现数据共享,达到面对面地进行交流效果。数据共享不仅包括音频、视频,还有电子白板、演讲稿同步、文件传输等,提供了高效的沟通途径。

活动实施

★ 归纳对比 ★ 检查 IP 和域名的登录。

步骤1:分组,4 人为一小组,以小组为单位进行分工合作。

步骤2:在菜单中打开"命令提示符"窗口。

步骤3:在光标后输入"ping www.baidu.com",按回车键,查看"百度"网站的 IP 地址,如图2.1.4 所示。

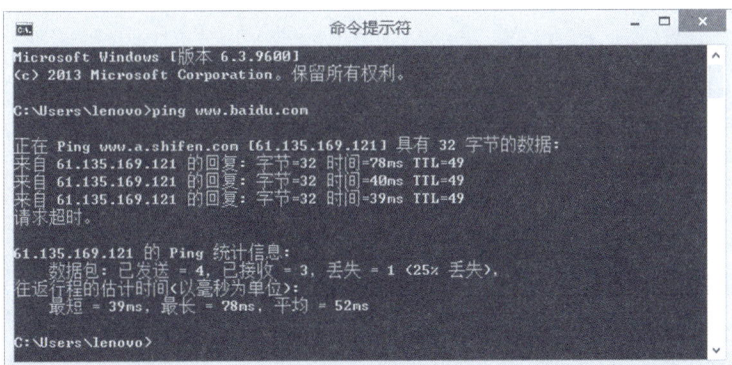

图2.1.4 命令提示符

步骤4:将查到的 IP 地址输入浏览器地址栏中,按回车键后检查是否可以打开网站。

步骤5:根据以上操作步骤完成表2.1.2。

表2.1.2 检查 IP 和域名登录

网站名称	网站网址	网站域名	IP 地址	IP 地址和网站是否能同时登录
百度				
新浪				
淘宝				
优酷				
IP 地址和域名是什么关系				

步骤6:小组派代表进行小结。

◎试一试◎ 访问邮箱网站的常用方法。

步骤1：打开浏览器，在地址栏中输入百度的网址，打开百度网站。

步骤2：在搜索框中输入"126"，点击"百度一下"。

步骤3：打开"126网易免费邮官方登录邮箱"的登录界面。

步骤4：在浏览器地址栏中输入126邮箱的网址后，按回车键。

步骤5：以小组为单位，讨论访问网站的方法，完成表2.1.3。

表2.1.3 访问网站的常用方法

访问网站常用方法有几种	
这些方法的效果是否一致	
小组中最喜欢使用的方法	
喜欢的原因	
快速访问的方法	
不确定网站的访问方法	

步骤6：小组派代表进行小结。

做一做　发送第一封电子邮件。

步骤1：4人小组选择共同登录163或者126网站，以个人为单位，注册自己的电子邮箱账号。

步骤2：登录自己的邮箱，并添加小组成员为好友。

步骤3：访问"百度图片"，下载一张鲜花图片。

步骤4：回到自己的邮箱，点击"写信"后，将鲜花图片上传至附件，如图2.1.5所示，发送给其中一名小组成员。

图2.1.5 带附件的邮件

步骤5:汇总其他小组的邮箱地址,填写表2.1.4,添加更多的好友,并宣传自己的邮箱地址。

表2.1.4 收集邮箱地址

同学姓名	邮箱地址
我的邮箱地址是:	

活动小结

半个小时的学习时间很快就过去了,王杰、张艳先后给刘洋发送了一封带附件的邮件。王杰发现这样他们之间的信息可以轻松地汇总了,还节省了时间,刘洋提醒他们要牢记自己的邮箱账号和密码。张艳则迫不及待地希望用新学习的技能去访问网站,体验电子商务的神奇。李伟告诉他们,其实QQ、微信等聊天工具在信息收集中更方便,稍后将用微信工具实时沟通交流和传输文件。

活动2 畅游电子商务平台

活动背景

掌握互联网基本操作后,4人讨论决定分工去了解不同领域的电子商务平台。李伟决定去购物类和旅游类平台查询信息;王杰了解教育类和门户类平台;张艳选择团购网站和金融网站;刘洋调查娱乐类和政府类网站。同学们都知道电子商务平台类型不止这么多,如果时间充裕他们会再去多看看。

▢ 知识窗

1. 电子商务平台

电子商务平台是一个为企业或个人提供电子商务服务的平台,它是在Internet上建立起来的虚拟空间,是保障商务活动顺利进行的重要场所。企业、商家可充分利用电子商务平台提供的网络基础设施、支付平台、安全平台、管理平台等共享资源有效地、低成本地开展自己的商业活动。2020年中国电商平台类型如图2.1.6所示。

随着高新技术的快速发展,电子商务平台的呈现方式不仅依靠于计算机,更多的人则使用手机、平板电脑来享受商家提供的电子商务服务。

2. 电子商务涉及的领域

电子商务已和人们的生活息息相关,它涉及的行业有商贸业、制造业、金融业、教育行业、旅游业等。不同领域的平台提供的服务也会有所不同。

图 2.1.6　常见的电子商务平台类型

（1）网络购物

网络购物是指用户在购物网站上根据商品的图片、视频和描述选择自己喜欢的商品，然后下订单等待快递送货上门，在收到货物或者使用后，再通过购物平台对商品进行评价的一种买卖形式，当当网上商城如图 2.1.7 所示。根据中国互联网信息中心（CNNIC）发布的报告显示，截至 2023 年 12 月，我国网络购物用户规模达 9.15 亿人，占网民整体的 83.8%。

图 2.1.7　当当网上商城

通常网络购物平台分成两类：一类是 B2C 类型的商城网站；另一类是 C2C 类型的个人网店。随着消费者主体地位的提升，近年来还形成了 C2B 和 B2B2C 类型的平台。

（2）网络旅游

网络旅游是中国应用最早、发展最成熟的电子商务领域之一。它利用网络平台发布、交流旅游商务信息，企业在此进行旅游宣传，提供售前售后服务；用户可查询或预订酒店、交通工具、门票等实现自助旅游。

目前我国的网络旅游平台分成两类：第一类是提供旅游预订资源的网站(见图 2.1.8)；第二类是提供旅游攻略,撰写游记的网站。而第一类中又分为拥有大量自身旅游资源的网站和提供旅游代理服务的网站。

图 2.1.8　提供旅游代理服务的去哪儿网

(3)网络教育

网络教育即远程教育,学生可以利用业余时间打破时空限制,随时随地上课。受新冠疫情的影响,近年在线教育商业模式发展迅猛,AI 技术、VR 技术充分将互联网与教育有机融合。

网络教育目前分为 6 种类型,第 1 种是针对基础教育的辅助性平台;第 2 种是针对成人的学历提升;第 3 种是职业技能认证和各种考证辅导;第 4 种是针对企业培训技能型人才;第 5 种是提供教育咨询及服务;第 6 种是各类高校开设的在线开放课程。

(4)门户网站

门户网站是指发布某类综合性互联网信息资源并提供有关信息服务的应用系统。这类网站主要提供信息咨询、电子邮箱、博客、微博等服务,依靠广告获得盈利。

门户网站主要分成 3 种类型:一种是全国综合性网站,另一种是地方生活性网站,还有一种是某一特定行业的网站,如游戏、美食等。

(5)本地生活服务

本地生活服务源于早期的网络团购,即将当地具有实体店铺的餐饮、生活服务、休闲娱乐等商家服务信息,以一种"网店"的方式呈现给网民,消费者在网络平台上以套餐或低价购买一种商品或服务,再到线下使用或享受,是典型的 O2O 电子商务模式。它不仅给用户提供便捷、全面的商户信息,也给线下商户提供更广泛的宣传渠道。

(6)网络金融

网络金融是依靠网络技术,在全球范围内提供的金融服务,它包括网上银行、网络证券、网上保险、第三方支付平台等金融服务及相关内容,其存在形态是虚拟化的,运行方式是网络化的。根据《CNNIC 的第 53 次中国互联网络发展状况统计报告》显示,截至 2023 年 12 月,我国网络支付用户规模达 9.54 亿人,连续十年保持增长态势。

（7）网络娱乐

网络娱乐通常指网民闲暇时访问的休闲娱乐网站。这类网站包括提供音乐欣赏，购买和下载服务的在线音乐网站，如QQ音乐、虾米音乐、网易云音乐等；提供游戏资讯的网站，如腾讯游戏网、电玩巴士网等；提供视频观看和下载的网站，如爱奇艺、优酷等；提供网民创作文学作品、阅读小说的网站，如起点中文网、晋江文学城等。

（8）电子政务

电子政务是政府部门、机构利用现代信息科技和网络技术，实现高效、透明、规范的电子化内部办公、协同办公和对外服务的程序、系统、过程和界面。与传统政府的公共服务相比，电子政务除了具有公共物品属性，还具有直接性、便捷性、低成本性以及更好的平等性等特征。

（9）社交应用

社交应用是指利用博客、微博、微信、H5页面、短视频等这些新兴的媒体进行内容创作，实现评论、点赞等互动。例如微信公众号，它包括订阅号以及服务号，针对已关注的粉丝，通过文字、语言、图片、视频等方式，采取一对多的信息推送，利用微信自身庞大的用户基础达到最好的传播效果。

（10）互联网医疗

互联网医疗是指通过互联网载体为消费者提供围绕疾病、药品、健康知识相关的健康医疗服务。这种新的商业模式不仅推动惠及全民的健康信息服务和智慧医疗服务，也提升医疗资源的利用效率。常见的网站有丁香医生、好大夫、39健康网等，如图2.1.9所示。

互联网医院

图2.1.9　京东健康互联网医院平台

活动实施

◎查一查◎　不同领域的电子商务平台代表。

步骤1：分组，4人为一小组，以小组为单位进行分工合作。

步骤2：打开"百度"搜索引擎，逐一输入不同的领域词，选出一个知名网站，完成表2.1.5中"网站名称"和"网站网址"的内容。

步骤3：在搜索框中输入每个网站的名字，利用百度百科、百度知道、网站自身简介等资料完成表2.1.5中"网站特色"的内容，写出每个网站不少于3条特色。

步骤4：小组汇总讨论后，派代表进行小结。

表 2.1.5 查找不同领域的电子商务平台代表

商务领域	领域分类	网站名称	网站网址	网站特色
网上购物	网上商城 个人店铺			
网络旅游	预订型网站 游记型网站			
网络教育	在线课堂网站 教育咨询网站			
门户网站	综合型门户 地方生活门户			
本地生活服务	传统团购网站 外卖网站			
网络金融	支付平台 网上银行 网络证券			
网络娱乐	视频类 交友类 游戏类 文学类			
电子政务	本地教育局			
社交应用	H5 制作网站 微信编辑网站			
互联网医疗	内容健康网站 药品购买网站			

🎤 说一说 每个领域电子商务平台的现状及前景。

步骤 1：每个小组在上一环节涉及的电子商务领域中选择其中两个作为调研对象。

步骤 2：在 CNNIC 或者艾瑞网查找这一领域目前的发展情况报告,小组汇总后完成表 2.1.6 中的"当前现状"。

步骤 3：小组讨论该行业未来的发展前景,完成表 2.1.6 中的"未来前景"。

步骤 4：小组派代表进行小结。

表2.1.6 电子商务平台的现状及前景

选择的电子商务领域1	
当前现状	未来前景
选择的电子商务领域2	
当前现状	未来前景

活动小结

李伟4人看得非常仔细,汇总信息后,他们发现自己才了解了电子商务平台的冰山一角,而这已经让他们受益匪浅,也更坚定了他们开设网店的决心。但是由于电子商务涉及的面太广泛,他们还不能完全确定未来的经营方向,于是决定先开设店铺,多掌握一些电子商务知识后,再重新调研。

活动3 初试网页制作

活动背景

今晚自习还有半个小时就下课了,4人共同复习HTML语言的结构后,李伟想了解如何添加背景颜色,王杰想学习放大字体,张艳想掌握更改字体颜色,刘洋想学会更改字体,于是4人分别自学后,又轮流做老师指导小组成员,最后4人合力完成老师布置的作业。

□ 知识窗

1.超文本标记语言

超文本标记语言简称HTML,是用来编写网页的一种语言,也是网页构成的主要元素。HTML语句是由标记符和被标记的内容组成的,如图2.1.10所示。标记符是告诉浏览器,被标记的内容如何显示,它的格式和方式分别是什么。

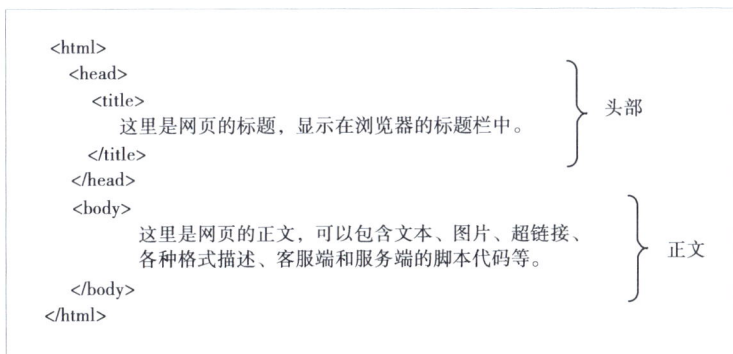

图 2.1.10　HTML 标记语句的一般格式

目前使用的 HTML 语言是 1999 年发布的,它仅在浏览器上来实现各种各样的动画、视频、音频、绘图等效果。随着移动技术的快速发展,为了使 HTML 在移动设备上支持更多的多媒体,2014 年 10 月万维网联盟宣布 HTML 5 标准规范制定完成,并已公开发布。

2. HTML 的结构

HTML 语言实际是一种文本文件,文件以 .htm 或 .html 为扩展名。标准的超文本标记语言文件都具有一个基本的整体结构,如图 2.1.11 所示。标记一般都是成对出现(部分标记除外),不区分大小写,书写时标记以英文输入法为主。

图 2.1.11　HTML 语言的基本结构

HTML 语言的编写工具主要有两种:一种是由微软自带的记事本或写字板编写,甚至 Word 和 WPS 都可以编写,只需在保存格式的时候将扩展名更改为 .htm 或 .html 即可;另一种是使用专门的网页编辑软件,如万维网联盟开发的 AMAYA、微软公司开发的 FrontPage、Adobe 公司研发的 DreamWeaver 等,这类软件开发速度更快,效率更高,且直观的表现更强。

HTML教程

活动实施

做一做　制作第一份网页。

步骤 1:分组,4 人为一小组,以小组为单位进行合作。

步骤 2:小组商定自己的组名和口号,组名将做成网页标题,口号将做成网页内容。

步骤 3:打开"开始"菜单中的"附件",选择文本文档,按照 HTML 语言格式输入内容,如图 2.1.12 所示。

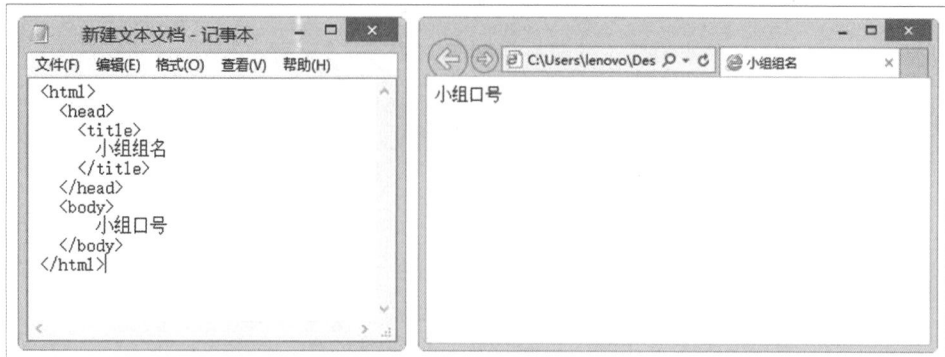

图 2.1.12　HTML 语言格式及效果

步骤 4：保存成 .htm 或 .html 格式，使用 IE 浏览器打开检测是否与图 2.1.13 所示的效果一致。

步骤 5：根据以上操作，小组讨论完成表 2.1.7。

表 2.1.7　制作第一份网页记录

小组名称		小组口号	
小组成员在制作过程中，是否有出错的情况			□是　□否
如果有出错，那么原因是			
小组中制作最快的同学是			
需要课后多练习的同学是			
小组全体成员的成长是			
在小组互助下，是否全组完成			□是　□否

步骤 6：小组派代表进行小结。

◎查一查◎　常用的 HTML 语言。

步骤 1：打开浏览器，在地址栏中输入百度的网址打开百度网站。

步骤 2：小组分工合作，查找 HTML 标记语言中关于添加背景颜色、更改字体大小、更改字体颜色、更改字体形状的标记，以及部分颜色代码。

步骤 3：查找每种标记的正确书写格式。

步骤 4：小组将答案整合后，完成表 2.1.8。

表 2.1.8　常用 HTML 语言

(1)填写标记及代码单词			
添加背景颜色属性		字体格式标记	
更改颜色属性		更改字体大小属性	
加粗文字		倾斜文字	
为文字添加下划线		红色	

续表

绿色		蓝色	
黑色		黄色	
(2)填写括号中的标记			
<body ( )= white>		〔为网页主体添加白色背景〕	
<font ( )= 5>被设置的文字</font>		〔更改文字大小为 5〕	
<font ( )= red>被设置的文字</font>		〔更改文字颜色为红色〕	
<( )>被设置的文字<( )>		〔为文字添加下划线〕	

步骤 5：小组派代表进行小结。

◎试一试◎　添加常用的标记语言。

步骤 1：打开第一环节制作的文本文档。

步骤 2：在原来格式的基础上，将小组口号加粗，更改字体颜色为红色，大小为 6，添加网页背景颜色为黄色。

步骤 3：保存成.htm 或.html 格式，用 IE 浏览器打开检测是否与图 2.1.13 所示效果一致。

图 2.1.13　更改后的网页

步骤 4：小组成员汇总讨论后，完成表 2.1.9，并派代表发言。

表 2.1.9　添加常用标记语言

更改字体的正确格式	
小组成员是否全部完成	
完成后小组集体的成长感悟	

活动小结

在小组的合作下，4 人合力完成老师布置的作业，很有成就感，他们不仅轮流当了一回老师，还把原本认为很难的作业，完成得八九不离十，主动探索问题并解决的自豪感油然而生。自然，他们已经开始好奇要学习的网店美工类课程了，他们相信今后自己一定可以设计出比现在更漂亮的网页。

合作实训

实训名称:制作广告网页。

以4人一小组为单位,结合自己了解电子商务的购物平台,制作一个文字广告网页。

实训目的:初步了解广告,学习 HTML 语言。

实训过程:

步骤1:任命一名活动小组长,明确组员分工,组长撰写广告网页制作计划安排,保证小组按时提交作品,一名组员负责收集信息,一名组员负责编辑 HTML 语言,一名组员负责讲述小组的创意。

步骤2:收集购物网站的信息,确定小组需要宣传的商品及广告语。

步骤3:查找颜色代码、回车标记、段落标记。

步骤4:小组合力确定网页的内容,分布,并尝试制作。

步骤5:用浏览器检测效果,小组合力再次更改确定最终效果,如图2.1.14 所示。

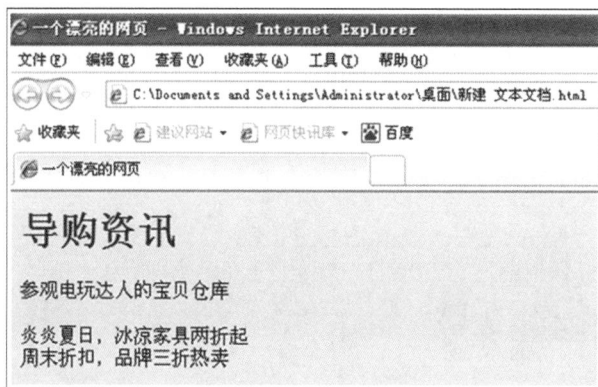

图 2.1.14　网页样例

步骤6:各小组展示各自的作品,并讲述自己的设计理念。

实训小结:通过本次广告网页的制作,各小组对 HTML 语言更加熟悉,具备网页制作的基础,也锻炼了各自的信息收集能力和整理能力,为今后学习网络广告奠定基础。

任务 2 〉〉〉〉〉〉〉〉
创建网上购物店铺

情境设计

李伟4人学习小组已经对电子商务各个领域有了初步的了解,但是他们对网店的经营方向还是不能确定。张艳提出去进驻学校办公的 MT 公司看看。经过与工作人员的沟通,4 人获得 MT 公司提供的网络分销服务。经理叮嘱他们,不论在哪个平台开店,首先要遵从《电子商务法》和平台的规则,要仔细研读;其次要注意保护个人隐私信息。第二天,他们登录淘宝网尝试创建一个店铺和一个微信。当然,他们发现,无论在哪个平台开店展示产品,诚信一定是第一位的。

任务分解

课程老师已经讲解了开设 C2C 网店的流程,李伟决定先由刘洋到淘宝网服务中心了解具体的淘宝开店流程,王杰了解哪家微商平台适合他们进驻,张艳和李伟确定店名以及首批上传的商品图片。由于淘宝店铺发展较为成熟,他们决定先开淘宝店铺,再去尝试微商和短视频、跨境平台。

活动1　申请淘宝店铺

活动背景

开设网店前,刘洋已经去淘宝网服务中心了解了开店的流程,然后 4 人商定以刘洋的身份证作为认证信息,支付宝也绑定了刘洋的银行卡。最后 4 人浏览 MT 公司提供的商品图片,并从中选定了十张作为开店的图片。

知识窗

1. 淘宝网

淘宝网是一家综合的 C2C 购物平台,也是亚太地区较大的网络零售平台。它于 2003 年 5 月由阿里巴巴公司创立,基于诚信为本的准则,创造了互联网企业的一个发展奇迹,实行的免费政策,真正成为有志于网上交易的个人最佳网络创业平台,如图 2.2.1 所示。

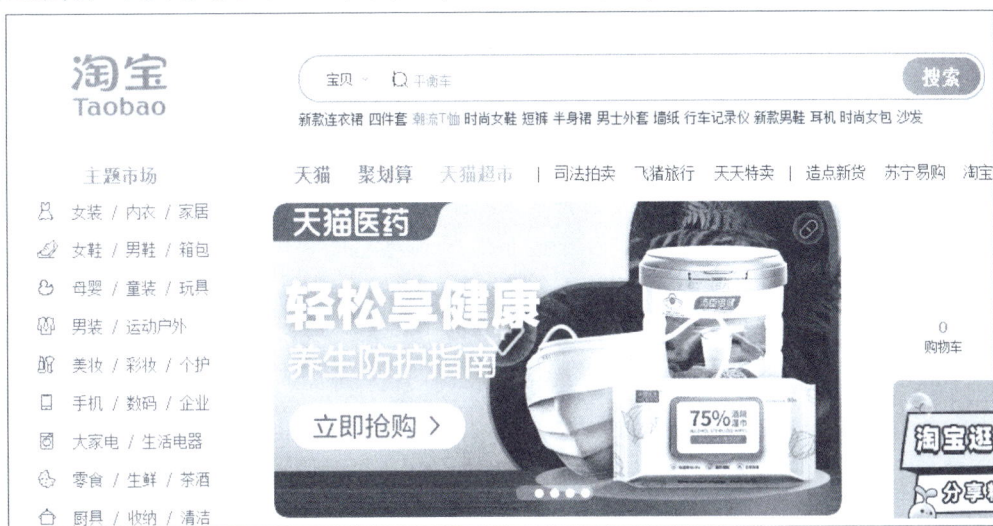

图 2.2.1　淘宝网首页

2. 淘宝网开店流程

在淘宝开店的商家有企业也有个人,有全职也有兼职,但不论是什么形式,当上传身份证或者营业执照的那一刻起,就是一个真实的店铺,相当于线下的门店,要用心经营。因此,为了维护消费者和商家各自的利益,在淘宝网开店需要遵循一系列严格的流程。

（1）开店前的准备工作

磨刀不误砍柴工。在开设网店前，需要做好准备工作，可以使店铺快速进入审核阶段。

①个人身份证。身份证是用来进行实名认证的，只要年满16周岁的中国公民即可在淘宝网开店。

②网银账户。网银账户是用来绑定支付宝的。在支付宝认证时，要求所提交的银行卡开户姓名必须和身份证的真实姓名一致，否则无法验证成功。

③智能手机。智能手机除了拍摄身份证，更重要的是完成实人认证，也就是身份证持证者本人的人脸识别。越是清晰的认证照片，审核通过越快。

④手机号码。手机号码既可以进行淘宝的注册，也是账户安全的保障。每一个淘宝账号都要进行手机绑定。

（2）开店的流程

开淘宝店铺一共有4个步骤，分别是注册淘宝账户；支付宝实名认证；淘宝实人认证；创建店铺。其中实人认证要通过手淘或千牛 APP 进行人脸认证，提高店铺安全性。

（3）开店的注意事项

①一个身份证只能拥有一家淘宝店铺。

②开店条件检测：非淘宝小二、未创建优站、未创建天猫、未创建品牌站、无 1688 经营行为。

③一个淘宝账户只能绑定一个支付宝账户。

淘宝开店
流程及费用

活动实施

✎ 做一做　做好开店的准备工作。

步骤1：分组，4人为一小组，以小组为单位进行分工合作。

步骤2：确定小组中已满16周岁的同学，若没有，则考虑使用一名小组成员亲人的身份证。

步骤3：拍摄身份证正反面照片，拍摄身份证手持照片。

步骤4：小组商定淘宝会员名、密码、确定验证的手机号码。

步骤5：线下开通提供身份证信息者的网银账号。

◎试一试◎　完成认证流程。

步骤1：打开淘宝网站，登录注册好的淘宝账号，在"千牛卖家中心"选择"免费开店"。

步骤2：在"支付宝实名认证"后面点击"去认证"，上传身份证信息，完成支付宝认证。

步骤3：返回店铺认证页面，输入店铺名字，如图 2.2.2 所示。

步骤4：用账号登录手淘或千牛 APP 登录账号，打开"扫一扫"，扫描页面二维码，进入实人认证系统。

步骤5：根据系统提示，点点头或眨眨眼完成实人认证。

步骤6：完成淘宝开店认证，开店成功。

图 2.2.2 　淘宝开店认证页面

◎填一填◎ 　完善店铺的基本信息。

　　步骤 1：完成上一环节的认证后，系统进入千牛工作平台，在"店铺"的"店铺管理"页面下选择"店铺信息"。

　　步骤 2：完善店铺名称、标志、联系地址、域名设置等信息，如图 2.2.3 所示。

图 2.2.3 　完善店铺基础信息

步骤3：首次登录，如果没有工商营业执照，还需完成卖家声明。

步骤4：在"商品"导航栏下的"我的宝贝"页面中点击"发布宝贝"，按要求上传10件商品的信息及图片。

步骤5：根据以上步骤，填写表2.2.1，小组派代表小结。

表2.2.1　开设淘宝店铺总结表

小组店铺是否开设成功	
开设的店铺名称	
店铺的网址	
是否上传店标	
拟上传的商品	
是否成功上传十件商品	
是否设置移动店铺	
是否全体成员均参与	
小组成员贡献最大	
操作过程中存在的问题	
面对问题的解决方式	
为自己小组此次的活动打分(满分100分)：	

活动小结

经过两天的努力，李伟、王杰、张艳和刘洋顺利开设了自己的网店，代表他们正式进入电子商务行列，为此4人还专门去食堂庆祝了一番，还与店铺合影留念，发朋友圈纪念。这次开店的经历，也为他们尝试移动电子商务奠定了基础。

活动2　申请微店店铺

活动背景

刘洋告诉其他3人，只要在手机上安装手机淘宝，就可以通过搜索引擎看到他们的店铺了。李伟建议大家分工首先查查还有什么其他的微商平台，看看哪家开设店铺比较方便快捷，然后再建立一个微商店铺，增加销售渠道。其他三人一致通过，说干就干！

□ 知识窗

1. 微商

微商，是基于微信生态集移动与社交为一体的新型电子商务模式，具有营销成本低、熟人传播信赖程度高等优势，其成交量与日俱增。从模式上来说主要分为两种：B2C微商和C2C微商，前者是基于微信公众号的微商，后者是基于朋友圈开店的微商。从微商的流程来说，微商主要由基础完善的交易平台、营销插件、分销体系以及个人端分享推广微客4个流程组成，如图2.2.4所示。

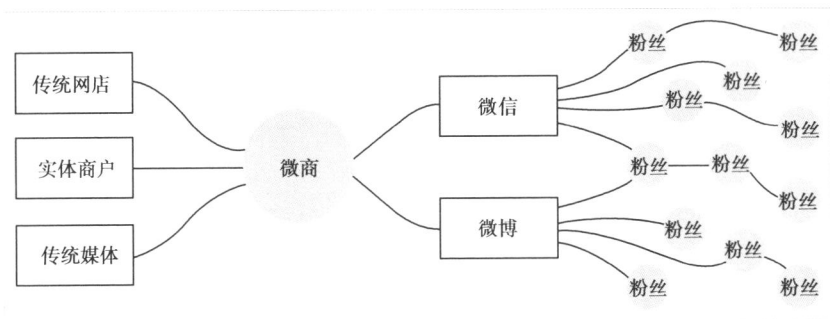

图 2.2.4 微商

2. 主流微商平台

我国的微商平台类型多样,目前主流使用的平台有微店、微信小程序、有量微店和有赞微商城,各平台的 Logo 如图 2.2.5 所示。

图 2.2.5 主要微店 Logo

(1)微店

微店是帮助卖家在手机上开店的软件。微店作为移动端的新型产物,任何人通过手机号码即可开通自己的店铺,并通过一键分享到 SNS 平台来宣传自己的店铺并促成成交。降低了开店的门槛和复杂手续,回款为 1~2 个工作日。

小生意的胜利!
微信"微店"
你了解多少?

(2)微信小程序

微信小程序是一种不需要下载安装即可使用的应用,它实现了应用"触手可及"的梦想,用户扫一扫或搜一搜即可打开应用,能够实现消息通知、线下扫码、公众号关联等七大功能。例如微信联合哈啰骑行,哈啰小程序正式上线,用户只需通过微信"扫一扫"进入小程序就能骑走单车。

(3)有量微店

有量微店是移动电子商务智能营销平台的商家应用之一,打造一个社会化销售平台,帮助商家进行社会化销售,全面触及客户。除了能帮助商家在微博、微信开店外,还帮助商家直接开通手机店铺,能接入任意流量渠道,为各大品牌、销售团队、消费者提供一体化的供、销、购移动分销服务。例如接入百度移动搜索中的百度直达号。

(4)有赞微商城

有赞微商城是一套强大的微店铺系统,为商家提供底层整套的店铺系统,它和微信(微博)并没有直接联系。不过,通过把微信(微博)账号绑定到有赞店铺上之后,微信(微博)则成为店铺面向粉丝的重要出口。有赞的功能非常强大及全面,现有的产品有:有赞微商城、有赞新零售、有赞连锁、有赞教育、有赞美业、旺小店。

有赞开店流程

活动实施

★看一看★　浏览各类主流微店的店铺。

　　步骤1:分组,4人为一小组,以小组为单位进行分工合作。

　　步骤2:用手机下载各类微店平台,注册后浏览店铺。

　　步骤3:根据浏览信息完成表2.2.2。

表2.2.2　浏览微店店铺

微店	装修界面	支付方式	分享的渠道	操作便捷性
微店				
微信小程序				
有量微店				
有赞微商城				
小组成员比较喜欢的微店软件				
喜欢原因				

　　步骤4:小组派代表进行小结。

　　★找一找★　主流微店的开店流程。

　　步骤1:逐一打开各类微店的网页,通过帮助系统了解开店流程。

　　步骤2:根据浏览的信息完成表2.2.3。

表2.2.3　主流网店开店流程

微店	开店流程(用流程图书写)	操作是否简单
微店		
微信小程序		
有量微店		
有赞微商城		
开店流程共同需要准备		
小组成员愿意选择开微店的平台		
选择的原因		

　　步骤3:小组派代表进行小结。

📎 **做一做**　申请微店店铺。

步骤 1：打开"微店"网页。

步骤 2：手机注册微店账号。

步骤 3：选择"店铺类型"，即单店版或连锁版。

步骤 4：填写店铺相关信息，如图 2.2.6 所示。

图 2.2.6　微店申请开店流程

步骤 5：根据实际情况选择主体类型，如"小微商户"。

步骤 6：提交身份证信息后，等待审核，开通店铺。

活动小结

李伟 4 人学习小组经过对微商资料的收集，发现它的潜力更大，但是他们决定脚踏实地，一步步来。虽然他们已经把微店店铺开起来了，目前他们还是决定先经营好淘宝店铺，掌握好 C2C 平台的知识后再把重心逐渐向微店店铺过渡。当然他们也不会放弃移动电子商务，因为他们会利用淘宝平台更好地完善手机淘宝店铺。相信他们会越做越好！

活动 3　开通抖音小店

活动背景

刘洋、王杰最近经常在社交平台上看短视频，刘洋还通过平台购买了 3 本专业书籍，他们商量着自己是不是也能开通一个短视频平台店铺来拓宽目前的销售渠道。他俩将想法与李伟和张艳沟通后，几人决定分工试试。

▢ **知识窗**

1. 短视频平台

短视频是指在互联网络新媒体中传播的不超过 5 分钟的视频短片。短视频平台是指帮助这类视频传播的平台。这类平台常见的类型有四种：第一种为自媒体平台；第二种为传统的短视频平台；第三种为视频网站；第四种为小视频平台。常见的每种平台类型的代表公司如图 2.2.7 所示。

图 2.2.7　常见的短视频平台

2.抖音和抖音电商

抖音是一款音乐创作短视频社交软件,北京字节跳动科技有限公司于 2016 年 9 月发布上线,它的标语是"记录美好生活",用户定位在年轻、时尚、女性,偏向一二线城市。抖音上的视频更注重内容的打磨,IP 的塑造。

2020 年 8 月,抖音平台上线"抖音奇妙好物节",总成交额突破 80 亿元人民币,标志着抖音电商的兴起。抖音电商是指通过短视频/直播等丰富的内容形式,给用户提供更个性化、更生动、更高效的消费体验。它的经营核心是:好内容+好商品+好服务。

3.抖店

抖店又叫抖音小店,是抖音平台商家将内容变现的工具。抖店不仅可以在抖音中使用,还贯通在今日头条、西瓜视频等字节跳动公司旗下的平台。

入驻抖店的步骤有六步,分别是登录→提交资料→平台审核→账户验证→缴纳保证金→开店成功,如图 2.2.8 所示。

图 2.2.8　抖店入驻流程

抖店目前的经营主体主要面向三种类型,分别是个体工商户、企业或者公司和海外注册公司。从店铺类型来说,分为普通店、专卖店、专营店、旗舰店。普通店适合无品牌的商家;专卖店可经营一个或多个授权品牌;专营店需保证有一个类目下至少包含两个品牌;旗舰店可经营一个或多个自有品牌;可经营一个或多个一级独占授权品牌。个体工商户只能开通普通店,企业商家这四种类型店铺均可以选择。

抖音小店开店
流程图文详解

活动实施

★ 比一比 ★　对比抖音平台和快手平台的不同。

步骤1:分组,4人为一小组,以小组为单位进行分工合作。

步骤2:用手机分别浏览抖音和快手两个平台。

步骤3:根据浏览信息完成表2.2.4。

表 2.2.4　小视频平台对比

对比指标	抖音	快手
所属平台		
标语		
用户特点		
平台特点		
日活用户		
呈现方式		
小组成员比较喜欢的小视频软件是		
喜欢原因		

步骤4:小组派代表进行小结。

★ 找一找 ★　开通抖店需要准备的资料。

步骤1:打开抖店首页。

步骤2:选择"如何入驻"。

步骤3:查找"入驻清单一览",完成表2.2.5。

表 2.2.5　抖店开店准备资料

材料类型	准备材料	具体要求
必备材料		
可选材料		

步骤4：小组内进行对比，看看资料是否已找齐。

◎试一试◎　填写抖店入驻信息。

步骤1：假设以个体工商户身份注册抖店，请根据图2.2.9填写营业证件信息。

步骤2：根据图2.2.10填写经营者信息。

图2.2.9　填写营业证件信息

图2.2.10　填写经营者信息

步骤3：根据图2.2.11填写店铺基本信息。

图2.2.11　填写店铺基本信息

步骤4：确定经营类目，完善店铺管理人信息。

步骤5：分享填写后的心得。

活动小结

　　李伟 4 人学习小组在 MT 企业的帮助下，顺利开通了抖店。此时他们将在淘宝制作的产品视频也放置在抖音中，期待抖音平台不仅可以帮助他们增加展示产品的渠道，今后也要仔细研究如何拍摄展示产品特点、故事的视频，让更多的人能通过抖店下单，打造个性化的 IP。 在不知不觉中，他们的抖音粉丝越来越多，抖店的产品也开始有人浏览了。

活动 4　入驻虾皮购物

活动背景

　　上午 MT 公司的经理让李伟 4 人学习小组下午到公司集合开会。会议上，他们知道原来 MT 公司决定入驻东南亚的电商市场，但是经理想入驻虾皮购物，却不知道它和速卖通的优劣势如何。因此，刘洋和李伟负责汇报虾皮购物的优势，其他两人负责了解虾皮购物的入驻流程。在吸收国内电商经验的基础上，他们开始踏入跨境电商之旅。

□ 知识窗

1. Shopee 平台

　　Shopee 是一个跨境购物平台，中文称为"虾皮购物"，如图 2.2.12 所示。于 2015 年在新加坡推出，主要覆盖的区域是东南亚和中国台湾地区，现今也已开通拉美地区市场，目前有近九个主要市场，2023 年 Shopee 总订单量达 25 亿。

图 2.2.12　台湾市场虾皮购物首页

2. 入驻 Shopee 流程

　　入驻 Shopee 目前有两种形式：一种是通过 Shopee 官网进行申请，另一种是通过招商经理的绿色通道。相比较之下，招商经理的绿色通道开店速度较快。

　　(1)准备资料

　　营业执照、身份证、手机号、邮箱、地址，国内电商店铺链接，国内电商三个月流水。

（2）申请账号

入驻 Shopee 通常要设置在主账号下，因此需要先注册主账号，并对接好银行信息。

（3）申请入驻

登录平台后，在入驻时填写联系人信息、公司信息、店铺信息。

（4）等待审核

Shopee 工作人员会在 5 个工作日内与通过电话联系商家，电话开头为 021，同时也会通过邮件来告知相关的情况。

（5）注册店铺

审核通过后，Shopee 工作人员会发一个邮件，如图 2.2.13 所示。根据信息注册子账号，正式成为 Shopee 卖家。

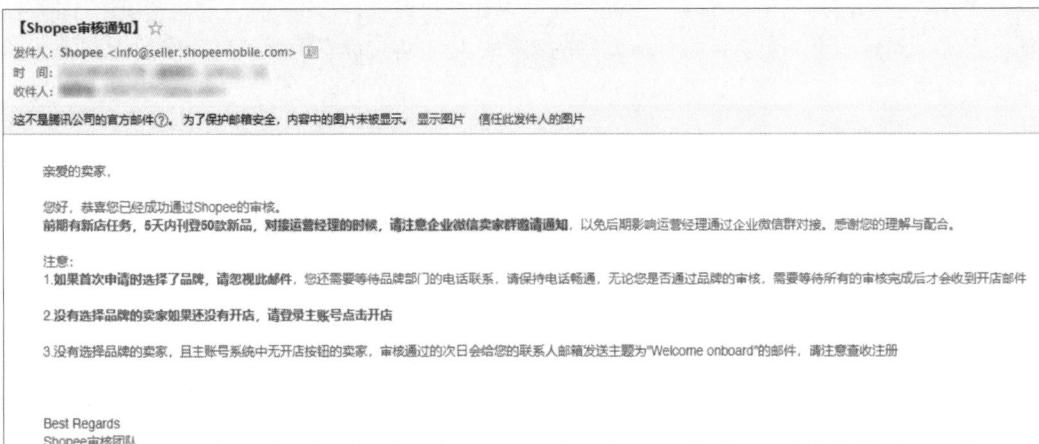

图 2.2.13　Shopee 入驻审核通过邮件

3.入驻 Shopee 注意事项

（1）关于登录

登录的时候，用户名需加上"：main"，其中"："为英文的标点符号，如"shoppe：main"，否则是无法成功登录的。

（2）个人入驻

Shopee 平台入驻均要营业执照，如果是个人入驻，需要办理个体工商户营业执照。

Shopee最新
入驻教程全解
——雨果网

（3）关于收费

卖家入驻 Shopee 不用提交保证金，针对平台新卖家还会有前三个月免佣金的优惠，三个月后将会收取佣金，收取比例是 3%。

活动实施

★看一看★　浏览 Shopee 各个市场。

步骤 1：打开 Shopee 首页，浏览页面至最底端。

步骤 2：找到"购物站点"，逐一浏览各个市场，并完成表 2.2.6 中"域名"和"语言"的内容。

表 2.2.6　主流网店开店流程

站点区域	站点域名	人口	语言	市场特点
中国台湾				
马来西亚				
印度尼西亚				
泰国				
菲律宾				
新加坡				
越南				
巴西				
墨西哥				

步骤 3：利用搜索引擎完成"人口"和"市场特点"的内容。

步骤 4：小组派代表分享自己的发现。

📝 做一做　绘制 Shopee 店铺入驻流程思维导图。

步骤 1：打开"Shopee"首页，进入"立即入驻"。

步骤 2：选择"填写申请表"，跳转页面后"点我注册"，按照步骤注册 Shopee 账户。

步骤 3：登录后进入"卖家学习中心"。

步骤 4：浏览"初级课程"或"新手学习地图"，完善下面思维导图。

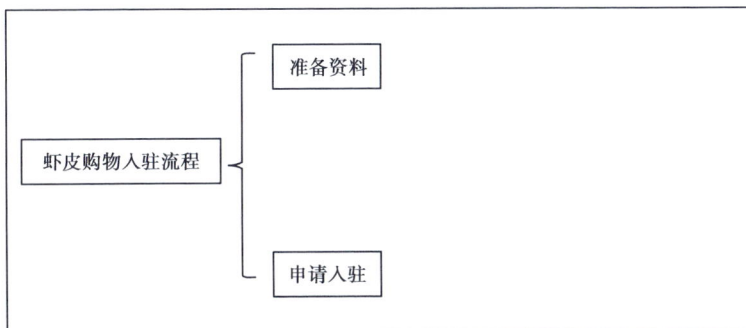

活动小结

　　4 人学习小组最终决定通过虾皮购物开拓东南亚市场，他们与经理一同完成了虾皮购物账号的申请和店铺入驻，成就感满满的！经理也表扬他们对问题的探索精神，更让他们非常开心。接下来，他们只要保持着敬业、精益、专注、创新的工匠精神，可以在虾皮购物平台也拥有很多体验，获得更丰富的阅历。

合作实训

　　实训名称：规划网店经营策略

　　以 4 人一小组为单位，结合自己了解淘宝和微商的开店流程，规划网店的经营策略，并用

PPT 的方式汇报展示小组成果。

实训目的:为今后开设网店明确方向,也为今后学习撰写策划书做好铺垫。

实训过程:

步骤 1:组建小组,确定小组负责人,商定网店经营商品及店名。

步骤 2:设计网店 Logo 及小组团队口号作为网店文化。

步骤 3:规划网店工作岗位、明确岗位职责,并进行人员分工(岗位设计可从美工设计、销售客服、店铺运营、物流包装等方面规划)。

步骤 4:登录淘宝网站,观察同类商品店铺,讨论网店的装修美化方案。

步骤 5:登录微商平台,调查微商推广策略,探讨微店的运营方案。

步骤 6:利用百度知道、百度文库、道客巴巴、豆瓣网等网站收集网店运营方面的资料。

步骤 7:根据调查、收集的资料以及小组的讨论,制作"网店经营策略"PPT,制作内容分别包含网店名称、网店文化、岗位设置、人员分工、电脑端平台(如淘宝网)店铺的经营策略、移动端平台(如有赞微商城)店铺的经营策略、经费预算七方面的内容。

步骤 8:各小组逐一上台阐述网店的经营策略,教师评判店铺实施的可行性。

实训小结:通过开店策划书的撰写,学生对网店的开设流程、经营过程有了更深的理解,也使学生明确了店铺的经营方向,有了实践的动力,使各小组对学习电子商务的其他知识产生兴趣。

项目总结

了解互联网的基本服务功能,懂得 HTML 语言的结构是今后学习网页设计软件、学习网店装修的基础。通过本项目的学习,小组了解了电子商务涉及的各行各业,创建了淘宝店铺、微店、抖店、虾皮店铺,为应用学习的知识内容创造了实训环境,也是学习小组"真枪实战"的机会。同时,学生可以根据自己的喜好,选择未来进驻的电子商务领域,从现在起就可多收集、了解该领域的运营及推广特点。在校经营网店也为今后正式进入企业或个人创业提供了锻炼的机会,使学生就业就能上岗。

项目检测

1. 判断题(正确的打"√",错误的打"×")

(1)电子邮箱地址的正确写法是用户名@ 邮箱域名。　　　　　　　　　　(　　)

(2)能够编辑 HTML 语言的软件只能是文本文档。　　　　　　　　　　　(　　)

(3)淘宝店铺只需要支付宝认证时上传身份证信息,开店认证就不需要上传了。 (　　)

(4)微商不仅只利用微信一个社交平台,微博、QQ 说说都可以是推广途径。 (　　)

(5)虾皮购物是跨境电子商务平台,它目前的市场仅针对东南亚和中国台湾地区。

　　　　　　　　　　　　　　　　　　　　　　　　　　　　　　　　(　　)

2. 单项选择题(每题只有一个正确答案,请将正确的答案填在题后的括号中)

(1)以下哪个网站不属于网络娱乐领域?(　　)

　　A. 爱奇艺视频　　B. 百合网　　　　　C. 多玩游戏　　　　D. 58 同城

(2)HTML 语言中代表网页标题的标签是(　　)。

　　A. title　　　　　B. body　　　　　　C. color　　　　　　D. font

（3）下面不是网页制作技巧的是（　　　）。

　　A.标题和文字设计　　　　　　　　B.注意网页间的链接设计

　　C.网页背景的设计　　　　　　　　D.尽量多使用高清图片和视频

（4）淘宝店铺的店标不可使用的格式是（　　　）。

　　A. psd　　　　　　B. png　　　　　　C. tif　　　　　　D. bmp

（5）虾皮跨境电子商务平台主要面向的销售区域是（　　　）。

　　A.中国　　　　　　B.东南亚　　　　　C.中亚　　　　　D.南亚

3.不定项选择题（每题有两个或以上的正确答案，请将正确的答案填在题后的括号中）

（1）以下微店目前提供免费服务的是（　　　）。

　　A.有量　　　　　B.有赞微商城　　　C.京东微店　　　D.微店

（2）淘宝网不允许发布的软件是（　　　）。

　　A.木马程序软件 B.工程应用软件　　C.群发软件　　　D.密码破解软件

（3）可以制作网页的软件是（　　　）。

　　A. PhotoShop　　B. FrontPage　　　C. Flash　　　　D. DreamWeaver

（4）属于抖店开店流程的是（　　　）。

　　A.提交资料　　　B.缴纳保证金　　　C.平台审核　　　D.账户验证

（5）现阶段，适合个人开网后的平台有（　　　）。

　　A.淘宝　　　　　B.小红书　　　　　C.抖音　　　　　D.京东

4.简答题

（1）淘宝开店的流程是什么？

（2）抖店有哪些功能？

项目 3
体验电子商务支付

【项目综述】

电子商务是一种全新的商务模式，对传统支付结算模式的冲击很大。传统的支付结算系统是以手工操作为主，不论是现金还是支票，都是有形的。网上支付作为电子商务的重要环节也已经渗透生活的许多场景，应运而生的电子支付方式克服了传统支付方式过程的复杂、耗时等缺点。

张艳以前就听同学刘洋说过网络购物很实惠、便捷，却一直没体验过，这个学期开始学习相关的网上购物课程，所以张艳很期待能完成一次网络购物，但令她烦恼的是没有网上支付工具，于是她想马上去了解一下有哪些支付方式，具体的操作过程是怎么样的，如何使用在线支付工具……

【项目目标】

通过本项目的学习，应达到的具体目标如下：

知识目标

◇了解电子商务支付的基础知识

◇理解网络购物的基本业务流程

能力目标

◇掌握快捷支付的相关操作

◇掌握网上银行的开通使用

◇掌握网络购物的基本流程

素质目标

◇提高学生团队合作与沟通分享的能力

◇树立个人信息安全保护的意识

◇培养学生网络购物安全和诚信意识

【项目思维导图】

```
                                      ┌─ 活动1  学会快捷支付
                  ┌─ 任务1  认识电子商务支付 ─┼─ 活动2  使用手机支付
                  │                   └─ 活动3  体验淘宝购物
 项目3  体验电子商务支付 ─┤
                  │                   ┌─ 活动1  开通网上银行
                  └─ 任务2  开通网上支付工具 ─┤
                                      └─ 活动2  开通支付宝账户
```

任务 1 〉〉〉〉〉〉〉
认识电子商务支付

情境设计

经过对电子商务平台的学习,李伟和同小组的王杰、张艳、刘洋都很想在淘宝网上买东西,但是都不清楚该怎么付钱。李伟虽然知道一些付款的方法,但一想到网上付钱时需要的各种密码就觉得头疼。这时,王杰打听到一种快速、便捷的网上付款方式,于是叫来小组成员,想试用一下,看看是不是真的有那么神奇!

任务分解

此次是认识电子商务支付方式的活动,小组成员在专业老师的耐心讲解演示下,在支付宝服务大厅的自主学习过程中,主要熟悉两种常见的电子商务支付方式:快捷支付和手机支付,并在淘宝网上体验网络购物的基本流程。

活动 1　学会快捷支付

活动背景

在支付宝服务大厅的自主学习过程中,李伟和小组成员发现当下流行的一种支付方式,这并不需要登录网上银行进行付款,只需输入支付宝支付密码即可完成付款。向来谨慎的他开始担忧起来:这样的操作安全吗?

▢ 知识窗

1. 快捷支付的概述

快捷支付是支付宝联合各大银行推出的全新的安全、轻松的支付方式。付款时无须登录网上银行,只需关联客户的信用卡或者借记卡,每次付款时只需输入支付宝支付密码即可完成付款。快捷支付的类型包括储蓄卡快捷支付、信用卡快捷支付和支付宝卡通。快捷支付网站首页如图 3.1.1 所示。

图 3.1.1　快捷支付网站首页

2.快捷支付的特点

快捷支付的特点主要有安全、便捷、保障。

安全是指快捷支付由三大安全体系设计,提供手机验证码和支付宝支付密码双重保障;便捷是指在线支付流程只需 3 步,即可轻松购物;保障是指在 72 小时内完成赔付,资金如因快捷支付被盗,在 72 小时内申诉,核实后,能得到部分或全额赔偿。

3.快捷支付的付款流程

通过快捷支付的官方网站,用户可以了解到快捷支付的相关知识,还可以查看付款流程演示,具体的付款流程如图 3.1.2 所示。

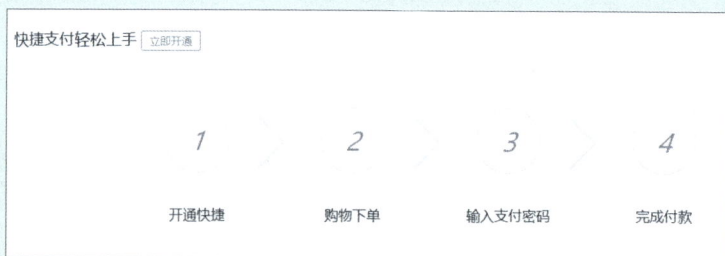

图 3.1.2　快捷支付的付款流程

活动实施

◎学一学◎　登录支付宝开通快捷支付。

步骤 1:登录支付宝,点击"账户通",点击"开通快捷支付",如图 3.1.3 所示。

步骤 2:进入"我的账户",关联"我的银行卡",选择银行卡的类型。方式一:通过选择银行发卡行关联;方式二:输入银行卡号关联,填完信息点击"下一步"按钮,如图 3.1.4 所示。

步骤 3:确认姓名、身份证号。开通时,要确保银行预留手机号码与当前使用的手机号码保持一致,点击"免费获取",点击"同意协议并开通",如图 3.1.5 所示。

支付课堂

图 3.1.3　进入开通快捷支付页面

图 3.1.4　关联"我的银行卡"

图 3.1.5　确认姓名、身份证号等信息

步骤4:按照操作提示完成快捷支付即可,开通成功如图3.1.6所示。

图3.1.6 开通成功

🎤 说一说 体验快捷支付的感受。

步骤1:以小组为单位,就支付宝开通快捷支付谈谈自己的感受。

步骤2:小组讨论并总结快捷支付的特点和优势。

步骤3:派一名代表分享小组观点。

活动小结

通过理论学习和网络实践,让学生主动去了解快捷支付的特点和付款流程,特别适合习惯用银行卡进行网上支付的人群,只需绑定你的银行卡就可完成支付,提高了学习的积极性和效率。

活动2 使用手机支付

活动背景

王杰跟班上的好多同学一样,都喜欢尝试新事物。当学会快捷支付后,他了解到消费者只需一部手机就可进行手机支付,完成网络购物整个交易流程,于是他叫上小组成员,想尝试一下手机支付。

□ 知识窗

1.手机支付的概述

手机支付也称为移动支付(Mobile Payment),是指允许移动用户使用其移动终端(通常是指手机)对所消费的商品或服务进行账务支付的一种服务方式。继银行卡类支付、网络支付后,手机支付俨然成为新宠。

手机支付的基本原理是将用户手机SIM卡与用户本人的银行卡账号建立一种一一对应的关系,用户通过发送短信的方式,在系统短信指令的引导下完成交易支付请求,操作简单,可以随时随地进行交易。用户还可以通过WAP和客户端两种方式进行支付,无须任何绑定,用户在短信引导下完成交易,仅需要输入银行卡号和密码即可,银联结算。

2. 手机支付的方式

手机支付作为新兴的费用结算方式，由于其方便性而日益受到移动运营商、网上商家和消费者的青睐。当下手机支付主流的支付方式分别是银联开发的手机支付、支付宝手机支付。

（1）银联开发的手机支付

银联开发的手机支付是通过手机对绑定中国银联银行卡的账户进行操作，以完成在线支付交易，银联用户只要注册并绑定银行卡，无论是哪家银行的卡均可进行手机支付，如图3.1.7所示。这种支付方式基于银联与各家银行的合作，具有广阔的银行合作基础。

（2）支付宝或微信支付

电商平台、企业、商品、门店、用户已经通过支付宝、微信绑定在一起，因此，网络购物使用支付宝或微信支付比较便捷。用户可以使用支付宝或微信来购物、吃饭、旅游、就医、交水电费、手机转账、手机充值等，让数字生活变成了现实。但一旦手机遗失，账户资金就容易被盗。

3. 手机支付存在的问题

手机支付作为一种崭新的支付方式，具有方便、快捷、低廉等优点，有非常大的商业前景，而且将会引领移动电子商务和无线金融的发展。手机网民的高速增长，以及移动电子商务相关产业链的日趋成熟，使得网上支付和手机支付的用户数量快速增加。与此同时，手机支付存在的问题也越来越凸显，不容忽视。

图 3.1.7　银联手机支付的主界面

（1）政策问题

中国政策限制和手机支付本身所具有的安全风险有关。在手机支付业务中，费用的收取一般有两种途径：一种是费用通过手机账单收取，即从用户的手机话费中直接扣除，或者在用户支付其手机账单的同时收取；另一种是从用户的银行账户（即借记账户）或信用卡账户中扣除，在这种方式中，手机只是一个简单的信息通道。而国内最初发展的手机支付，是用手机话费来消费或缴费的。这种方式由于方便、简单，容易被用户所接受。但是，在这种代收费方式中，电信运营商有涉足金融业务之嫌。

（2）安全问题

手机支付无论对用户还是银行，首先需要考虑的就是通过各种技术手段保障其安全性，没有这一基本前提，手机支付的前景便不容乐观。随着移动支付的快速发展，用户对于移动支付安全管理的需求也越来越迫切。手机安全软件已成为移动支付用户防范手机支付风险最主流的方式，绝大多数的用户选择使用360手机管家、腾讯手机管家等第三方手机安全软件，安装安全软件是门槛较低、最受欢迎的防护措施。同时，采用手机防盗保护、监测并拦截钓鱼网站、安全扫码、Wi-Fi网络检查、盗版软件查杀等防护措施的用户也越来越多，用户对手机支付安全的需求和认知大大增强。

（3）标准问题

从国内移动支付业务的开展情况看，仍然缺乏统一的被广泛认可的支付安全标准。国内移

动支付产业链中各部门应加强合作,制定通用的移动支付安全保障流程、协议、安全管理等标准,保障移动支付业务系统的互联互通,促进移动支付产业的安全、快速、健康发展。只有一个相对完善的行内标准才能给用户提供一个诚信的支付环境。

(4)技术问题

近几年,在我国移动支付使用的场景比较多,但在一些西方发达国家发展并不快。因为手机支付方式存在两个明显的弊端:一是大多数手机受到 SIM 卡容量的限制,所发送的信息全部为明码,致使手机支付的安全性较低;二是通过短信支付方式的即时性较差,难免会造成资金流和物流的停滞。有不法分子制作了各种山寨的网银、支付类应用诱骗用户下载使用来获取用户信息,这些手段都让用户在不经意间主动泄露了自己的个人信息,给银行账户财产安全造成了极大的威胁。

活动实施

◎试一试◎ 给手机安装支付宝钱包。

步骤1:给自己的手机下载并安装最新版支付宝钱包,可以从手机应用市场下载 App,也可以从手机支付宝官网下载,在手机上登录支付宝,点击"注册"按钮,如图 3.1.8 所示。

步骤2:设置账户头像、昵称,输入手机号码和登录密码,点击"注册"按钮,如图 3.1.9 所示。

图 3.1.8 手机注册界面

图 3.1.9 账户设置

注意:①国家和地区选择"中国大陆";②点击"密码框"旁的眼睛可查看明文密码。

步骤3:接收短信,填写验证码,如图 3.1.10 所示。

步骤4:通过验证,设置支付密码,注册成功,如图 3.1.11 所示。

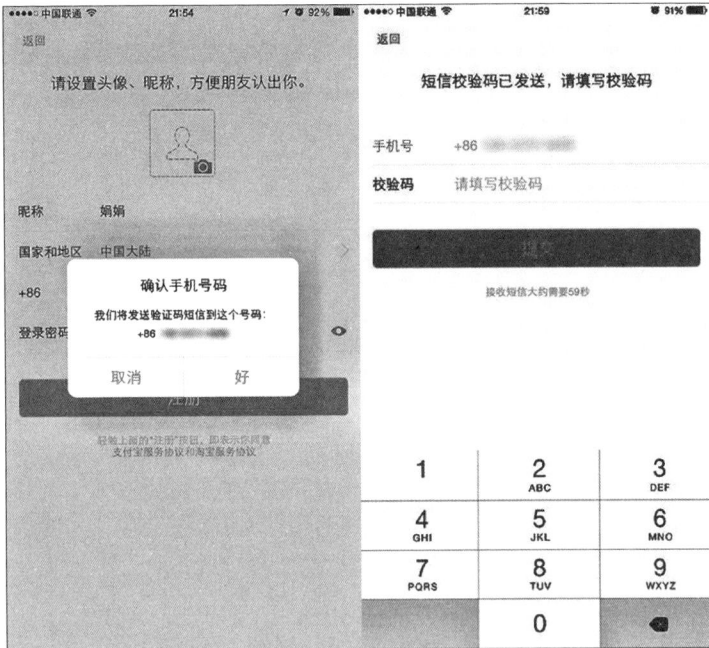

图 3.1.10　填写校验码

图 3.1.11　注册成功

◎扫一扫◎　扫码尝试手机支付。

步骤 1：方法一是下载并安装成功后，登录支付宝钱包，点击"账单"→"我的账单"→"找到待付款交易"→"立即付款"，选择相应付款方式后点击"确认付款"即可，如图 3.1.12 所示。

图 3.1.12　账单手机支付

　　方法二是进入支付宝收银台页面,选择付款方式"扫码支付",提示使用支付宝钱包扫码二维码完成支付,如图 3.1.13 所示。

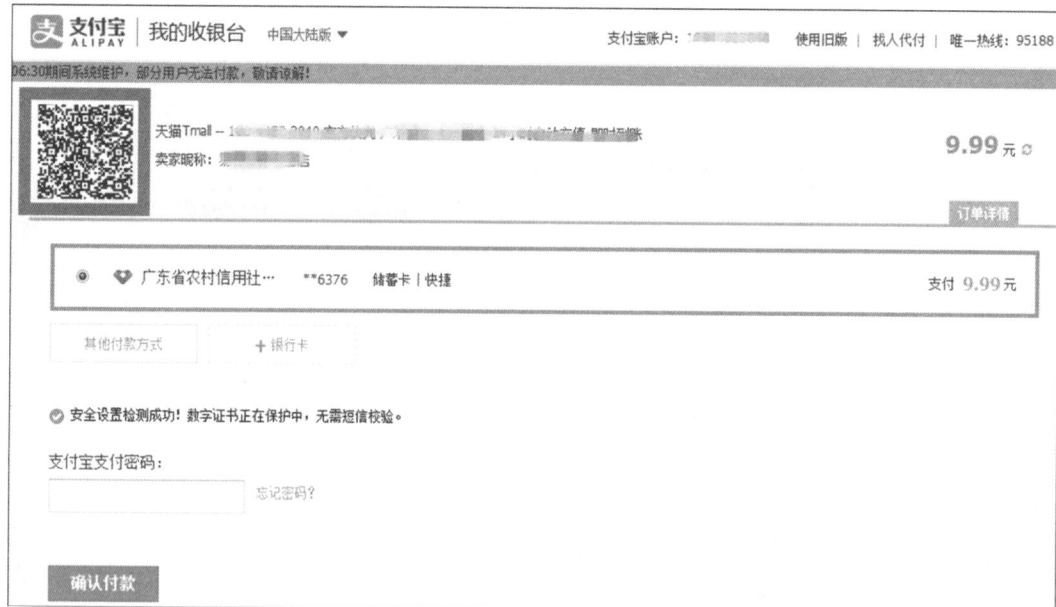

图 3.1.13　扫二维码

　　步骤 2:登录支付宝钱包,点击"扫一扫",扫电脑端收银台显示的二维码。扫码成功后,进入支付宝钱包的支付页面,选择相应的支付方式一完成付款即可,如图 3.1.14 所示。

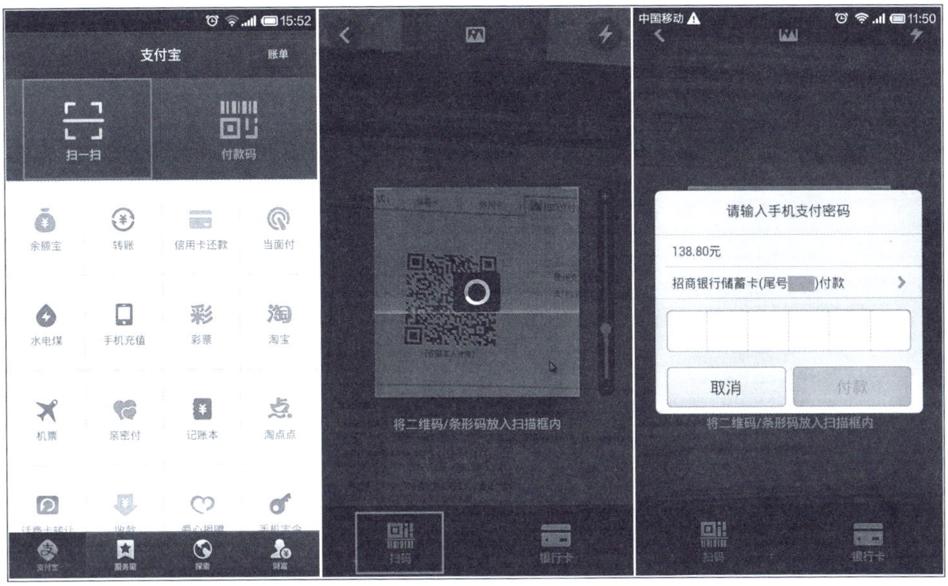

图 3.1.14 扫码支付

活动小结

通过手机支付的理论学习,让学生主动去了解手机支付的方式和存在的问题,并在手机上尝试实践,培养合作探究学习的意识,强化沟通分享的能力,提高学习的积极性和效率。

活动 3 体验淘宝购物

活动背景

准备好网上支付工具后,张艳已经迫不及待地打开淘宝网,想给自己买点吃的。看到淘宝网上商品琳琅满目,她又惊又喜,虽然是一名"资深吃货",但这时她也不知道在哪家网店购买,怎么挑选才划算。

📖 知识窗

1. 网络购物的基本流程

如今网络购物的覆盖面越来越广,大到家用电器,小到礼品玩具,几乎都能通过网购来完成。淘宝网、京东商城、1 号店等电子商务网站都提供了种类繁多、物美价廉的商品供大家选购。对于网购新手而言,想在网上买东西,要先熟悉网上购物的基本流程。一个完整的网上购物过程一般包括以下步骤:

步骤 1:开通网上银行。准备一张储蓄卡或者信用卡,并带身份证到银行开通网上银行。

步骤 2:在购物网站上注册会员。打开购物网站,选择注册账号,在填写用户名、设置密码、邮箱之后可以注册一个购物账号。

步骤 3:购物。

①注册成功后,用注册的 ID(用户名)登录网站选购商品。

②选购商品后,提交订单。

③确认收货人信息。

④选择支付宝支付,选择网银卡,输入卡号、密码。

⑤打款到支付宝。

步骤4:收货。

①商家看到买家已打款到支付宝,准备发货。

②收到货后,如果没有质量问题,确认收货,确认付款并评价卖家的服务。

步骤5:交易成功。

2.网络购物商品挑选的方法

随着社会的发展与进步,互联网已进入千家万户,人们足不出户就能买到称心如意的商品,但网上的商家参差不齐,商品的品质也不尽相同,如何选购价廉物美的商品,并不是一件容易的事情。

(1)店铺信誉

店铺信誉是顾客对店家各项服务的综合指标,反映了顾客的购物满意度。成功交易一次,买家给好评则信用度加1分,信用等级分别用"心""钻""皇冠"表示。信用度越高,表示商品受到消费者肯定的评价就越高,商品的质量就越可靠。图3.1.15所示是一位卖家信誉为5个皇冠的店铺信用及商品动态的评分信息。

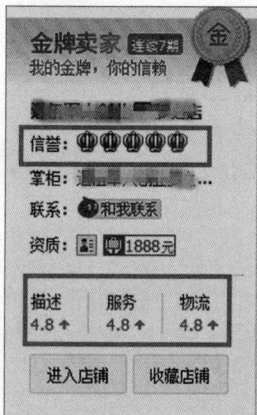

图3.1.15 卖家店铺的信用信息

(2)服务承诺

淘宝网里最基本的服务承诺是"按时发货""正品保证""7天无理由退换"等。更好的店家还会提供"退货保障卡""运费险""极速退款"等,如图3.1.16所示。

(3)商品销量

销量是衡量一件商品人气及质量的标准之一。销量越高的商品,不仅人气旺,质量也相对有保证。

(4)商品详情

挑选商品要研究商品详情,看清楚材料、规格、工艺是不是自己心仪的。越专业的店家、越好的商品在细节方面会做得越好。网络商品是通过专业摄像来展示商品信息的优点,正品往往是图片清晰,着重拍摄商品的细节。而模糊的、不敢展示细节的图片,可能是盗用图片的仿制品。

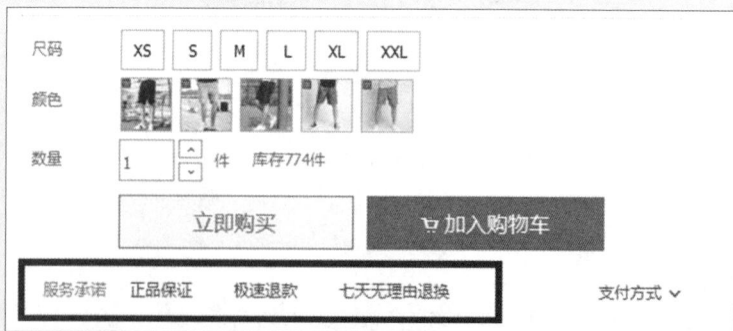

图3.1.16 卖家店铺承诺信息

（5）客户评价

客户评价是让买家知道商品质量比较客观的途径。网络顾客来自天南海北，评价越多，评价越细，越有利于分析商品的好坏。当然，还有很多不正当竞争的因素，很多"评优水军"和"差评水军"遍布淘宝网，这时候要仔细查看，要仔细辨别一些比较极端的评论。

3.网络购物的注意事项

①选择信誉较好的网上商店，以免被骗。

②购买商品时，收货人的信息要填写准确，以免出现发货错误。

③用银行卡付款时，卡里不要有太多的金额，防止被划走过多的款项。

④遇上欺诈或其他受侵犯的事情可在网上找网络警察处理。

⑤网络购物不应跟风从众，要选自己真正需要的商品。

⑥认清品牌，不贪图便宜。便宜没好货，这句话同样适用于网络购物，网上很多价格低廉的商品是伪劣产品。

⑦货比三家，提防低价诱惑。有些商品人气很旺，但价格非常低。面对这种商品要保持清醒的头脑，通过同款对比，货比三家，从中取到平衡点，不要被低价诱惑，要更谨慎比对以上信息，争取买到价优物美的商品。

活动实施

★ 找一找 ★　寻找美味的地方特产。

步骤1：打开 IE 浏览器，进入淘宝网首页，登录已注册的淘宝网账户。在首页搜索宝贝栏中输入关键字"新疆和田大枣"，搜索结果会很多，为此可以进行一些范围限定以缩小搜索范围。若对品牌、枣类产品、价格有所要求，可进行范围限定，并可对商品按人气、销量、价格范围进行排序，如图 3.1.17 所示。

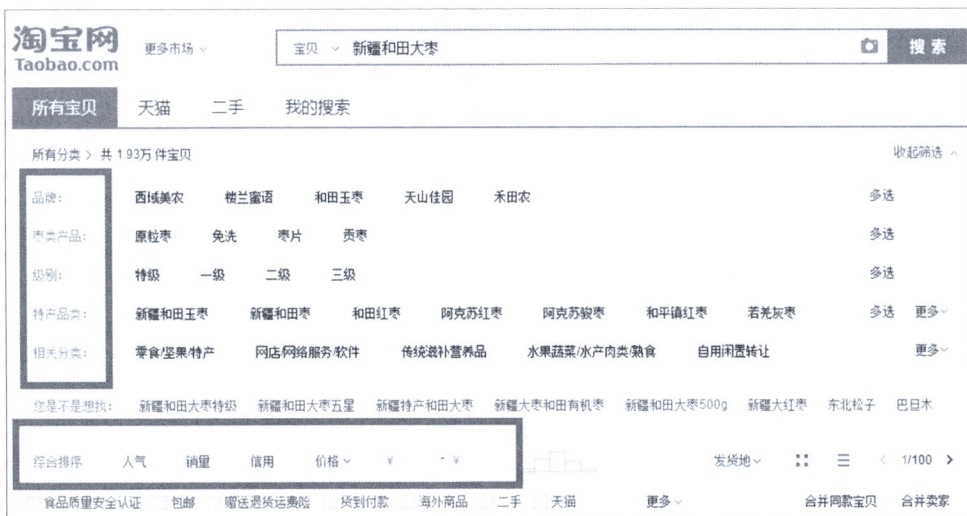

图 3.1.17　宝贝筛选

步骤2：在搜索结果中按照自己的喜好，浏览喜欢的商品的详细信息，注意留意卖家的信用和店铺的评价，选择信用较好和店铺评价较高的商家。确定商品之后，选择数量等商品属性，点击

"确定"按钮,如图3.1.18所示。

图3.1.18 选择商品属性

◎付一付◎ 对选中的宝贝下单付款。

步骤1:进入购物车,确认收货地址,确认订单信息,点击"提交订单"按钮,完成商品选购,如图3.1.19所示。

图3.1.19 提交订单

步骤2:进入支付宝收银台的支付页面,选择支付方式,这里选择已绑定快捷支付的银行卡,输入支付宝的支付密码,点击"确认付款"按钮,按提示操作完成支付,如图3.1.20所示。

图 3.1.20　支付宝付款

◎查一查◎　密切关注包裹的信息。

步骤 1：卖家发货后，可以在"我的淘宝"→"已买到的宝贝"中查看到该商品的订单状态为"卖家已发货"，点击"查看物流"，可以实时了解该商品当前的物流信息，如图 3.1.21 所示。

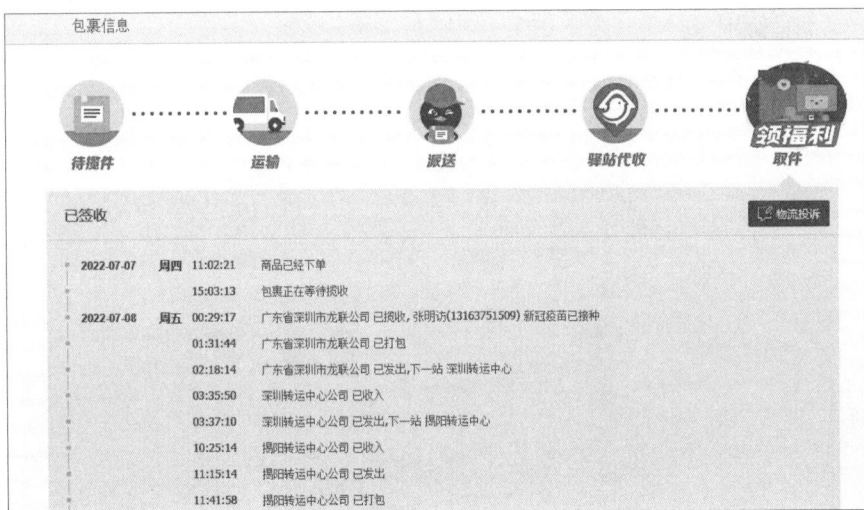

图 3.1.21　查看物流

步骤 2：收到快递公司的邮寄包裹，当面拆封检查，确认商品无误后，签收包裹，然后进入"我的淘宝"→"已买到的宝贝"，点击"确认收货"按钮，如图 3.1.22 所示。

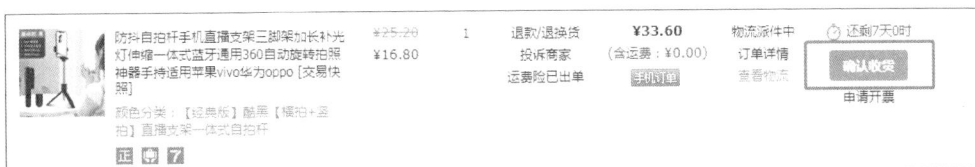

图 3.1.22　确认收货

步骤3:输入支付宝密码,点击"确定"按钮,支付宝会提醒买家在确认收到货物后再点击"确定"按钮,否则可能钱货两空;继续点击"确定"按钮,交易成功,支付宝将货款打入卖家支付宝账户中,如图3.1.23所示。

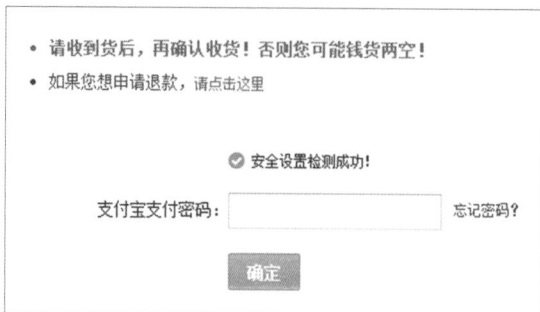

图3.1.23 确认付款

步骤4:对购买的商品给出真实的评价,依据商品与描述是否相符、卖家服务态度、发货的速度和物流的速度给出1~5星(分)的评价,完成后点击"提交评价"按钮,完成此次购物,如图3.1.24所示。

图3.1.24 评价商品

活动小结

张艳完成购物以后,就期待着收快递。当拆开包装的那一刻,她发现枣子又大又甜,立刻与小伙伴们分享。小伙伴们品尝后都觉得品质不错,纷纷向张艳讨教如何挑选物美价廉的商品。

合作实训

实训名称:以4人一小组为单位,配合学校团委学生会开展一次在淘宝网上采购学生会会服的活动"致青春——采购学生会会服活动"。

实训目的:放飞梦想,青春起航,提高学生会大家庭的凝聚力。

实训过程:

步骤1:任命一名活动小组长,明确组员分工,以组为单位撰写淘宝网采购学生会会服的活动方案。

步骤2:制作一份精美的"致青春——采购学生会会服活动"宣传海报。

步骤3:收集同学的会服设计、淘宝店铺推荐,详细编号标注。

步骤4:经过对比分析,结合经费预算,把最终的会服网上采购方案推送给全校师生。

步骤5:线上及时解答师生疑问,及时反馈给学校团委学生会。

步骤6:最终采购方案出来以后,在网上下单付款,并及时收货验货。

实训小结:通过在淘宝网采购学生会会服活动,对每一个小组的会服设计,推荐的淘宝店铺情况进行考核,提高了学生网上购物的分辨能力,把所学的专业知识服务于学校的活动,取得了良好的效果。

任务 2 〉〉〉〉〉〉〉〉
开通网上支付工具

情境设计

经过对电子商务支付基本知识的学习,李伟和同小组的王杰、张艳、刘洋也想拥有属于自己的支付工具,在企业老师的指导下学习如何开通网上支付工具,熟悉常见的网上支付工具,为以后的见习工作做好准备。

任务分解

此次公司的见习活动,小组成员在公司财务部的资深运营"企业师傅"王总监的耐心讲解和演示下,主要去熟悉两种常见的网上支付工具——网上银行、支付宝,积极做好开通网上支付工具的相关准备。

活动 1 开通网上银行

活动背景

在公司的见习过程中,财务王总监首先介绍了开通网上支付工具的准备工作,比如熟悉相关银行、准备身份证、办理银行卡、电话号码和注册邮箱等。

□ 知识窗

1. 网上银行的概述

网上银行(Internetbank or E-bank),包含两个层次的含义:一层是机构概念,指通过信息网络开办业务的银行;另一层是业务概念,指银行通过信息网络提供的金融服务,包括传统银行业务和因信息技术应用带来的新兴业务。在日常生活和工作中,我们提及网上银行,更多的是第二层次的概念,即网上银行服务的概念。网上银行业务不仅仅是传统银行产品简单地从网下到网上的转移,其他服务方式和内涵也发生了一定的变化,而且由于信息技术的应用,又产生了全新的业务品种。

网上银行又称网络银行、在线银行,是指银行利用 Internet 技术,通过 Internet 向客户提供开户、查询、对账、行内转账、跨行转账、信贷、网上证券、投资理财等传统服务项目,使客户可以足不出户就能够安全、便捷地管理活期和定期存款、支票、信用卡及个人投资等。可以说,网上银行是在 Internet 上的虚拟银行柜台。

网上银行又被称为"3A 银行",因为它不受时间、空间限制,能够在任何时间(Anytime)、任何地点(Anywhere)、以任何方式(Anyway)为客户提供金融服务。

2. 网上银行的业务内容

一般说来网上银行的业务品种主要包括基本业务、网上投资、网上购物、个人理财、企业银行及其他金融服务。

(1)基本网银业务

商业银行提供的基本网上银行服务包括:在线查询账户余额、交易记录、下载数据、转账和网上支付等。

(2)网上投资

由于金融服务市场发达,可以投资的金融产品种类众多,国内的网上银行一般提供包括基金、贵金属、保险,证券期货、储蓄国债等多种金融产品服务以及其他特色专属理财产品。

(3)网上购物

商业银行的网上银行设立的网上购物协助服务,方便了客户网上购物,为客户在相同的服务品种上提供了优质的金融服务或相关的信息服务,加强了商业银行在传统竞争领域的竞争优势。

(4)个人理财助理

个人理财助理是国外网上银行重点发展的一个服务品种。各大银行将传统银行业务中的理财助理转移到网上进行,通过网络为客户提供理财的各种解决方案,提供咨询建议,或者提供金融服务技术的援助,从而极大地扩大了商业银行的服务范围,并降低了相关的服务成本。

(5)企业银行服务

企业银行服务是网上银行服务中最重要的部分之一。其服务品种比个人客户的服务品种更多,也更为复杂,对相关技术的要求也更高,所以能够为企业提供网上银行服务是商业银行实力的象征之一。一般中小型网上银行或纯网上银行只能部分提供,甚至完全不提供这方面的服务。

企业银行服务一般提供账户余额查询,交易记录查询,总账户与分账户管理、转账,在线支付各种费用,透支保护,储蓄账户与支票账户资金自动划拨,商业信用卡等服务;此外,还包括投资服务等,部分网上银行还为企业提供网上贷款业务。

(6)其他金融服务

除了银行服务外,大商业银行的网上银行均通过自身或与其他金融服务网站联合的方式,为客户提供多种金融服务产品,如保险、抵押和按揭等,以扩大网上银行的服务范围。

活动实施

★ 练一练 ★　开通中国工商银行的网上银行。

开通网上银行一般有两种方法，一种是带身份证、储蓄卡直接到柜台申请开通；另一种是网上申请开通，下面以网上申请开通为例。

步骤 1：打开 IE 浏览器，登录中国工商银行网上银行，点击个人网上银行下的"注册"按钮，如图 3.2.1 所示。

图 3.2.1　登录中国工商银行的网上银行

步骤 2：填写相关注册信息，进行手机短信验证，如图 3.2.2 所示。

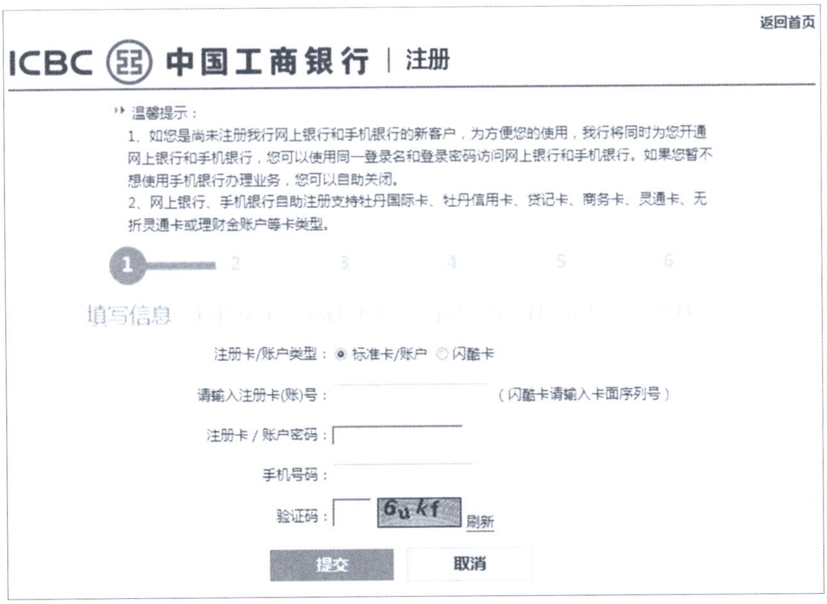

图 3.2.2　填写相关信息

步骤3:阅读协议,点击"接受此协议"按钮,如图3.2.3所示。
步骤4:设置密码,确认信息,点击"提交"按钮,即可注册成功,如图3.2.4所示。

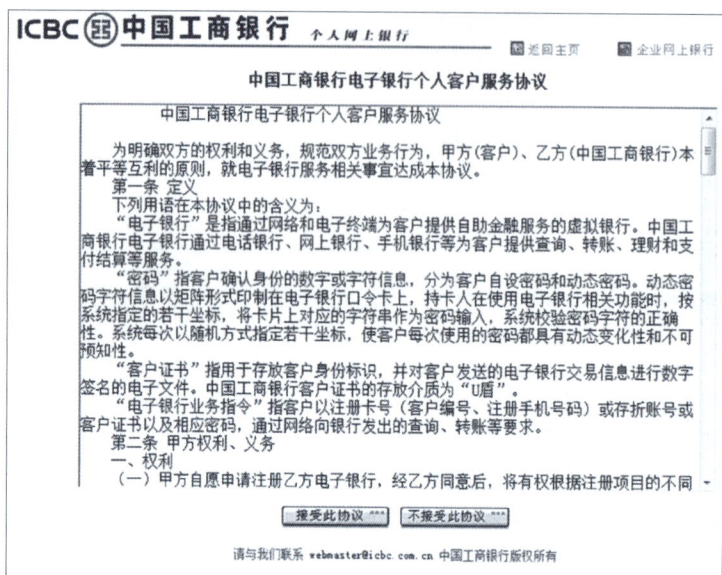

图3.2.3　接受协议

图3.2.4　确认信息

活动小结

通过理论学习和网络实践,让学生主动去了解网上银行的开通业务内容,完成网上的相应练习,同时培养小组合作的意识,强化沟通、分享的能力,提高学习的积极性和效率。

活动2　开通支付宝账户

活动背景

刘洋有位好友下周日过生日,她想送一份礼物以表心意,而且还要给好友一个惊喜。她最后决定在淘宝网上买一个双肩包。考虑许久后她决定开通支付宝,并用支付宝来支付双肩包的费用。于是她请来小组成员一起帮她完成这个心愿。

活动实施

□ 知识窗

1.第三方支付平台

第三方支付是指基于互联网,提供线上和线下支付渠道,完成从用户到商户的在线货币支付、资金清算、查询统计等系列过程的支付方式。提供第三方支付服务的非银行金融机构称为第三方支付提供商(平台),如支付宝、财付通、快钱支付等。

在通过第三方支付平台的交易中,买方选购商品后,使用第三方平台提供的账户进行货款支付,由第三方通知卖家货款到达、进行发货;买方在收到货品并检验商品合格后,就可以通知第三方付款给卖家,第三方再将款项转至卖家账户。

2. 指纹支付

指纹支付是利用指纹识别的生物技术，采用已成熟的指纹系统进行消费认证，将客户银行卡和指纹进行关联，在具备指纹识别的商家或移动终端上按下自己预留的指纹进行消费支付，具有方便、安全的特点，是一种新型的支付模式。这种支付方式通过指纹识别即可完成消费支付，不仅简化了消费程序，还省去了各种会员卡和银行卡的牵绊。

对于消费者来说，使用指纹支付能获得以下好处：

①摆脱在一大堆卡中选择的烦恼，只需轻轻一按，即可完成支付；

②不用再担心卡丢失、忘记密码，消费可以更简单；

③开通完全免费；

④不需要刷卡、付现金。

3. 刷脸支付

刷脸支付是一种以人脸识别为核心，基于人工智能、机器视觉、3D 传感、大数据等技术实现的新型支付方式，具备更便捷、更安全、体验更好等优势。

人脸识别是一种基于人的相貌特征信息进行身份认证的生物特征识别技术，技术的最大特征是能避免个人信息泄露，并采用非接触的方式进行识别。人脸识别与指纹识别、掌纹识别、视网膜识别、骨骼识别、心跳识别等都属于人体生物特征识别技术，都是随着光电技术、微计算机技术、图像处理技术与模式识别等技术的快速发展应运而生的。人脸识别技术可以快捷、精准、卫生地进行身份认定，具有不可复制性，即使做了整容手术，该技术也能从几百项脸部特征中找出"原来的你"。

刷脸支付的过程非常的简单，你不需要带钱包、信用卡或手机，支付时只需要自己面对刷脸支付 pos 机屏幕上的摄像头，刷脸支付系统会自动将消费者面部信息与个人账户相关联，整个交易过程十分便捷。

刷脸支付与手机支付相比，刷脸支付最主要的优势在于：

(1) 不需要外来的媒介

手机支付它是需要智能手机作为媒介，而刷脸支付它的支付媒介就是自己的脸。无须借助手机等工具，人为操作少，刷脸支付更加简单、高效。

(2) 安全性更好

刷脸支付依靠生物信息识别技术，在信息审核安全性上，刷脸技术几乎可以说是杜绝了任何冒名顶替的投机者，大大提升了信息比对的准确性。

对于刷脸支付来说，不用手机，不要密码，你的脸就是付款码。

刷脸支付
安全吗？

★ 练一练 ★　开通支付宝账户。

步骤 1：打开 IE 浏览器，登录支付宝网站，进入支付宝网站首页，点击"立即注册"按钮，选择个人注册账户进行注册，输入手机号或邮箱作为账户名，本书以邮箱注册为例，如图 3.2.5 所示。

步骤 2：正确填写账户名和验证码后，点击"下一步"按钮，支付宝会自动发送一封激活邮件到注册时填写的邮箱中，在 24 小时内点击邮件中的链接，如图 3.2.6 所示。

步骤 3：登录注册时填写的邮箱，打开支付宝发送的主题为"请激活您的支付宝账户！"的邮件，点击邮件中的"继续注册"按钮，继续完成支付宝账户的注册，如图 3.2.7 所示。

图 3.2.5　填写账户注册信息

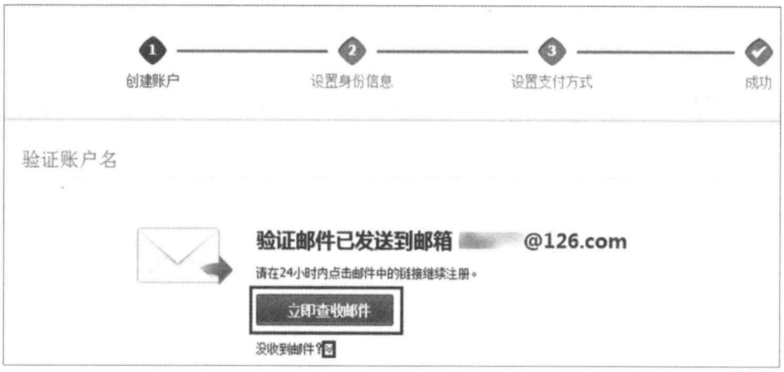

图 3.2.6　验证账户

图 3.2.7　继续注册

步骤4：根据页面提示填写好注册信息，点击"确定"按钮，如图3.2.8所示。

注意：

①为了支付宝账户的安全，支付宝的登录密码和支付密码必须不同。

②为了确保支付宝账户的后续使用，必须填写真实、有效的身份信息。

步骤5：姓名和身份证号码通过身份信息验证后，页面提示银行绑定银行卡，输入用户的银行卡卡号及该卡银行预留手机号，点击"确定"按钮，输入校验码，点击"确认，注册成功"按钮，完成开通支付宝服务且绑定银行卡成功。如用户没有银行卡或暂时不设置,可点击"先跳过,注册成功"按钮,如图3.2.9所示。

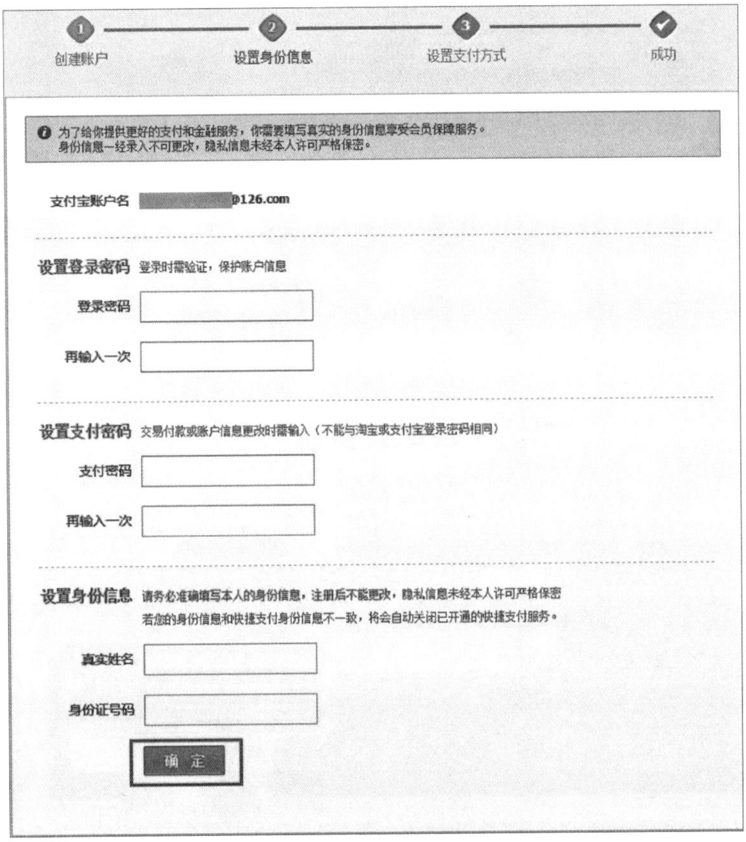

图3.2.8 填写注册信息

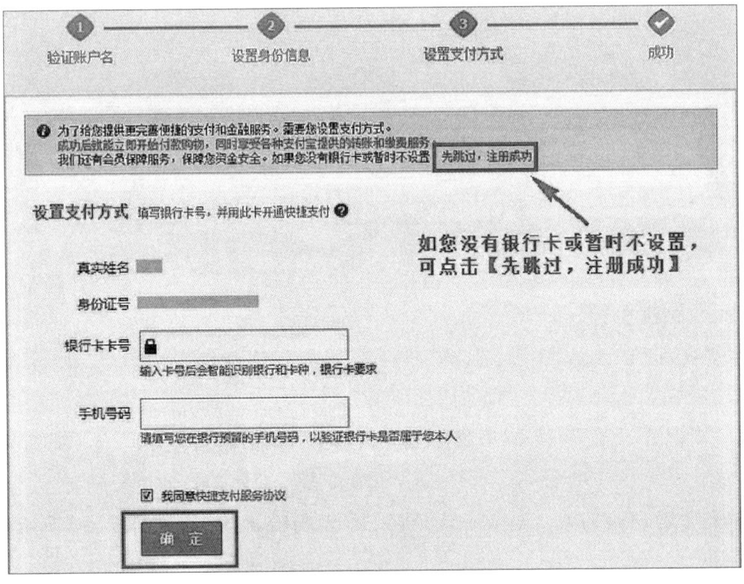

图3.2.9 验证身份信息

◎按一按◎　开通指纹支付。

步骤1:打开支付宝App,点击"我的",进入"设置",点击"支付设置",如图3.2.10所示。

图3.2.10　打开支付宝App进行相关设置

步骤2:进入"生物支付",点击"指纹支付",如图3.2.11所示。

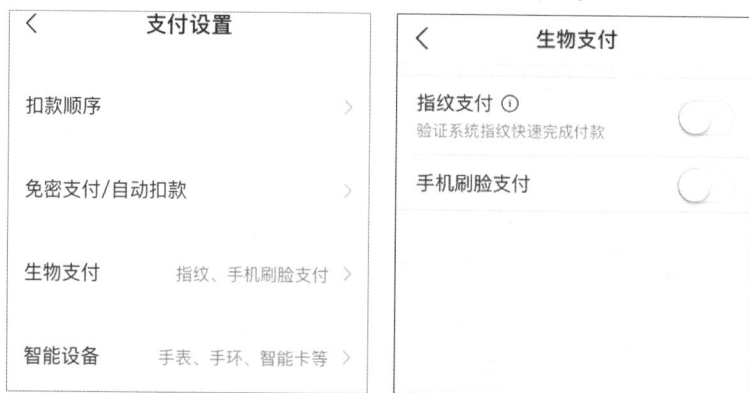

图3.2.11　进入生物支付——指纹支付界面

步骤3:验证支付密码,完成身份验证,最后输入指纹,设置完成,如图3.2.12所示。

★眨一眨★　体验刷脸支付。

步骤1:打开支付宝App首页,在搜索栏输入"人脸识别",选择"支付宝刷脸生活",如图3.2.13所示。

步骤2:点击"刷脸设置",按操作提示分别开通"手机刷脸支付"和"到店刷脸支付",如图3.2.14所示。

步骤3:选择附近刷脸门店,选择一款产品,进行刷脸支付,如图3.2.15所示。

图 3.2.12　输入指纹

图 3.2.13　搜索找到支付宝刷脸生活

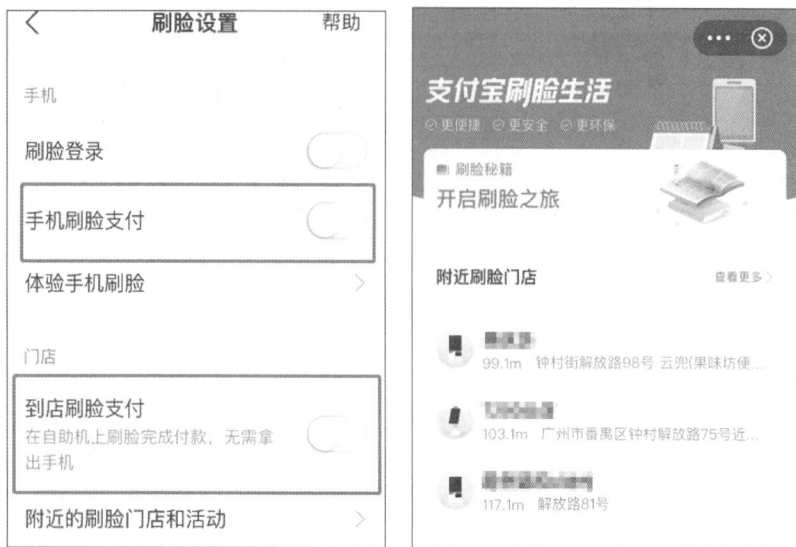

图 3.2.14　开通刷脸支付和到店刷脸支付

图 3.2.15　完成刷脸支付

活动小结

通过理论学习和网络实践,让学生主动去了解第三方支付平台的支付宝,开通支付宝看似简单,但实际操作中需要填写的信息较多,锻炼了学生认真细致的品质,提高学习的积极性和效率。

合作实训

实训名称:"播种我们的环保'种子'——支付宝缴费、转账活动"。

实训目的:一个简单的举动,让环境更美好。以4人一小组为单位,配合学校团委学生会开展一次有效的支付宝转账活动。

实训过程:

步骤1:任命一名活动小组长,明确组员分工,以组为单位撰写支付宝转账活动方案一份和倡议书一份。

步骤 2:制作一份精美的"播种我们的环保'种子'——支付宝缴费、转账活动"宣传海报。

步骤 3:用支付宝在线购物、缴费、还款,减少出行和纸质账单消耗,为环保出力。

步骤 4:注册活动公众微信号或是推荐学校官方微信号,将倡议书内容和参与支付宝转账的情况编辑成一篇微信文案,并推送给全校师生。

步骤 5:线上及时解答师生疑问,及时反馈给学校团委学生会。

实训小结:通过支付宝缴费、转账的活动,在衣食住行中,锻炼了每一个小组成员的支付技能,同时又播种了环保的行动,为支付宝缴费、转账活动的顺利举行做好前期宣传和后期的总结报道。

项目总结

电子商务支付是电子商务运行中的重要环节之一。通过本项目的学习,学生以小组为单位进行合作学习,了解了现阶段电子商务支付的基础知识和基本方式,熟悉了典型的网上支付方式:快捷支付、手机支付,同时学生在实际操作中学会了支付工具:网上银行、支付宝的使用,深入学习淘宝网购物的实战内容,提升学生日后进入企业工作或个人创业等方面的专业知识,为今后的电子商务学习打下理论基础和技能准备。

项目检测

1. 判断题(正确的打"√",错误的打"×")

(1)快捷支付是快速付款,存在较大的安全隐患。　　　　　　　　　　　　　(　　)

(2)网上银行的业务品种主要包括基本业务、网上投资、网上购物、个人理财、企业银行及其他金融服务。　　　　　　　　　　　　　　　　　　　　　　　　　(　　)

(3)支付宝属于第三方支付平台。　　　　　　　　　　　　　　　　　　　(　　)

(4)网络购物时首先要考虑价格,其次再考虑信誉和销量。　　　　　　　　(　　)

(5)网络购物不应跟风从众,要选自己真正需要的商品。　　　　　　　　　(　　)

(6)遇到网络诈骗或其他受侵犯的事情,可以自行解决。　　　　　　　　　(　　)

2. 单项选择题(每题只有一个正确答案,请将正确的答案填在题后的括号中)

(1)在淘宝网购物收到商品后,确认付款时需输入(　　　)。

　　A. 支付宝登录密码　　　　　　　　　B. 支付宝支付密码

　　C. 淘宝网密码　　　　　　　　　　　D. 银行卡密码

(2)网络购物商品挑选时应注意(　　　)。

　　A. 店铺信用　　　B. 商品销量　　　C. 客户评价　　　D. 以上都是

(3)下面不是商业银行提供的基本网上银行服务的是(　　　)。

　　A. 在线查询账户余额　　　　　　　　B. 下载数据

　　C. 网上支付　　　　　　　　　　　　D. 海外投资

(4)当下手机支付的主流方式不包括以下的(　　　)。

　　A. 刷脸支付　　　　　　　　　　　　B. 手机刷卡支付

　　C. 智能指纹支付　　　　　　　　　　D. 支付宝手机支付

(5)支持快捷支付的银行卡类型不包括(　　　)。

　　A. 储蓄卡　　　B. 信用卡　　　C. 支付宝卡通　　　D. 会员卡

3. 不定项选择题(每题有两个或两个以上的正确答案,请将正确的答案填在题后的括号中)

(1)快捷支付的特点主要有(　　)。

    A. 安全　　　　　　　B. 便捷　　　　　　　C. 保障　　　　　　　D. 省钱

(2)刷脸支付是一种以人脸识别为核心,包括(　　)技术实现的新型支付方式,具备更便捷、更安全、体验好等优势。

    A. 人工智能　　　　B. 机器视觉　　　　C. 3D 传感　　　　D. 大数据

(3)网上银行又被称为(　　)。

    A. E 银行　　　　　　B. 网络银行　　　　C. 在线银行　　　　D. 3A 银行

(4)现阶段手机支付存在的问题有(　　)。

    A. 政策问题　　　　　　　　　　　　B. 手机型号不兼容问题

    C. 安全问题　　　　　　　　　　　　D. 技术支持问题

(5)第三方支付平台有(　　)。

    A. 财付通　　　　　　B. 支付宝　　　　　C. 快钱支付　　　　D. POS 机

4. 简答题

(1)网络购物有哪些流程?

(2)用支付宝付款有哪些优点?

(3)网上银行包含哪两个层次的含义?

(4)指纹支付有哪些好处?

(5)刷脸支付与手机支付相比,刷脸支付有哪些优势?

项目 4

熟悉电子商务物流

【项目综述】

随着网购的兴起,电子商务已经进入快速发展的黄金期,海量的订单对电子商务物流的配送能力提出了更高的要求,物流已经成为影响客户购物体验的关键因素。

李伟、王杰、张艳、刘洋在指导老师的带领下,已经在 MT 公司实习一段时间,他们发现公司的网络拓展业务运作越来越好,网上购买的商品也越来越多,但有个别顾客对该公司的物流服务不满意。在任课教师黄老师的悉心指导下,同学们对电子商务物流相关知识有了一定了解。通过了解后,他们协助 MT 公司物流部负责人对各种电子商务物流模式进行全面分析,结合公司发展实际情况后选择合适的物流快递服务方式,从而提高顾客对该公司的物流服务满意度。

【项目目标】

通过本项目的学习,应达到的具体目标如下:

知识目标

◇ 了解物流的基础知识

◇ 学会比较物流与电子商务

◇ 熟悉电子商务物流模式

◇ 了解现代物流的发展趋势

◇ 熟悉电子商务物流的一般业务流程

能力目标

◇ 学会选择物流快递公司

◇ 学会计算跨境物流的运费

◇ 学会正确填写快递运单

◇ 掌握网上查询运单的物流信息的方法

素质目标

◇ 培育和践行社会主义核心价值观

◇ 培养电子商务物流从业人员的爱岗敬业、诚实守信的职业道德

◇ 培养学生质量意识,力争设计出最优化的物流模式方案

【项目思维导图】

```
                                                    ┌ 活动1  了解传统物流
                              ┌ 任务1  认识电子商务物流 ┼ 活动2  了解现代物流的新发展
                              │                     └ 活动3  熟悉电子商务物流
项目4  熟悉电子商务物流 ┤
                              │                     ┌ 活动1  选择合适的快递公司
                              └ 任务2  熟悉知名快递公司 ┼
                                                    └ 活动2  学会填写电子快递运单
```

任务 1 》》》》》》
认识电子商务物流

情境设计

李伟、王杰、张艳、刘洋为了更好地认识电子商务物流的相关知识,他们利用课余时间上网收集资料,并找到了任课教师黄老师作为指导。通过对电子商务物流相关知识学习后,他们找到 MT 公司物流部负责人,对目前该公司物流存在的问题帮他全面分析,同时提出建议应该选择哪种电子商务物流模式。

任务分解

电子商务物流相关知识包括物流的定义、物流的分类、物流的功能、物流的模式、现代物流的新发展,电子商务物流的概念、特点,电子商务与物流的比较以及电子商务物流的一般业务流程等。

活动 1 了解传统物流

活动背景

李伟、王杰、张艳、刘洋认为在认识电子商务物流之前需要学习传统物流,比如要了解传统物流的定义、分类、模式以及发展,这样才能更好地了解电子商务物流。

▢ 知识窗

1. 物流的概述

"物流"一词是从英文单词(Logistics)翻译的外来词。

中国的物流术语标准将物流定义为:物流是物品从供应地向接收地的实体流动过程中,根据实际需要,将运输、储存、采购、装卸搬运、包装、流通加工、配送、信息处理等功能有机结合起来实现用户要求的过程,如图4.1.1所示。

图 4.1.1　物流定义示意图

2.物流的分类

按照在不同领域中物流的对象、性质、作用、范围和范畴存在的差异,物流可作不同的分类。通常,物流可以按以下几种方式分类:

(1)按照物流的作用分类

商品首先从原料的供应商开始,经过生产商加工、生产出成品(即商品),接着商品就可以进入市场,进行交易活动,这时商品将会流通到各批发商、分销商或零售商等中间商,最终消费者可以从这些中间商购买到所需商品,实现商品从生产领域向消费领域的转移,当商品消耗完毕后又会经历回收或者废弃阶段,这就是一个商品的"流通过程"。根据商品的流通过程所涉及的物流活动所起到的作用,可以将物流分为供应物流、生产物流、销售物流、回收物流和废弃物流,如图 4.1.2 和表 4.1.1 所示。

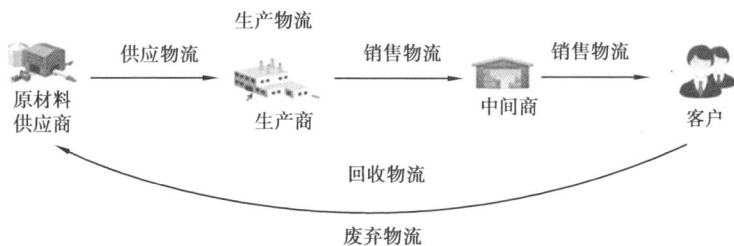

图 4.1.2　按照物流作用分类

表 4.1.1　按照物流的作用分类表

分　类	定　义
供应物流	企业提供原材料、零部件或其他物品时,物品在提供者与需求者之间的实体流动过程。
生产物流	企业生产过程中,原材料、在制品、半成品、成品等在企业内部的实体流动过程。
销售物流	生产企业或流通企业出售物品时,物品在供方与需方之间的实体流动过程。
回收物流	企业在生产、供应、销售的活动中产生的各种余料或废料,以及不合格的物品返修、退货,从需方返回到供方回收并加以利用所形成的物品实体流动过程。
废弃物流	经济活动或人们生活中失去原有使用价值的物品,根据实际需要进行收集、分类、加工、包装、搬运、储存等,并分别送到专门处理场所时所形成的物品实体流动过程。

（2）按照物流活动的地域范围分类

按照物流活动的地域范围不同，可以将物流分为地区物流、国内物流和国际物流，见表4.1.2。

表4.1.2　按照物流活动的地域范围分类表

分　类	定　义	例　子
地区物流	某一行政区域或经济区域的内部物流	如珠三角地区开展的物流活动等
国内物流	在一个国家自己的领域范围内开展的物流活动	如湛江与北京开展的物流活动等
国际物流	不同国家之间开展的物流活动	如中国与美国开展的物流活动等

（3）按照物流系统的性质分类

按照物流系统的不同性质，可以将物流分为社会物流、行业物流和企业物流，见表4.1.3。

表4.1.3　按照物流系统的性质分类表

分　类	定　义	例　子
社会物流	以整个社会为范畴，面向广大用户的超越一家一户的物流	如中国目前物流情况等
行业物流	在同一行业内部开展的物流活动	如服装行业开展的物流活动等
企业物流	围绕企业内部在经营过程中发生的物流活动	如海尔公司开展的物流活动等

（4）按照从事物流主体分类

按照从事物流主体的不同，可以将物流分为第一方物流、第二方物流、第三方物流、第四方物流，见表4.1.4。

表4.1.4　按照从事物流的主体分类表

分　类	定　义
第一方物流(1PL)	卖方、生产者或者供应方组织的物流活动。
第二方物流(2PL)	需求方为满足自己企业在物流方面的需求，由自己完成的物流活动。
第三方物流(3PL)	由物流的供应方与需求方以外的物流企业提供的物流服务，即由第三方专业物流公司以签订合同的方式提供所有或一部分的物流服务，又称为合约物流或外包物流。
第四方物流(4PL)	第四方物流又称供应链的物流集成商，为第一方物流、第二方物流及第三方物流提供物流规划、咨询、物流信息系统、供应链管理等活动，它可调集、整合和管理组织自己及具有互补性的服务供应商所拥有的不同资源能力和技术进行整合和管理，以提供一整套供应链解决方案。

3. 物流活动的基本功能

物流活动的基本功能即物流活动的要素，是指物流活动所具有的基本能力，如图4.1.3所示。

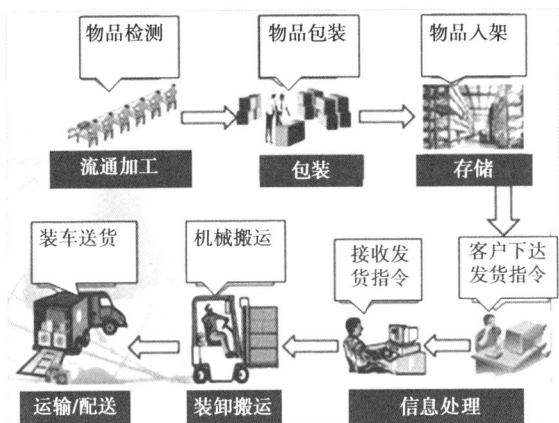

图 4.1.3　物流活动的基本功能

（1）运输

在不同地域内，为客户提供所需的运输方式，在规定的时间内运用工具将物品从某一地点运送至另一地点的物流活动以改变物的空间位置为目的对物进行的空间位移，从而创造物品的空间效益，实现其使用价值。其中运输包括配送。

（2）存储

对物品进行存放、保管、保养、维护以及对其数量、质量进行管理控制等活动。存储和运输是物流活动最基本、最重要的功能。

（3）包装

包装是对生产过程中半成品、成品或流通过程的产品进行保护、方便储运的物流活动。包装可大体划分为两类：一类是工业包装，或叫运输包装、大包装；另一类是商业包装，或叫销售包装、小包装。

（4）装卸搬运

物流的一个缩影或在某小范围中改变物品的存放状态和空间位置，是运输、存储、包装等物流作业得以顺利实现的根本保证。

（5）流通加工

根据需要对物品进行包装、分割、分拣、刷标志、拴标签、组装等辅助加工活动。

（6）配送

对物品进行拣选、加工、包装、分割、组配等作业，并按时送达客户指定的地点。

（7）信息处理

进行与上述各项活动有关的计划、预测以及采购、生产、市场、成本等方面的信息的收集、加工、整理和提炼的活动。信息处理可以方便企业对物流活动产生的成本进行核算，并对今后的物流活动进行优化，更多地节约物流成本。

4. 物流模式

目前的物流模式主要有自营物流、第三方物流和物流联盟等模式。下面简单介绍常见的 3 种物流模式，见表 4.1.5。

表4.1.5　物流模式对比表

分析/模式	自营物流模式	第三方物流模式	物流联盟模式
定义	企业自身投资建设物流业务所需的运输工具、存储仓库等基础设备完成企业自身经营物流业务的模式。	由物流的供应方与需求方以外的物流企业提供的物流服务，即由第三方专业物流公司以签订合同的方式提供所有或一部分的物流服务，又称为外包物流或合约物流。	以物流为合作基础的企业战略联盟，它是指两个或多个企业之间，为了实现自己物流战略目标，通过各种协议、契约而结成的优势互补、风险共担、利益共享的组织。
优势	①企业对物流系统运作过程的有效控制权；②与企业经营部门关系密切，易于协调，充分利用资源。	①企业把精力和资源可以集中在自身的核心业务；②利用第三方物流公司专业优势和成本优势，提高各环节资源的利用率，从而使企业降低经营成本；③专业化的第三方物流企业会利用自身健全的物流网络、先进的物流设施等，提供灵活多样或个性化的服务，为企业创造更多的价值。	①大企业可以通过物流联盟迅速开拓全球市场；②可以降低经营风险和不确定性；③降低物流成本，提高企业竞争能力；④有利于弥补自身物流技术和管理技巧等业务范围内服务能力的不足。
劣势	①建设物流基础设施费用大，运营成本较高；②需要较强的物流管理能力。	①企业不能直接控制物流的各个环节，使得企业自身对物流的控制能力下降，若双方协调出现问题的情况下，可能会出现物流失控的风险；②第三方物流公司无法完全满足供方的物流服务需求，很难量身定制服务；③不利于企业与客户维护长期的合作关系；④容易发生客户信息泄露风险的问题。	①更换物流伙伴比较困难；②企业缺乏控制力。

活动实施

◎填一填◎　填写第三方物流模式的运作方式。

根据所学知识，从以下词库中选择合适的内容，完成第三方物流模式的运作方式，填写如图4.1.4所示的流程图。

词　库　共　享		
供方	委托代理	整合
需方	企业	发货
第三方	消费者	组织

图4.1.4 第三方物流模式的运作方式

◎查一查◎ 查找自营物流模式、第三方物流模式和物流联盟模式的例子。

请你利用网上资源,查一查物流模式的例子,并完成表4.1.6。

表4.1.6 自营物流模式、第三方物流模式和物流联盟模式的例子

序号	物流模式	物流公司
1	自营物流模式	
2	第三方物流模式	
3	物流联盟模式	

🎙 论一论 分析第三方物流定位。

案例:某新成立的第三方物流企业拥有载重3 t普通卡车50辆,载重10 t普通卡车30辆,高级无梁仓库20 000 m²,层高15 m,地处广州市白云区,邻近白云机场,比较以下4种市场定位中哪一种最适合该企业,为什么?

①广州地区的国际货运代理。　　②企业的第三方物流企业。

③车辆外包,仓库出租。　　④省际运输仓储企业。

活动小结

通过实践活动、理论和网络学习,学生可以掌握物流的概念、分类、功能和模式,并完成相关的任务表格,同时培养小组讨论、合作的意识,提高学习的积极性和效率。

活动2 了解现代物流的新发展

活动背景

随着"一带一路"倡议、"互联网+"行动计划以及行业可持续发展等政策的进一步深入,跨境物流、智慧物流、绿色物流等现代物流的新发展趋势将迎来巨大机遇与挑战。李伟、王杰、张艳和刘洋几位同学在老师指导下,借助互联网资源进一步学习物流的发展趋势,把握机遇,与时俱进。

📖 知识窗

1.现代物流的概念

现代物流是将信息、运输、仓储、库存、装卸搬运以及包装等物流活动综合起来的一种新型的集成式管理,其任务是尽可能降低物流的总成本,为顾客提供最好的服务。

现代物流与传统物流的区别主要体现见表4.1.7。

表 4.1.7　现代物流与传统物流的区别

项目	传统物流	现代物流
服务	被动服务;无统一服务标准;提供简单的物品位移服务。	主动服务;实施标准化服务;有增值服务,如个性化服务。
侧重点	点到点或线到线的服务。	构建全球服务网络。
管理	单一环节的管理;实行人工控制。	整体系统优化;实施信息管理。

2. 现代物流的发展趋势

在经济全球化和电子商务的双重推动下,中国物流业正在从传统物流向现代物流迅速转型,现代物流的发展趋势呈现出全球化、快速化、多功能化、系统化、信息化、现代化和规范化的特征。目前,我国现代物流发展方向主要有以下几方面:

(1)跨境物流

跨境物流是指以海关的关境两侧为端点,服务不同国家,将商品从一个国家运送至另一个国家,对商品境外流通实施和控制管理的物流活动。跨境物流涉及国际货运代理、航空运输、保税仓储、国际快运等领域。

当前跨境电商已经成为一种新型的国际商业活动,跨境电商需要通过线下的跨境物流进行物品的配送,完成跨境交易,而跨境物流也离不开跨境电商的拉动作用,因此跨境电商与跨境物流相互之间起着正向促进作用,二者存在长期稳定的均衡关系。跨境电商具有距离长、环节多、订单不稳定等的特征,加上不同跨境电商平台对物流要求不同,因此做跨境电商,选对一个合适的物流方式非常重要。目前从事跨境电商的商家大多采取以下的四种物流方式:邮政小包、物流专线、国际快递和海外仓储。

(2)智慧物流

智慧物流是指利用智能软硬件、物联网、大数据等智慧化技术手段,通过信息处理和网络通信技术平台广泛应用于物流业运输、仓储、配送、包装、装卸等基本活动环节,实现物流各环节自动化、智能化、信息化、精细化、动态化、可视化管理,从而提高物流行业水平,降低成本,提升物流运作效率的现代化物流模式。其中智慧物流常用的主要技术有自动识别技术、大数据技术、人工智能技术和 GIS 技术等。

(3)绿色物流

绿色物流是指以顺应可持续发展、降低对环境的污染、减少资源消耗为目标,注重经济与生态的协调发展,通过充分利用物流资源,采用先进的物流技术,合理规划和实施运输、储存、装卸、搬运、包装、流通加工、配送、信息处理等物流活动。绿色物流的内涵与普通物流的内涵存在差异,普通的物流侧重点在于物流的过程,而绿色物流为了实现长期、持续、稳定的发展更着重物流过程中绿色环保。

(4)供应链物流

供应链物流是以物流活动为核心,为了顺利实现与经济活动有关的物流,协调运作生产、供应活动、销售活动和物流活动,进行综合性管理的战略机能。供应链物流不仅包括了采购、外包、转化等过程的全部计划管理活动和全部物流管理活动,它也包括与渠道伙伴之间的协调和协作,涉及供应商、中间商、第三方服务供应商和客户。

跨境物流
让江西好产品
走向世界

"绿色物流"打造
"绿色双11"

活动实施

◎ 填一填 ◎　填写现代物流4个发展趋势的特征。

根据所学知识，从以下词库中找出四个现代物流发展趋势对应的特征词，并完成表4.1.8。

表4.1.8　现代物流的发展趋势特征一览表

特征词库			
国际性、低污染、柔性化、协调运作、自动化、复杂性、集成化、智能化、高风险、多目标、合作性竞争、跨境交易、发货周期较长、精细化、可持续性、综合管理、绿色化、学科交叉、可视化管理、准时化			
现代物流的发展趋势			
跨境物流	智慧物流	绿色物流	供应链物流

🎤 论一论　分析下面跨境物流方式运费计算的相关案例。

MT 公司要发送一件货物到俄罗斯，选择中邮挂号小包（去俄罗斯的运费为90.5元），该卖家从货代拿到的折扣率为9折，包裹的重量为0.6 kg，长、宽、高为20 cm×20 cm×10 cm。

问题：

①请判断此包裹是否符合中邮小包的体积和重量限制要求？

②如果符合中邮小包体积、重量要求，请计算该包裹的运费。

国际物流
主要方式
及运费计算

活动小结

随着全球化趋势的日益突出，我国已经认识到现代物流理论和技术可以产生了巨大的经济效益和社会效益，因此加强对现代物流产业的发展尤为重要。通过对现代物流的基础知识学习，把学到的基础知识运用到实际案例中去，提高同学们运用现代物流管理思想指导企业物流业务的能力。

活动3　熟悉电子商务物流

活动背景

李伟、王杰、张艳和刘洋几位同学通过前面对传统物流和现代物流的学习，发现 MT 公司存在一些问题。因此，接下来他们对电子商务物流与传统物流进行比较学习，从而理解电子商务物流的概念、特征以及电子商务物流的一般业务流程。通过对电子商务物流相关知识的充电后，他们找到 MT 公司物流部的负责人，跟负责人一起探讨为公司选择合适的电子商务物流模式。

□ 知识窗

1. 电子商务物流的概念

电子商务物流是基于计算机技术、互联网技术、电子商务技术和信息技术下的物品或服务进行的物流活动,包括无形商品(或服务)的网络传送和有形商品(或服务)的物流配送。

这种物流活动的优势在于:

①通过网络,物流公司更易被货主找到,并能够在全国乃至世界范围内拓展业务。

②货主能够更加方便、快捷地找到最合适的物流公司。

③在互联网上搭建一个平台,方便需要物流服务的货主与提供物流服务的物流公司双方高效达成交易。

目前已经有越来越多的客户通过网上物流交易市场找到合作伙伴,创造了价值。如图4.1.5所示的"菜鸟联盟"网站。

图4.1.5 菜鸟联盟网站首页

2. 电子商务物流的特征

电子商务物流的特征主要表现为以下几个方面:

(1)物流网络化

互联网技术的发展和普及为物流网络化提供了良好的外部环境,与此同时,物流网络化已经成为电子商务物流活动必不可缺的趋势。

(2)物流信息化

在电子商务迅速发展的时代,要提供优质的物流服务,物流系统必须要有良好的信息处理和信息传输系统。通过电子数据和互联网等技术的应用于信息管理,能够提高物流活动的效率。

(3)物流自动化

物流自动化是基于信息化,以无人操作为外在表现,目的在于扩大物流作业能力范围、提高工作效率、减少出错。常见的物流自动化设施有条码自动识别系统、自动存取系统(见图4.1.6)、自动分拣系统(见图4.1.7)、自动导引车(见图4.1.8)、货物自动跟踪系统等。

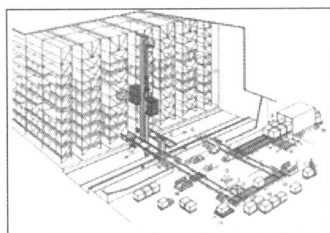

图 4.1.6　自动存取系统　　　　图 4.1.7　自动分拣系统　　　　图 4.1.8　自动导引车

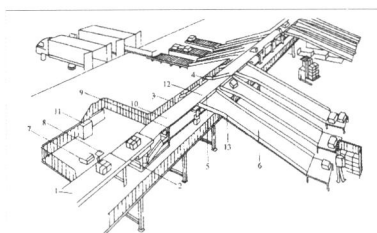

（4）物流柔性化

物流柔性化指的是根据消费者的需求变化来灵活、有效地组织和实施物流作业。

3.电子商务物流的一般业务流程

（1）普通物流的业务流程

普通物流的业务流程涉及运输、存储、包装、流通加工、装卸搬运、信息处理、配送等功能，同时结合商流、信息流和资金流，确保物流活动正常运作，如图 4.1.9 所示。

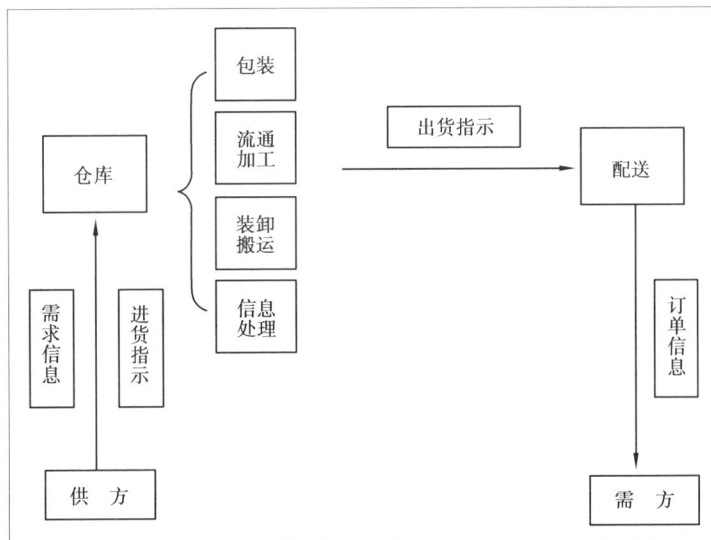

图 4.1.9　普通物流的业务流程

（2）电子商务物流的业务流程

电子商务和互联网技术的发展极大地推动了物流的发展。与普通物流的业务流程相比，其基本原理是一致的，但在电子商务和网络环境的影响下，借助电子商务信息平台（包括会员管理、网站管理、产品信息管理和订单管理等），有利于企业提高效率，优化配送体系，如图 4.1.10 所示。

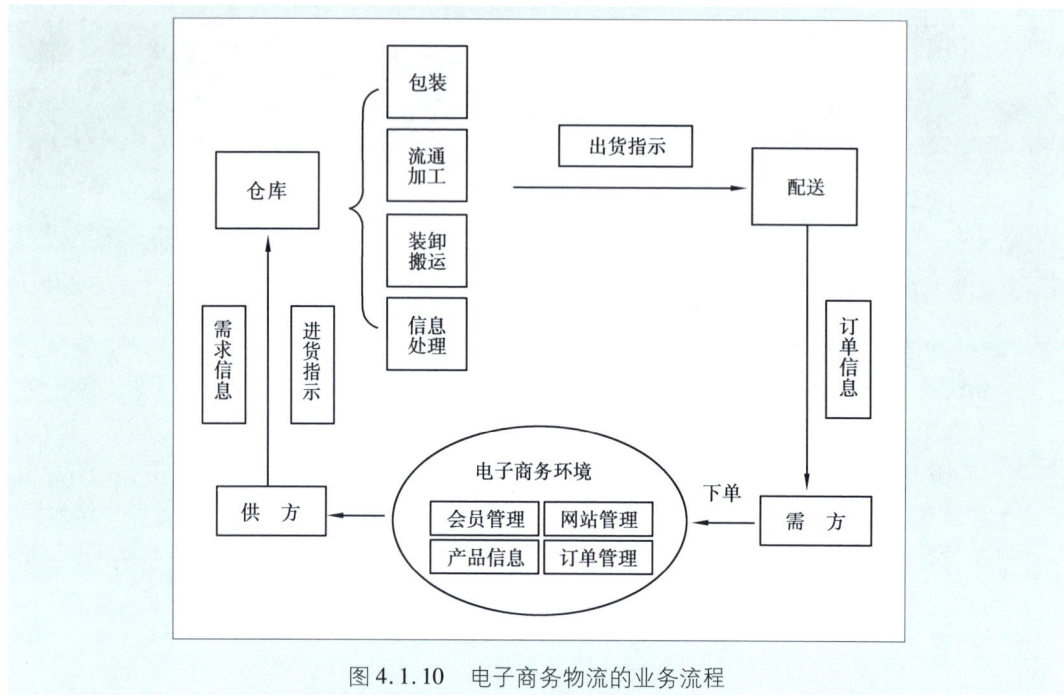

图4.1.10　电子商务物流的业务流程

活动实施

★ 比一比 ★　传统物流与电子商务物流对比下面10个特点,根据"等级选项提示"列提供的等级,在"传统物流"和"电子商务物流"列下方空格处填上对应特征所属的等级,完成表4.1.9。

表4.1.9　传统物流与电子商务物流的特点对比

序号	特点	等级选项提示	所属等级	
			传统物流	电子商务物流
1	网络化	强、中、弱		
2	信息化	强、中、弱		
3	自动化	强、中、弱		
4	系统化	强、中、弱		
5	规范化	强、中、弱		
6	个性化	强、中、弱		
7	柔性化	强、中、弱		
8	全球化	强、中、弱		
9	成本	高、低		
10	效率	强、中、弱		

🎤 论一论　以小组形式讨论,分析下面电子商务物流模式的相关案例。

案例:顺丰速运。

顺丰是国内的快递物流综合服务商,总部位于深圳。经过多年的潜心经营和前瞻性的战略布局,顺丰已形成拥有"天网+地网+信息网"三网合一、可覆盖国内外的综合物流服务网络。目前,顺丰的物流产品主要包含:时效快递、经济快递、同城配送、仓储服务、国际快递等多种快递服务,以零担为核心的重货快运等快运服务,以及为生鲜、食品和医药领域的客户提供冷链运输服务。此外,顺丰还提供保价、代收货款等增值服务。2022 年 8 月顺丰已进入世界 500 强企业排行榜,也成为首个进入世界 500 强的中国民营快递企业。

问题

(1)说说电子商务与物流之间是什么关系?

(2)顺丰速运是属于哪种电子商务物流模式?

活动小结

通过对电子商务物流的概念、特征、业务流程的基础知识学习,把学到的基础知识运用到实际案例中去,使基础知识形象化,同时培养小组讨论、合作能力,提高学习的积极性和效率。

合作实训

实训名称:以 4 人一小组为单位,帮助广东某地区荔枝种植户选择合适的电子商务物流模式。

实训背景:2021 年中央一号文件 21 日正式发布,文件提出全面推进乡村振兴,加快农业农村现代化。文件明确把全面推进乡村振兴作为实现中华民族伟大复兴的一项重大任务,让广大农民过上更加美好的生活。在乡村振兴战略中,农村电商更是作为加快我国农业农村现代化,实现乡村振兴的重要抓手。如今越来越多的农企、农场或农户纷纷选择农村电商这种方式,把农产品销往全国各地,电商配送起到重要作用。由于坐拥得天独厚的地理位置和气候环境,广东有"水果王国"之美誉。比如广东荔枝,广销国内,鲜荔枝还出口港澳台等地。据调查,广东荔枝有一百多个品种品系。因此,广东多地都有很多农场或农户种植荔枝。荔枝一般在 5 月到 7 月上市。某荔枝种植户有 10 亩地专门种植荔枝,今年该种植户李某打算尝试通过抖音平台直播卖荔枝,但下单后怎么寄到消费者手中成为问题。于是在 3 月种植户李某找到黄老师,希望黄老师能够帮助他出谋划策,解决这方面问题,比如物流包装、快递公司的选择。荔枝种植情况如图 4.1.11 所示。

图 4.1.11　荔枝种植情况

实训目的:黄老师把这个项目带进课堂,希望同学们一起出谋划策,帮助荔枝种植户李某解决物流包装、选择快递公司的问题。

实训过程:

步骤1:任命一名活动小组长,明确组员分工。

步骤2:根据荔枝种植户李某的实际情况,对当地不同的快递公司进行研究分析,并提出合理的选择快递公司和荔枝运输包装的建议。

步骤3:以小组为单位撰写一份策划书。

实训小结:通过帮助荔枝种植户李某选择合适的快递公司和运输包装这项活动,每位同学能把所学知识运用到实际中,加深了理论知识的理解,同时培养学生团结协作的能力。

任务2 >>>>>>>>
熟悉知名快递公司

情境设计

李伟、王杰、张艳和刘洋协助 MT 公司物流部负责人进行全面分析,找出该公司物流存在的问题后,通过不断地探讨,大家一致认为,目前选择第三方物流模式比较适合贵公司的发展。经协商后,该公司物流部负责人很赞成,但现在的第三方物流公司这么多,应该与哪家公司合作呢?这时同学们众说纷纭,于是李伟、王杰、张艳和刘洋回去后,分工合作,李伟和张艳同学负责网上收集资料,而王杰和刘洋同学负责走访各知名快递公司,齐心协力做好调研,并给出建议。

任务分解

MT 公司倘若要选择第三方物流模式必须要选择一家或几家适合的快递公司保持长期合作关系,但是快递公司这么多,应该要从多角度、多渠道了解,从而选出合适的快递公司。为了深入了解快递公司,李伟、王杰、张艳和刘洋在黄老师指导下,利用网络资源从多方面去了解国内知名快递公司的具体情况,认识如何正确填写快递运单以及物流信息查询的方式等。

活动1 选择合适的快递公司

活动背景

李伟、王杰、张艳和刘洋决定从快递公司的资费、速度、覆盖网点、服务等几个方面着手,从而选择出合适的快递公司。

□ 知识窗

1. 物流与快递的比较

● 物流:是一项系统的工作,快递就是投递,物流的范围包含了快递,快递可以说是物流的一个分支。

●快递:是指快递公司通过铁路、公路和空运等交通,对客户货物进行快速投递。快递的特点是:点到点,快速方便。

【想一想】物流公司与快递公司是一回事吗?

(1)服务对象的不同

快递公司主要为个人服务,而物流公司主要为企业服务。

(2)运输大小的不同

快递公司主要运送小物件,比如衣服、化妆品等数目少的产品。物流公司主要运送大型货物,比如大型机械、大件设备等数目多的产品。

(3)运输方式的不同

快递公司都是由各个网点的快递员上门发货、送货,而物流公司基本上都是专线运输,或者拼箱运输、零担运输等,物流公司大多都是在一个固定地点,除非是大型连锁物流企业,否则只能运输当地的货物,即从本地往外地发货。

(4)价格的不同

快递公司末端配送的快递员一般用电动车、摩托车等方式进行收货或发货的,而物流公司都是整车货物的运送,一般都是拼箱运输。因此,快件较轻的选择快递公司比较划算,而快件较重的选择物流公司比较划算。

(5)到货时间的不同

快递公司是全国联网的,基本上货物都是批量运输,而物流公司是要筹够一车货物才发货,不然会浪费资源,增加成本。因此,物流公司比快递公司要慢一些。

基于MT公司的性质,李伟、王杰、张艳和刘洋认为该公司与快递公司合作比较适合。那么,接下来就要比较不同快递公司的资费、速度、覆盖网点、服务等几个方面,从而选择出合适的快递公司。

2.资费比较

以广东地区为例,不同快递公司到国内部分地区资费比较见表4.2.1。

表4.2.1　几个快递公司到国内部分地区资费　　　　　　　　　　单位:元

地区	快递公司				
	顺丰	圆通	申通	中通	韵达
广东	12+2	10+2	10+2	10+2	10+2
广西	22+14	15+6	12+6	10+6	15+6
海南	22+14	15+6	12+6	15+8	15+6
福建	22+13	14+6	12+6	10+6	12+6
北京	22+13	18+7	12+6	18+11	20+6
天津	22+14	15+7	12+6	15+8	15+6
上海、浙江、江苏	22+13	12+6	12+6	10+6	12+6
重庆、四川、贵州	22+14	15+8	15+8	15+8	15+8

续表

地区	快递公司				
	顺丰	圆通	申通	中通	韵达
辽宁、吉林、黑龙江	22+18	16+8	15+8	18+8	18+8
甘肃、青海、宁夏	22+18	18+12	18+12	20+13	20+12
内蒙古	22+18	18+10	18+12	20+13	20+12
新疆	22+18	22+20	20+12	20+13	25+12
西藏	22+18	22+20	22+16	20+13	25+16

备注：以上价格均为"首重的价格+续重的价格"，如13+2，13是首重1 kg的价格，2是续重1 kg的价格。

3. 以覆盖网点比较

顺丰、圆通、申通、中通和韵达的覆盖网点比较，见表4.2.2。

表4.2.2　几个快递公司覆盖网点比较

	顺丰	圆通	申通	中通	韵达
网点覆盖	30多家一级分公司，2 000多个自建的营业网点，服务网络覆盖30多个省、直辖市和香港、台湾地区，100多个地级市。	公司拥有10个管理区、58个转运中心、5 100余个配送网点、5万余名员工，服务范围覆盖国内1 200余个城市。	截至2021年1月，公司拥有独立网点及分公司超4 500家，服务网点及门店25 000余个。	截至2020年3月31日，中通服务网点约30 000个，分拨中心90个。	服务范围覆盖国内31个省（区、市）及港澳台地区，遍布全国的40 000余家营业网点。
拓展方式	加盟	加盟	加盟	加盟	加盟

4. 快递公司查询方式

网络上有一些网站可以帮助用户快速查询物流信息，联系快递公司上门取件等服务，如图4.2.1所示。

图4.2.1　快递100网站首页

活动实施

★ 找一找 ★　上网了解现阶段中国境内比较知名 6 个快递公司。

◎ 选一选 ◎　现有一件 1 500 g 重的衣服需要从湛江寄往温州,请你根据所学内容选择合适的快递公司进行寄件。

申通快递
运费与时效
查询方法步骤

步骤 1:对比中国排名前 5 位的快递公司,根据表 4.2.3 填写相关内容。

表 4.2.3　快递公司对比一览表

对比项目	快递公司				
费用					
网点					
速度					

步骤 2:对比后,选择适宜的快递公司。

活动小结

通过本次活动学生初步接触了各大快递公司,并利用互联网更加深入地了解快递公司的相关情况,从而有助于选择合适的快递公司。

活动 2　学会填写电子快递运单

活动背景

李伟、王杰、张艳和刘洋比较各个快递公司的情况后,意识到虽然选到合适的快递公司,但是以后有可能会寄件甚至进入快递公司工作,于是李伟尝试在“顺丰速运”小程序填写电子快递运单。

李伟打算将一本 1 kg 重的书从 MT 公司寄给表弟,表弟现就读于湛江某学校,地址是湛江市麻章区湛江教育基地某学校,收件人为黄劲,联系电话为 0759-88886666,18899999999。李伟的联系电话为 0755-9999888、15999999999。　具体步骤见下面活动实施:

活动实施

1. 电子快递运单的填写步骤

如今快递已经不是陌生的名词,现在越来越多人使用快递寄送物品,包括网购退货等,因此,人们的生活与快递息息相关。如今寄快递不再像以前需要填写纸质快递运单,越来越多快递公司推出自己公司的小程序,用户可以直接在小程序上下单,这种方式具有方便、快捷和高效的特点。现以顺丰速运小程序为例,学习如何快速填写快递运单。

步骤 1:打开顺丰速运小程序。

在微信或支付宝的“顺丰速运”小程序上点击“寄快递”,如图 4.2.2 所示。

步骤 2:填写寄件人信息。

在快递单上填写寄件人的基本信息,如联系人姓名、地址和联系电话,如果是公司寄件还需填写公司名称,如图4.2.3所示。现在寄件人需要实名认证,因此寄件时需要带上身份证。

图4.2.2　点击"寄快递"板块

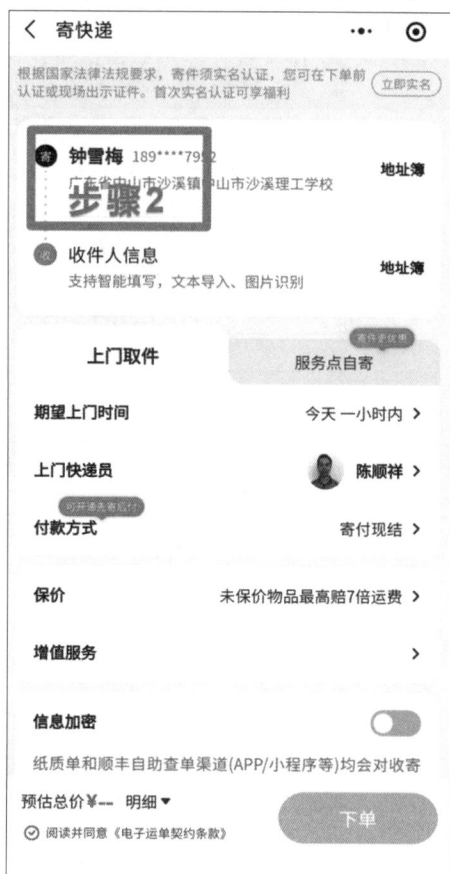

图4.2.3　填写寄件人信息

步骤3:填写收件人信息。

填写收件人基本信息,如联络人姓名、地址和联系电话必须要填写寄件人信息,而公司名称、区号和固定电话可填写可不填写,如图4.2.4所示。另外,寄件方式有"上门取件"和"服务点自寄"两种方式。其中,"上门取件"可以选择期望的上门时间,而"服务点自寄"则需要自己拿快件到自寄服务点进行寄件。

步骤4:填写物品详细资料。

在托寄物内容处填写寄的是什么物品,如文件、衣服、电子产品等,以及物品的质量、体积,如图4.2.5所示。当前,在默认情况下未保价物品最高赔7倍运费。如果是贵重物品,可以要求保价,保价后的物品,若丢失会全额赔付。

步骤5:填写付款方式。

付款方式有两种:一种是寄付现结:寄件人支付快递费;二是到付:现结收件人支付快递费;选择到付方式需要与对方沟通好,如果收件人因为快递费问题拒收,快递退回来的快递费用就需要寄件人承担,否则寄件人就拿不到快递。

图4.2.4　填写收件人信息

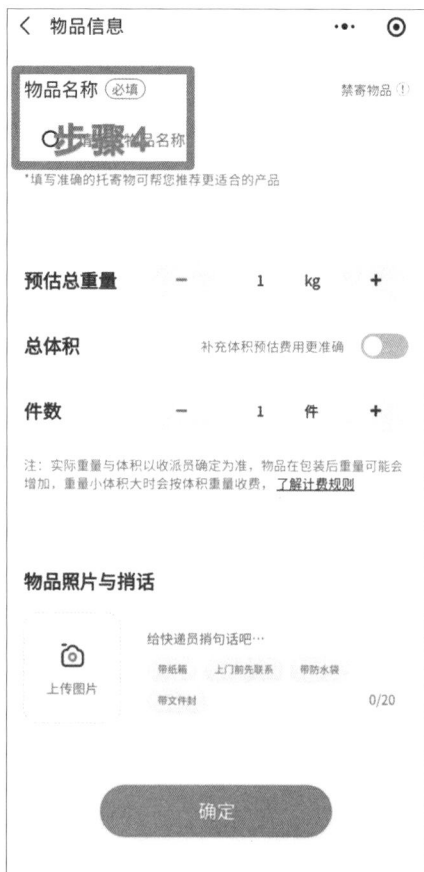

图4.2.5　填写托寄物信息

步骤6：下单。

填完信息，检查信息和运费，无误情况下可以点击"下单"，即可完成寄件工作。

李伟完成填写电子快递运单后，尝试学习查询快递运单物流信息。

2. 快递运单物流信息查询方法

查询快递运单物流信息的方法主要有以下3种：

第1种：在电子商务平台购买产品。

现在越来越多人在淘宝、天猫、京东商城、1号店、当当网等电子商务平台购买产品，这类平台查询物流信息只需进入订单后台，点击"物流信息"就可以跟踪货物的物流。以淘宝为例，如图4.2.6和图4.2.7所示。

第2种：知道运单号和快递公司。

如果知道运单号以及所选用的快递公司想查询物流信息，可以上网搜索该公司，以圆通为例，如图4.2.8所示。

第3种：知道运单号。

如果只知道运单号，可以在"快递100"查询物流信息，如图4.2.9所示。

图 4.2.6　淘宝订单界面

图 4.2.7　淘宝物流信息详情

图 4.2.8　圆通快递查询

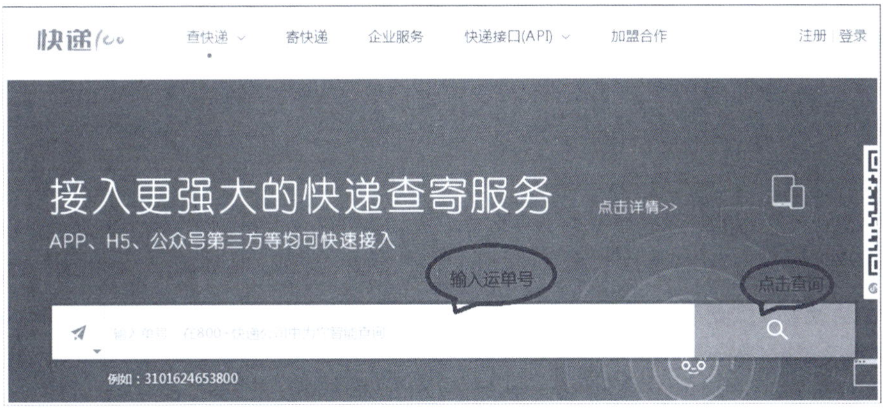

图 4.2.9　快递 100 网站

◎查一查◎　查询快递运单信息。

李伟在淘宝网上购买了一个挎包,并知道该运单号为 500037745153。请你帮他查一查该挎包的物流信息情况,根据表 4.2.4 填写相关内容。

表 4.2.4　物流信息情况表

运单号	是否签收	签收时间	派件快递公司名字
500037745153			

活动小结

通过实际填写电子快递运单的活动,以及体验查询快递运单物流信息的活动,有助于加深同学们学习填写电子快递运单和查询物流信息的印象。

合作实训

实训名称:以两人一小组为单位,模拟客户找快递公司,快递员收货,客户填单以及客户查询运单物流信息的整个流程。

实训背景:科任教师黄老师现有一份很重要的文件需要同学们代寄到 MT 公司物流部,李明收,李明联系电话为 13666666666。

实训目的:通过模拟这个过程,使同学们加深所学内容的印象。

实训过程:

步骤 1:明确组员分工,一位为客户,另一位为快递员。

步骤 2:回忆所学知识,研究整个流程所需要的道具和对白。

步骤 3:以小组为单位扮演整个流程。

实训小结:通过模拟投递这项活动,有助于每位同学能把所学知识运用到实际中,加深了对理论知识的理解,同时培养学生团结协作的能力。

项目总结

电子商务物流活动是电子商务运行中的重要活动之一。通过本项目的学习,学生以小组为形式进行合作学习,能够理解传统物流的基础知识,了解现代物流的发展趋势,熟悉电子商务物流相关知识,以及学会比较快递公司、填写快递运单和查询物流信息,同时培养学生有关电子商务物流人才的岗位技能和素养要求,为今后的学习和就业打下理论基础和技能准备。

项目检测

1. 判断题

(1)电子商务中的任何一笔交易,都包含着物流、商流、技术流和资金流。　　　　(　　)

(2)企业物流是由供应物流、生产物流、销售物流、回收物流和废弃物流组成的,其中供应物流处于中心地位,它是和生产同步进行的,是企业内部能控制的,实现合理化的条件最成熟。

(　　)

(3)物流的基本功能包括包装、装卸搬运、配送、仓储、运输、流通加工和信息处理功能。

(　　)

(4)电子商务物流模式一般包括自营物流、第三方物流和物流联盟等模式。　　(　　)

(5)供应链物流是以物流活动为核心,为了顺利实现与经济活动有关的物流,协调运作生产、供应活动、销售活动和物流活动,进行综合性管理的战略机能。　　　　　　(　　)

2. 单项选择题(每题只有一个正确答案,请将正确的答案填在题后的括号中)

(1)以下不是邮局发货的优点的是(　　)。

　　A. 网点多,覆盖全国　　　　　　　　　　B. 打折邮票降低成本

　　C. 邮寄方式多种多样　　　　　　　　　　D. 电话预约

(2)电子商务配送=网上信息传递+(　　)+网上结算+门到门服务。

　　A. 网上交易　　　　B. 网上付款　　　　C. 网上商品选择　　　　D. 支付宝充值

(3)下列不是传统线下物流配送缺陷的是(　　)。

　　A. 不合理运输大量存在,浪费社会资源

　　B. 物流配送买卖双方地位不平等

　　C. 快递公司配送覆盖面广

　　D. 物流公司上门取货不及时,派送延误

(4)影响物流合理化运输的最基本因素是(　　)。

　　A. 运输距离　　　　B. 运输时间　　　　C. 运输环节　　　　D. 运输工具

(5)在电子商务下,物流的运作是以(　　　)为中心的。

　　A.信息　　　　　　　B.商品　　　　　　　　C.企业　　　　　　　　D.客户

(6)以下不是电子商务物流的特征是(　　　)。

　　A.物流网络化　　　B.物流柔性化　　　　　C.物流自动化　　　　　D.物流全能化

3.不定项选择题(每题有两个或以上的正确答案,请将正确的答案填在题后的括号中)

(1)绿色物流的构成有(　　　)。

　　A.绿色商流　　　B.绿色消费　　　　　C.绿色运输　　　　　D.绿色包装

　　E.绿色流通加工

(2)公路运输适用于承担(　　　)的运输。

　　A.短距离　　　　B.中长距离　　　　　C.大宗货物　　　　　D.小批量货物

(3)可以实现物流自动跟踪的技术有(　　　)。

　　A.EOS　　　　　B.GIS　　　　　　　C.EFT　　　　　　　D.GPS

(4)以下是国内的快递公司的是(　　　)。

　　A.顺丰　　　　　B.圆通　　　　　　　C.TNT　　　　　　　D.DHL

(5)选择快递公司应考虑的因素有(　　　)。

　　A.公司的背景　　　B.价格　　　　　　C.服务质量　　　　　D.时效性

4.简述题

(1)举例说明什么是回收物流和废弃物物流。

(2)什么是物流? 什么是电子商务物流?

项目 5
体验网络营销活动

【项目综述】

目前,随着"互联网+"创新模式崛起,电子商务已发展成为促进经济转型增长的关键因素之一,并极大地改变了传统的生产和营销模式。

李伟同学和同小组的王杰、张艳、刘洋同学通过半个学期的专业理论学习,逐渐熟悉电子商务活动,尤其是对淘宝、天猫、京东等电子商务平台中丰富多彩的网络营销活动产生了浓厚的兴趣。恰逢"双十一"购物狂欢节的到来,MT 公司需要一批兼职学生协助完成狂欢节的前期准备工作,李伟小组将跟随指导老师一起到 MT 公司参加本次活动。他们希望通过亲身参与,在实践中去学习电子商务专业知识,体验开展网络营销典型活动的流程,以便为以后自己经营网店打好基础。

【项目目标】

通过本项目的学习,应达到的具体目标如下:

知识目标

◇了解网络营销的基础知识

◇理解网络营销的基本策略

能力目标

◇掌握网络广告营销的技巧

◇掌握搜索引擎营销的技巧

◇掌握自媒体营销活动的技巧

素质目标

◇提高学生团队合作与沟通分享的能力

◇培养学生文明诚信的网络营销素养

◇培养学生创新创业意识

◇培养学生树立民族品牌意识和爱国情怀

【项目思维导图】

任务 1 >>>>>>>>>
学习网络营销知识

情境设计

　　李伟和同小组的王杰、张艳、刘洋在指导老师的带领下,主要学习了网络营销的基本概念、基本特征以及 13 种常见的网络营销模式。

任务分解

　　此次学习活动,小组成员在指导教师的耐心讲解和指导下,主要学习了 13 种常见的网络营销模式,包括网络广告营销、电子邮件营销、搜索引擎营销、论坛营销、微博营销、微信营销、视频营销、直播营销、事件营销、网络口碑营销、病毒式营销、二维码营销、社群营销,并为其查找相关成功案例来加强理解。

活动 1　了解网络营销模式

活动背景

　　指导老师已在课堂上向李伟及其他同学们介绍了网络营销的基本概念、基本特征以及 13 种常见的网络营销模式。

🔲 知识窗

　　1. 网络营销的概述

　　网络营销是以满足顾客需求为目标,借助网络、通信和数字媒体技术实现的商务活动。在很多情况下,网络营销是传统营销在互联网环境中的应用和发展。它并不是一个完整的商业交易过程,而是作为电子商务中的一个重要环节,发挥着重要的信息传递作用。

　　2. 网络营销与传统营销的区别

　　随着计算机网络技术的迅速发展,网络营销可以实现营销空间的无缝隙化、顾客的主导性、市场配置的整合等,它与传统营销相比较具有不同的营销理念、营销目标、方式和渠道。

网络营销是随着新技术发展而出现的营销模式,它与传统营销模式相比较有很大的不同,主要表现见表 5.1.1。

表 5.1.1　传统营销模式与网络营销的不同

表现方面	传统营销	网络营销
营销理念不同	传统营销以顾客满意为原则,先有顾客的需求而后才有以需求为基础的营销活动,传统营销是滞后的。	网络营销先由企业提供商品或服务,再由顾客 根据自身的需求进行选择,顾客由被动转为主动。
营销目标不同	传统营销策略的核心主要是围绕产品、价格、销售渠道、公共关系和促销展开。	网络营销更加关注顾客、成本、便利、沟通,强调以顾客为中心,通过满足顾客需求,从而实现企业价值,最终实现企业利润增长。
营销方式不同	传统的营销方式多为销售者的主动推销。	网络营销方式强调以消费者为中心,消费者在需求的驱动之下主动通过网络方式寻求相关信息。
营销媒介不同	传统的营销活动主要以单向广告的形式对顾客进行信息轰炸,使顾客被动接受。	网络营销主要是以网络为基本平台,通过计算机、手机 电视机等网络终端,为顾客提供服务进而实现营销目的。

3. 网络营销的基本特征

依托互联网而产生的网络营销,与传统市场营销相比,具有强技术、跨时空、重交互、富媒体、高效能、大潜能和低成本等特点。

(1)强技术

网络营销是以使用互联网技术为基础的营销方式,它涉及的网络技术较广,如使用搜索引擎、网络交易平台、支付平台、物流跟踪平台、论坛、博客、微博、微信等操作。企业实施网络营销必须有一定的技术投入,能有改变传统的组织形态,提升信息管理部门的功能,引进懂营销与电脑技术的复合型人才,这样才能具备市场竞争优势。

(2)跨时空

营销的最终目的是占有市场份额。由于互联网能够超越时间约束和空间限制进行信息交换,如顾客可以随时使用交易平台提供的客服系统进行沟通,企业可以使用网站发布产品,24小时不打烊等,使得营销脱离时空限制进行交易变成可能,企业有了更多的时间和更大的空间进行营销。

(3)重交互

企业可通过互联网展示商品信息,如产品实物、产品描述、产品参数等,而顾客可通过使用商品信息资料库(网页搜索、平台搜索等)按实际需求查找产品,实现供需互动与双向沟通。还可以进行产品测试与消费者满意度调查,让顾客参与产品设计、商品信息发布等活动。

(4)富媒体

企业把产品设计成可以通过互联网传输的媒体信息,如文字、声音、图像、视频、音频等,营销人员通过使用它们能更好地发挥创造性和能动性,顾客能通过互联网获得多种多样的产品信息,增强对产品的了解,提高购买欲望,在融洽的氛围中实现交易行为。

（5）高效能

服务器可储存大量的信息,待消费者查询,可传送的信息数量与精确度,远超过其他媒体,并能适应市场需求,及时更新产品或调整价格,所以能及时、有效地了解并满足顾客的需求。

（6）大潜能

互联网是当前一种功能最强大的营销工具之一,它同时兼具渠道、促销、电子交易、顾客互动,以及市场信息分析与提供等多种功能,使它具备整合多种营销模式的能力。当前使用者多属年轻的中产阶级,具有高学历,由于这部分群体购买力强、具有很强的市场影响力及互联网操作能力,正符合定制营销与直复营销的未来趋势。

（7）低成本

通过互联网进行信息交换,代替以前的实物交换,一方面可以减少印刷与邮递成本,可以无店面销售,免交租金,节约水电与人工成本;另一方面可以减少由于迂回多次交换带来的损耗。

4. 网络营销的模式

网络营销采用互联网先进的多媒体技术,拥有灵活多样的模式,下面主要介绍常见的 13 种网络营销的模式,见表 5.1.2。

表5.1.2　网络营销的模式介绍表

网络营销模式	概　述
网络广告营销	网络广告营销是配合企业整体营销战略,策划吸引客户参与的网络广告形式,常见于综合类型网站上的广告宣传。
电子邮件营销	电子邮件营销(EDM),即 Email Direct Marketing 的缩写,是在用户事先许可的前提下,通过电子邮件的方式向目标用户传递价值信息的一种网络营销手段,在物联网时代下,电子邮件营销既是一种直销方式,也是一种服务方式。
搜索引擎营销	①SEM(通常以 PPC 为代表),是让用户搜索相关的关键词,并点击搜索引擎上的相关广告链接进入网站/网页,进一步了解他所需要的信息; ②即搜索引擎优化(SEO),是通过对网站结构、相关描述、网站主题内容、外部链接进行优化,以获得在搜索引擎上的优势排名。
论坛(知乎)营销	论坛营销(即 BBS 营销),就是企业利用论坛类网络交流平台,通过文字、图片、视频等方式发布企业的产品和服务的信息,让目标客户更加深刻地了解企业的产品和服务,最终达到企业宣传品牌、加深市场认知度的网络营销活动。
微博营销	微博营销是指商家或个人通过微博平台发现并满足用户的各类需求的商业行为方式。微博(粉丝)都是潜在的营销对象,企业通过更新自己的微型博客向网友传播企业信息、产品信息,树立良好的企业形象和产品形象。
微信营销	微信营销是一种创新营销方式。微信不存在距离的限制,用户注册微信后,可与周围同样注册的"朋友"形成一种联系,用户订阅信息,商家提供用户需要的产品信息,从而实现点对点的营销,比较突出的如体验式微信营销。

续表

网络营销模式	概 述
视频营销	视频营销是指主要基于视频网站,以内容为核心、创意为导向,利用精细策划的视频内容实现产品营销与品牌传播的目的,是"视频"和"互联网"的结合,如网络广告、微电影、小视频等形式。
直播营销	直播营销是指在现场随着事件的发生、发展进程同时制作和播出节目的方式,该营销活动以直播平台为载体。
事件营销	事件营销是指企业通过策划、组织和利用具有高度关注度的人物或事件,结合企业或产品,树立品牌形象,并最终促成产品或服务的销售的手段和方式。
网络口碑营销	网络口碑营销是指企业在品牌建立过程中,通过客户间的相互交流将自己的产品信息或者品牌传播开来。
病毒式营销	病毒式营销是通过一套合理、有效的积分制度,引导并刺激用户主动进行宣传,是建立在有益于用户基础之上的营销模式。
二维码营销	二维码营销具有很强的营销推广功能,通过二维码可进行信息获取、广告推送、优惠促销等活动。
社群营销	社群营销是在网络社区营销及社会化媒体营销基础上发展起来的用户连接及交流更为紧密的网络营销方式;主要通过连接、沟通等方式实现用户价值,营销方式人性化,不仅受用户欢迎,而且还可能成为继续传播者。

活动实施

★ 找一找 ★ 网络营销与传统营销的方式。

步骤1:分组,4人为一小组,以小组为单位进行讨论。

步骤2:讨论并收集现实生活中常见的营销模式,完成表5.1.3。

表5.1.3 传统营销与网络营销

序号	营销模式	属于传统营销还是网络营销
1	报纸/杂志广告	
2	上门推销	
3	发邮件慰问老客户	
4	电视营销	
5	扫二维码优惠促销	
6	直播营销	
7	微信营销	
8	微博营销	

步骤 3：从表 5.1.3 中选择一种营销形式，分析其特点并作简单描述，完成表 5.1.4。

表 5.1.4　_____的特点分析

序号	特点项目	等级选项提示	所属等级	具体表现
1	技术	A 强、B 中、C 弱		
2	时空	A 强、B 中、C 弱		
3	交互	A 强、B 中、C 弱		
4	媒体	A 强、B 中、C 弱		
5	效能	A 强、B 中、C 弱		
6	潜能	A 强、B 中、C 弱		
7	成本	A 强、B 中、C 弱		

步骤 4：小组派代表进行小结。

🎤 说一说　网络营销的优势。

步骤 1：以小组为单位，上网找出一则网络营销案例。

步骤 2：小组针对该案例，讨论、总结存在的特点和优势，并说明该案例是属于哪一类的网络营销模式。

步骤 3：派一名代表对小组观点进行分享。

活动评价

通过理论学习和网络实践，让学生主动去了解网络营销的概念、特征和模式，填写好相关的任务表格，同时培养小组合作的意识，强化沟通分享的能力，提高学习的积极性和效率。

活动 2　学习网络营销案例

活动背景

经过在课堂上对网络营销的基本概念、基本特征以及 13 种常见网络营销模式的学习，李伟和同小组的王杰、张艳、刘洋同学对网络营销已有一定的知识基础。现在要求同学们找出以下形式的对应案例向负责公司运营的王总监汇报。

□　知识窗

下面通过表 5.1.5 来了解这 13 种网络营销模式对应的经典案例。

表 5.1.5　网络营销模式案例总表

网络营销模式	案例
网络广告营销	360 首页的网络广告
电子邮件营销	京东：为邮件用户定制限时享受优惠

续表

网络营销模式	案例
搜索引擎营销	行业需求大不同,搜狗营销皆可盘
论坛营销	知乎:短片《答案》,人生没有标准答案,当你选择,就是答案
微博营销	支付宝在国庆黄金周的"锦鲤营销"
微信营销	腾讯公益活动,小朋友的画廊
视频营销	Bilibili献给新一代的演讲"后浪"
直播营销	国货品牌花西子玩转直播营销
事件营销	钉钉在线求饶
网络口碑营销	跟海底捞玩转口碑营销
病毒式营销	小猪佩奇大电影的先导短片《啥是佩奇》
二维码营销	二维码门牌,居住出行好政策
社群营销	小米的社群营销模式

1. 网络广告营销的典型案例——最普遍、最广泛的网络营销模式

网络广告就是在网络上做的广告。通过网络广告投放平台来利用网站上的广告横幅、文本链接、多媒体的方法,在互联网刊登或发布广告,通过网络传递到互联网用户的一种高科技广告运作方式。如图5.1.1所示为360首页的网络广告。

图5.1.1 360首页广告

2. 电子邮件营销的典型案例——京东:为邮件用户定制限时享受优惠

招商银行、中国电信、天猫、京东、唯品会……国内这些很大的平台全部都在做邮件营销。特别是在节假日来临之际,电商品牌都在用邮件引流。

邮件营销成本低，到达率高，定向精准，有详实的数据报告，无论对于引流拉新，还是吸引客户回购，抑或是重大节日促销，邮件推广都是一个不错的手段。

图 5.1.2 是京东专门为邮件用户定制的专享邮件。在一定时间段内，用户通过邮件购买可享受一定额度的优惠。

3. 搜索引擎营销的典型案例——行业需求大不同，搜狗营销皆可盘

信息爆炸的时代，用户每一天、每一分钟，接收到的信息越来越多，早已"超载"。人们被大量的信息所包围，因此当需要某类特定信息的时候，往往通过搜索的方式获取。也许今天，人们主流的搜索方式是去百度搜索框输入自己的关键词进行搜索，明天会变成去微博

图 5.1.2　京东为邮件用户
定制的专享邮件

的搜索框，后天换成一个全新的搜索工具或方式，但是，搜索这个动作是不会变的。

搜狗根据不同品牌、不同市场需求，为各品牌提供定制化的营销方案，如图 5.1.3 所示。

图 5.1.3　搜狗为不同品牌提供定制化营销方案

4. 论坛营销的典型案例——知乎：短片《答案》，人生没有标准答案，当你选择，就是答案

高考作为重要热点，每年成为各类品牌的必争之地，知乎之所以选择推出《答案》(见图 5.1.4)的态度短片，也是来源于站内关于志愿类超过去年的 830 万次关键词搜索量，针对用户的需求进行策划，在短片中没有给到用户确切的答案，却对人生选择做了诠释：人生没有标准答案，当你选择，就是答案。该短片深受用户喜爱，成为各大案例平台排名的佼佼者。数据是对用户进行洞察的有力支撑，切中用户需求才会发挥效果，各大品牌借势同一个热点，不为了追热点而刻意创造内容，能给用户提供真正想了解的内容，这样才能拔得头筹。

5. 微博营销的典型案例——支付宝在国庆黄金周的"锦鲤营销"

在国庆节前两天，支付宝的官方微博发布了一条微博，如图 5.1.5 所示。这条微博单纯从主内容看似乎还比较平淡，配图简单，但是这条微博的评论就厉害了。

图 5.1.4 《答案》

图 5.1.5 祝你成为中国锦鲤

首先,支付宝官微通过评论公布了一条长图评论,上面展示了几百个商家即将给幸运儿的福利,涵盖吃穿住行的方方面面。而所谓"锦鲤",其实是一个幸运获奖者,他将独自获得这所有的奖品,要做的也只有一件事,即转发这条微博。于是乎,这条微博引发了广大网友的疯狂转发,即便知道幸运者只有一位,还是本着"也许是我呢"的态度在微博上转疯了,如图 5.1.6 所示。

支付宝这条"祝你成为中国锦鲤"的微博,阅读量破 2 亿,周转发量超过 310 万,互动总量超过 420 万,这个企业营销史上最快达成百万级转发量以及迄今为止总转发量最高的企业传播案例,无疑成为众品牌争相学习的典范。

6. 微信营销的典型案例——腾讯公益活动"小朋友画廊"

"小朋友画廊"H5 是腾讯公益、深圳市爱佑未来慈善基金会和 Wabc 无障碍艺途公益机构联合出品的线上线下互动公益项目,是 99 公益日的预热互动之一。这公益活动一上线就被刷屏了,朋友圈中无插队的接力下,超过 1 500 万捐款,超过 581 万人次参与。如图 5.1.7 所示。

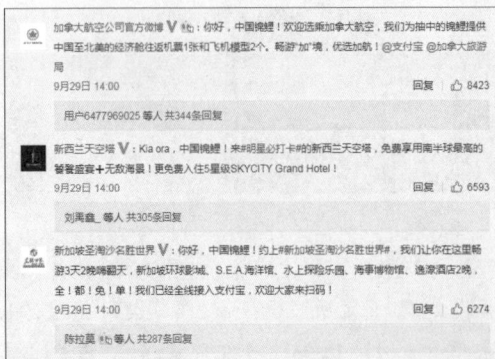

图 5.1.6 参与商家在支付宝微博评论下不间断更新

图 5.1.7 腾讯公益活动,小朋友画廊

活动参与者只需 1 元便可购买下爱心画作,每幅画作都配有小朋友的语音及文案,画作可以保存到手机做屏保。许多用户购买画作之后,将作品分享至朋友圈中,由此吸引了更多人前去购买或募捐。

7. 视频营销的典型案例——Bilibili 献给新一代的演讲《后浪》

B 站推出《后浪》(见图 5.1.8)的演讲,与人民日报等主流媒体合作,通过两代人对话的热血形式,展示了现在年轻人的创造力、想象力。随后一个月,B 站先后上线《入海》《喜相逢》,引发用户的情感认同,成功与年轻用户建立深度连接,同时也吸引了"前浪"们的转发和点赞。B站成功"出圈",并且成为刷屏级案例。随着消费主力军逐渐年轻化,品牌也要跟随用户有所变化让品牌年轻化,与年轻用户建立连接,了解当代年轻人的所思所想,替年轻用户表达,建立情感认同,或许是非常好的营销方式。

8. 直播营销的典型案例——国货品牌花西子玩转直播营销

近几年国风开始得到越来越多人的关注,一大批国货品牌、强调中国元素的品牌出现在大众视野。花西子是一个以"东方彩妆,以花养妆"为理念的彩妆品牌,如图 5.1.9 所示。

图 5.1.8　献给新一代的演讲《后浪》　　　图 5.1.9　国货品牌花西子

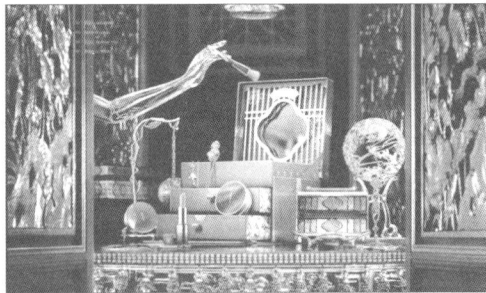

花西子的直播营销,采用"品牌自播+达人直播"结合的模式,品牌自播为主,达人直播为辅。花西子品牌自播采用的是 2 个小店+5 个蓝 V 号的运作模式,小店和蓝 V 账号的运营既有自己的自播团队又有外部的营销团队。除此之外,不断招募用户体验官,持续招募种子用户共创产品。因此还有不少素人帮花西子直播带货。可以看出,花西子采用了矩阵化的打法,通过多维度推广,以起到品宣和带货的目的。

9. 事件营销的典型案例——钉钉在线求饶

2020 年一场疫情让"钉钉"收获了巨大的流量,据不完全统计,疫情期间钉钉累计下载量已经超过十亿次。但随着钉钉成为绝大多数教师上网课的首选后,学生们开始不乐意了,纷纷自发地给钉钉打上一星差评。眼看事件已经逐步脱离调侃范畴,各类负面口碑持续发酵,钉钉官方果断在年轻人聚集的 B 站发布了一段《钉钉本钉,在线求饶》自带节奏的喜感视频,视频放出后一下子就击中了"少侠们"的爽点——既能看到偌大一个品牌向他们"低头",满足了青少年们的群体虚荣心,又能从鬼畜视频中找到文化认同感,不仅钉钉的评分开始回暖,B 站中也逐渐开始出现为钉钉"洗白"的热门鬼畜作品,随之而来的媒体报道和热议还为钉钉带来了正面的二次传播,如图 5.1.10 所示。

10. 网络口碑营销的典型案例——跟海底捞玩转口碑营销

海底捞之所以受广大火锅爱好者的青睐,因为海底捞把服务做到了极致(例如在排队过程中,消费者可以在等候区享受零食、网络、免费美甲等贴心服务等),好的口碑自然传出去了,海底捞就是依靠着产品质量和非常活跃的消费者服务经验来打动用户并形成口碑,如图 5.1.11 所示。

中国邮政微博
"随手拍"
事件营销

金杯银杯不如老百姓的口碑。互联网时代,人们的交流和接触的范围更加广泛,好的口碑可以加速企业的销售和盈利。想想看,我们是不是经常因为听到身边的人推荐而去买某一款产品?口碑营销是企业发展的趋势,对企业非常重要。

图 5.1.10　钉钉在线求饶

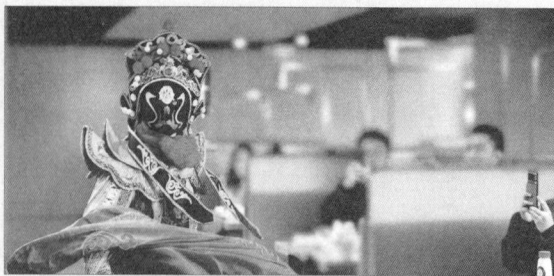

图 5.1.11　海底捞特色服务
——国粹变脸表演

11.病毒式营销的典型案例——小猪佩奇大电影的先导短片《啥是佩奇》

《啥是佩奇》是春节档电影《小猪佩奇过大年》的先导片。在短片的开头,一位身在大山里的老人正在给城里的儿子打电话,听到儿子要带着孙子回家过年,他很高兴,而儿子告诉他,孙子想要小猪佩奇。可是老人并不知道什么是佩奇,于是他就在村里询问他人,可是问了好多人,他们也都不知道。最后,他终于知道了佩奇就是一个像吹风机一样的小猪。然后他就用电焊,手工打造了外形酷似佩奇的一个铁"佩奇"。这一幕,令人无比动容。

这次营销抓住了春节前众人归乡过年的心情,引起观众的情感共鸣。来自各界的文化、艺术名人、自媒体大V也纷纷自发地刷屏解读《啥是佩奇》。宣传片发布后24小时内下载量达到3.4亿次,不到2天点击量已超15亿次,实现了"病毒式"扩散,这场现象级的营销,直接为电影奠定了票房过亿的基础。图5.1.12为电影《小猪佩奇过大年》"五福迎春"海报。

12.二维码营销的典型案例——二维码门牌:居住出行好政策

政务公开要像扫二维码一样简单,而二维码门牌、路牌就是其体现。扫描二维码除了可以看到基本的小区楼栋地址信息外,页面还可以显示社区民警联系方式、医院和AED分布情况、民生警务和交通出行等服务渠道。交互界面简洁大方,内容涵盖市民生活、出行、办事的方方面面。方便管理的同时也方便了居民的居住、出行使用,可以说是一项利国利民的好政策。如图5.1.13所示。

图 5.1.12　电影《小猪佩奇过大年》"五福迎春"海报

图 5.1.13　二维码门牌

未来可以结合LBS+O2O,告知附近有哪些商业设施,有哪些餐馆饭店,他们有什么优惠活动;还可以看到该房屋是否可以租售等进行一定程度的商业化,既方便了群众,也能产生商业价值。

13.社群营销的经典案例——小米的社群营销模式

小米手机的快速崛起,绝对离不开其社群营销。其在社群营销上的做法,主要包括:

其一,聚集粉丝。小米主要通过三个方式聚集粉丝:利用微博获取新用户;利用论坛维护用户活跃度;利用微信做客服。

其二,增强参与感。比如说,开发 MIUI 时,让米粉参与其中,提出建议和要求,由工程师改进,这极大地增强了用户的主人翁感。

其三,增加自我认同感。小米通过爆米花论坛、米粉节、同城会等活动,让用户固化"我是主角"的感受。

其四,全民客服。无论是小米的管理人员还是设计人员,都时刻保持与用户进行对话沟通,人人都是客服的工作状态,使得小米的形象更加亲民。

小米社群之所以成功,主要还是因为和用户建立起了连接关系,并通过讨论的形式,让用户拥有参与感,在讨论的同时更加了解产品,从而为后续的转化铺路。图 5.1.14 为社群营销在小米营销体系中的运用。

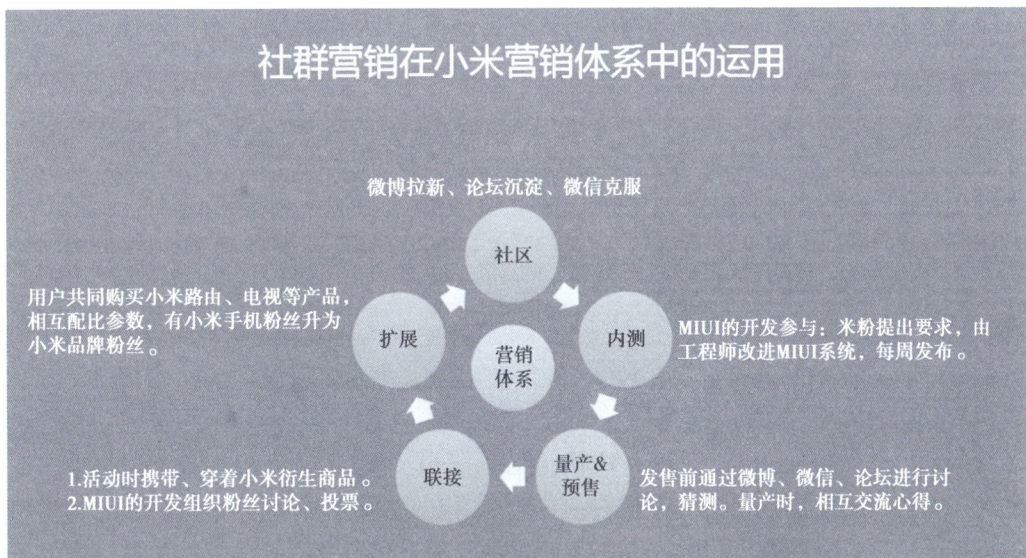

图 5.1.14　社群营销在小米营销体系中的运用

活动实施

🎙 说一说　从 13 种常见的网络营销形式中找出自己熟悉的一种,并详细说一说其特点。

步骤 1:以小组为单位,从 13 种常见的网络营销模式中选择一种。

步骤 2:小组讨论,总结该网络营销模式的特点和优势,并形成文字。

步骤 3:派一名代表对小组观点进行分享。　　　　　　　　　　.

◎试一试◎　每一小组确定一个自己的营销模式,阐述该营销模式的特点,并找出一个与本书不同的例子。

步骤 1:以小组为单位,上网找出一个优秀的网络营销案例。

步骤2:小组讨论,总结该网络营销模式的特点和优势,并说明该案例是属于哪一类的网络营销模式。若包含多种营销模式请一并说明。

步骤3:派一名代表对小组观点进行分享。

★ 列一列 ★

每一小组用不同的途径找到一个对应的营销模式,将不同的案例列在表5.1.6中。

表5.1.6　网络营销案例列举表

网络营销模式	对应案例
网络广告营销	
电子邮件营销	
搜索引擎营销	
论坛营销	
微博营销	
微信营销	
视频营销	
直播营销	
事件营销	
网络口碑营销	
病毒式营销	
二维码营销	
社群营销	

活动评价

通过对网络营销的概念、特征、模式的基础知识学习,同时通过具体的案例对基础知识的形象化,培养小组交流与合作意识(小组内分工进行活动,师生共评),培养小组成员灵活性与适应性(把学到的基础知识运用到实际案例中去,让学生能在案例中找寻理论知识),培养小组成员的主动学习能力和创新能力,强化沟通分享的能力,提高学习的积极性和效率。

合作实训

实训名称:"'双十一'大促销,我们来了"。

实训背景:某某服饰企业找到MT公司,想该公司为自己做一次"双十一"大促销的网络营销计划。

实训目的:配合MT公司为某某服饰企业在"双十一"大促销的活动做一套网络营销计划方案。

活动过程:

步骤1:任命一名活动小组长,明确组员分工,以组为单位撰写网络营销计划一份。

步骤2:制作一份精美的"'双十一'大促销,我们来了"宣传海报。

步骤 3：制作"'双十一'大促销，我们来了"的主题网页。

步骤 4：使用活动微信公众号，将某某服饰企业的"双十一"大促销活动编辑成一篇微信文案，并推送给关注微信的人。

步骤 5：线上及时解答顾客疑问，及时反馈给 MT 公司。

步骤 6：统计微信公众号对营销文案的点击阅读量，修改或增加微信推送文案。

实训小结：通过对某某服饰企业"双十一"大促销的综合营销活动，对每一个小组的活动负责内容进行考核，为某某服饰企业"双十一"大促销活动的顺利举行做好前期宣传和后期的总结。

任务 2 〉〉〉〉〉〉〉〉〉〉
体验网络营销活动

情境设计

经过对网络营销基本知识的学习，李伟和同小组的王杰、张艳、刘洋在指导老师的带领下，来到校企合作单位 MT 公司进行见习活动，参与即将到来的"双十一"网购狂欢节活动的准备工作，从中学习如何开展策划网络营销活动，熟悉网络营销常见工具的应用，协助确保公司经营的几家网店在"双十一"狂欢节中销售量猛增，完成营销活动目标。

任务分解

此次公司的见习活动，小组成员在公司营销部资深运营"企业师傅"王总监的耐心讲解和演示下，主要熟悉了 3 种常见的网络营销模式：网络广告、搜索引擎、微信营销，积极准备相关的网络营销活动。

活动 1　了解网络广告

活动背景

在公司的见习过程中，运营王总监首先介绍了开展网络营销活动的准备工作，比如撰写营销方案，熟悉各种网络广告的形式和特点，并能够设计制作简单的网络广告等。

🔲 知识窗

1. 网络广告的概述

网络广告就是在网络上发布的广告，主要以确定的广告主通过付费方式，运用网络媒体劝说公众认可或接受某种商品的一种信息传播活动。网络广告利用网络技术，把广告视觉传达形式、文本链接、多媒体的方式在互联网上表现出来，通过互联网刊登或发布广告信息，并且利用网络本身的技术将网络广告传递到互联网用户的一种高科技广告运作方式，其组成主要包括 6 个要素：背景、图像、广告语、字体、色彩、表现形式，如图 5.2.1 所示。

从网络营销功能所产生的效果来看,网络广告的网络营销价值体现以下6个方面,如图 5.2.2 所示。

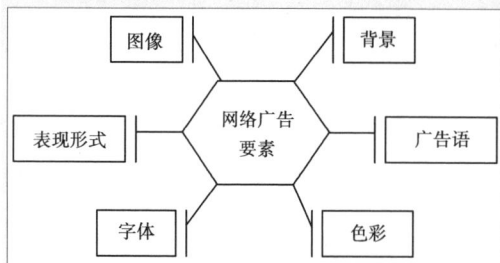

图 5.2.1　网络广告的要素　　　　图 5.2.2　网络广告的网络营销价值

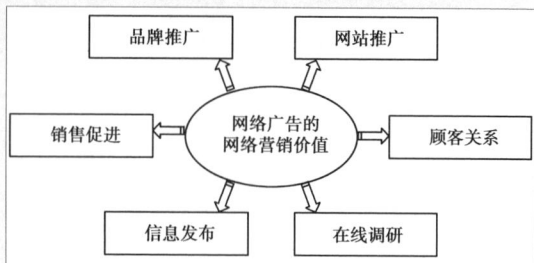

2. 网络广告的特点

网络广告是伴随着互联网高速发展而产生的一种全新的广告形式,它具有传统广告的特点,也有自己的优势。

(1)多样性

网络广告表现形式包括视频、文字、声音、图像、表格、动画、三维空间、虚拟现实等,它们可以根据广告创意需要进行任意的组合创作。

(2)互动性

用户可以通过网络广告作为入口,在线填写并提交相关信息,商家可根据信息提供精准的服务,从而进一步减少用户和商家的距离。

(3)实时性

在互联网上做广告能按照需要及时变更网络广告的内容,包括改错。例如,一则有关手机促销广告的手机销售价格变动了,更改价格只需要1分钟,更改时间成本则可以忽略不计。

(4)跨时空性

通过互联网,网络广告可以7天×24小时不停地将信息传播到世界的每一个角落,只要有互联网接入,任何人在任何地方均可浏览。

(5)可测评性

网络广告可以追踪和测量广告的效果,通过监控广告点击率,广告商能查明有多少人看了广告,许多人感兴趣的广告是什么,从而进一步了解广告的详细信息。

(6)经济性

相比传统媒体的广告,网络广告制作简单快捷,成本较低,展示平台多,发布费用较低。

3. 网络广告的形式

网络广告采用互联网先进的多媒体技术,拥有灵活多样的广告投放形式,下面主要介绍常见的网络广告表现形式及特点,见表 5.2.1。

表 5.2.1　网络广告的形式与特点

网络广告形式	描述特点
横幅广告	通栏广告;全横幅广告;半横幅广告;垂直旗舰广告。
按钮广告	120 dpi×90 dpi、120 dpi×60 dpi、120 dpi×125 dpi 按钮广告。
文本链接广告	以一排文字作为一个广告,点击都可以进入相应的广告页面。
电子邮件广告	利用提供免费的电子邮箱,向个人邮箱里直接发送电子广告。
关键字广告	用户搜索关键字时,结果界面会出现相关的广告内容。
弹出式广告	访客在请求登录网页时强制插入一个广告页面或弹出广告窗口。
浮动广告	随着鼠标的移动而移动的图标广告形式。
网页广告	企业通过自已的官网发布网页广告,如华为的网络广告。
全屏广告	在用户打开浏览页面时,该广告将以全屏方式出现,3～5 s 后逐渐收缩成顶部横幅/按钮或消失不见的广告形式。
摩天大楼广告	普通:120 dpi×600 dpi;宽幅:160 dpi×600 dpi。
视频广告	在视频放映前后出现在画面上的广告/放置在播客上的各种广告。
富媒体广告	流媒体广告,指能达到 2D 及 3D 的 Vidco、AudioJAVA 等具有复杂视觉效果和交互功能效果的网络广告形式;包括浮层类、视频类等。
BBS 广告	一般采取写文章、发帖子和参与讨论的方式发布广告信息。
聊天工具广告	放置在即时聊天工具,如 QQ 聊天对话框上的链接广告。
其他广告	巨幅连播广告、翻页广告、祝贺广告。

活动实施

★ 找一找 ★　生活中的广告形式。

步骤 1:分组,4 人为一小组,以小组为单位进行讨论完成。

步骤 2:讨论并收集现实生活中常见的广告形式,完成表 5.2.2。

表 5.2.2　传统媒体与网络平台的广告形式汇总

序号	媒体类别	广告形式	活动提示
1	报纸/杂志		一份本地报纸或杂志
2	广播		打开手机内置收音机
3	电视		列举常见电视广告
4	网络		列举网络广告形式

步骤 3:讨论、对比各种广告形式的特点,完成表 5.2.3。

表5.2.3　传统广告与网络广告的特点对比

媒体项目	多样性	互动性	实时性	跨时空性	可测评性	经济性
选项提示	A 多 B 中 C 少	A 强 B 中 C 弱	A 强 B 中 C 弱	A 强 B 中 C 弱	A 可测评 B 难测评	A 成本高 B 成本低
网络广告						
平面媒体						
广　　播						
电　　视						

步骤4：小组派代表进行小结。

◎搜一搜◎　归纳网络广告的表现形式。

步骤1：以小组为单位，了解网络广告的发展历史，并安排一位同学简述。

步骤2：登录网易、新浪网、腾讯网、淘宝网、京东商城主页，思考网络广告的位置与广告费用是什么样的关系。

步骤3：讨论、分析企业选择发布的网站平台和决定网页位置的考虑因素。

步骤4：根据所学的理论，分别找到横幅广告、按钮广告、对联广告、邮件广告、弹出窗口广告、富媒体广告、插页广告、赞助广告等广告，将截图添加在一个文档中，写好必要的文字说明。

步骤5：小组展示并评价。

🎤 说一说　网络广告的优势。

步骤1：以小组为单位，找出一则网络广告案例。

步骤2：小组讨论，总结该网络广告的特点和优势。

步骤3：派一名代表对小组观点进行分享。

活动评价

通过理论学习和网络实践，让学生主动去了解网络广告的形式和特点，填写好相关的任务表格，同时培养小组合作的意识，强化沟通分享的能力，提高学习的积极性和效率。

活动2　尝试搜索引擎工具

活动背景

在公司的见习过程中，运营王总监又为李伟、王杰、张艳、刘洋同学介绍了如何运用搜索引擎工具进行推广、增加销售额，如何对企业网站进行搜索引擎优化、设置关键字广告等。

▢ 知识窗

　1.搜索引擎营销的概念

　搜索引擎营销是英文 SearchEngineMarketing 的翻译，简称 SEM，就是利用百度、搜狗等搜索引擎进行营销工作，即通过搜索引擎提高网站流量，提高网站知名度，从而增加销售量。

2.搜索引擎营销的主要方式

搜索引擎营销的常见方式主要有以下几种:

(1)搜索引擎收录

搜索引擎收录是指将企业网站注册到搜索引擎,通过搜索引擎能搜索到企业网站,从而提高点击率。

(2)搜索引擎优化

搜索引擎优化是英文 SearchEngineOptimization 的翻译,简称 SEO,是指通过采用易于搜索引擎的合理手段,使网站各项基本要素适合搜索引擎的检索原则并且对用户更好,从而更容易被搜索引擎收录及优先排序。

搜索引擎优化策略参考如下:

①网站栏目结构层次合理。　　②网站分类信息合理。

③将动态网页做静态处理。　　④每个网页均有独立标题。

⑤网页标题中有效关键词。　　⑥合理安排网页内容信息量。

⑦有效关键词设计。　　⑧专门设计的 Meta 标签。

(3)搜索引擎关键字广告

所谓关键字,就是用户所关注信息中的核心词汇。关键字广告,是付费搜索引擎营销的一种形式,是指当用户利用关键字进行检索时,在检索结果页面会出现与该关键字相关的广告内容,如图5.2.3 所示。

图 5.2.3　关键字广告

3.监测搜索引擎营销成效的常规工具

(1)网站被各搜索引擎收录的页面数查询

在搜索引擎中输入"site:网站域名"可查询网站在搜索引擎中被收录的页面数。例如,要查询网易在百度中被收录的页面数,可在百度框中输入"site:www.163.com",在结果页面中出现网易被百度收录的页面数和详细的收录页面,如图5.2.4 所示。

(2)网站 PR 值查询

PR 值是 Page Rank 的缩写,它是衡量网站好坏的一个重要标准,级别是从 1~10 级,10级为满分。如果一个网站的 PR 值达到 4 级以上,就是一个不错的网站。PR 值越高,说明该网页在搜索排名中的地位越重要。

图 5.2.4　查询收录页面

使用站长工具可查询 PR 值,打开浏览器,输入站长之家的网址,如图 5.2.5 所示。

输入要查询 PR 值的网址,如 www.163.com,点击"查询"按钮,得到如图 5.2.6 所示的查询结果。网易的 Google PR 值为 8,搜狗 PR 值为 9。

图 5.2.5　PR 值查询

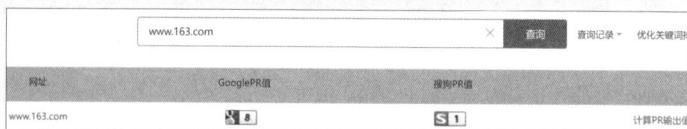

图 5.2.6　PR 值查询结果

(3)Alexa 排名查询

在浏览器地址栏输入 Alexa 网址,执行"Alexa 排名查询",如图 5.2.7 所示,从中可以看到网站的相关排名信息。从数据中可以发现,有的数据也可以通过此查询得到,如 PR 值等,如图 5.2.7 所示。

图 5.2.7　Alexa 查询

（4）百度权重查询

打开站长之家的工具界面，在输入框中输入网址，如：www.163.com，点击"百度权重"按钮，如图 5.2.8 所示，可得到如图 5.2.9 所示的查询结果。

图 5.2.8　百度权重查询

图 5.2.9　百度权重查询结果

除了以上几个常规的参考工具之外，可利用站长工具进行网站信息查询、SEO 信息查询等，如图 5.2.10 所示。

图 5.2.10　站长工具网站

活动实施

所有的活动都以小组形式完成,4人为一组。

✍ 做一做　将公司网站分别登录百度、搜狗等搜索引擎,并完成表5.2.4。

步骤1:进行小组分工,每人负责将公司网站登录一个搜索引擎。

步骤2:以登录百度网站为例,打开"百度网站登录入口"。

步骤3:在该页面中输入公司网站域名和验证码后点击"提交网站"按钮,让百度收录公司网站页面,等待审核。重复上述操作,分别在360、搜狗等搜索引擎中登录公司网站。

步骤4:组长汇总,填写表5.2.4。

表5.2.4　搜索引擎登录表

组员姓名	登录的网站	网站登录入口网址	是否需验证码		小组讨论、对比(共同点、不同点)
			□是	□否	
			□是	□否	
			□是	□否	
			□是	□否	

★ 练一练 ★　对企业网站页面分别进行优化,对比优化前、后企业网站在搜索引擎中的排名,完成表5.2.5。

步骤1:进入Alexa网站页面,进行优化前的排名查询。

步骤2:对首页的Tile标签和Meta标签优化如下:

<head>

<meta　name="description" content="欢迎前来MT公司选购电子商务服务/培训"/>

<title>电子商务/电子商务培训/电子商务服务/电子商务运营</title>

</head>

步骤3:在其他页面中对Title标签和Meta标签也做类似的优化,同时也对文档标题Head标签的<H1></H1>标签进行关键词优化。

步骤4:进入Alexa网站页面,进行优化后的排名查询。

步骤5:根据优化活动,完成表5.2.5。

表5.2.5　Alexa查询表

Alexa查询网站(网址)	优化前排名	优化后排名	小组讨论(如何优化)

★ 归纳对比 ★　用站长工具对公司网站进行SEO信息查询,如达不到理想的优化效果,则优化网站后再查询对比,最后对SEO综合查询进行归纳总结,并完成表5.2.6。

步骤1:分工,每人负责至少一项的项目查询。

步骤2:进入站长之家,利用站长工具,进行优化前SEO综合查询。

步骤3:分工,尝试对企业网站进行各方面的优化。

步骤4:利用站长工具,进行优化后 SEO 综合查询。

步骤5:小组讨论总结,并根据实践活动,组长完成表5.2.5 的填写。

表5.2.6　SEO 综合查询表

查询项目	优化前	优化后	小组讨论总结
关键词排名			
百度权重			
友情链接查询			
反链查询			
PR 查询			

◎试一试◎　投放关键字广告,将遇到的困难及解决方法进行讨论,并完成表5.2.7。

步骤1:小组分工,每人至少在一个搜索引擎平台上投放关键字广告。

步骤2:注册搜索引擎账号,尝试投放广告。

步骤3:记录碰到的问题,小组讨论解决方法。

步骤4:组长汇总,填写表5.2.7。

表5.2.7　关键字广告投放表

活动名称	投放平台	申请投放遇到的问题	解决方法	是否投放成功	小组讨论总结
关键字广告投放				□是　　□否	

活动评价

实习小组的成员通过实践,对搜索引擎营销有了一定的经验,学会将企业网站登录到搜索引擎上,通过对网站的优化,利用工具来监测搜索引擎营销的成效。注意:关键字广告涉及付费、税率问题,需有实际的企业实践经验支撑。

活动3　开展自媒体营销活动

活动背景

实习小组的成员掌握了搜索引擎营销的方式、方法,提高了销售额,接下来王总监还将带领李伟及小组成员使用微博、微信平台展开营销。

知识窗

1. 自媒体概述

自媒体(外文名:WeMedia)又称"公民媒体"或"个人媒体",是指私人化、平民化、普泛化、自主化的传播者,以现代化、电子化的手段,向不特定的大多数或者特定的单个人传递规范性及非规范性信息的新媒体的总称。自媒体平台包括博客、微博、微信、百度官方贴吧、论坛/BBS 等网络社区。

2. 微博简介

微博是自媒体的一种,是一种分享简短实时信息的广播式的社交媒体、网络平台。

（1）微数据

微数据是微博提供的一种免费的个人数据分析服务,主要涵盖了账户的"粉丝""关注""帖子"和"影响力"的数据分析,能够全面地解析账号的粉丝性质,关注人数性质,以及原创帖子热门程度,综合反映出账号的影响力情况。

登录新浪微博后,在用户主页的导航栏中的"管理中心",点击"数据概览",如图5.2.11所示。

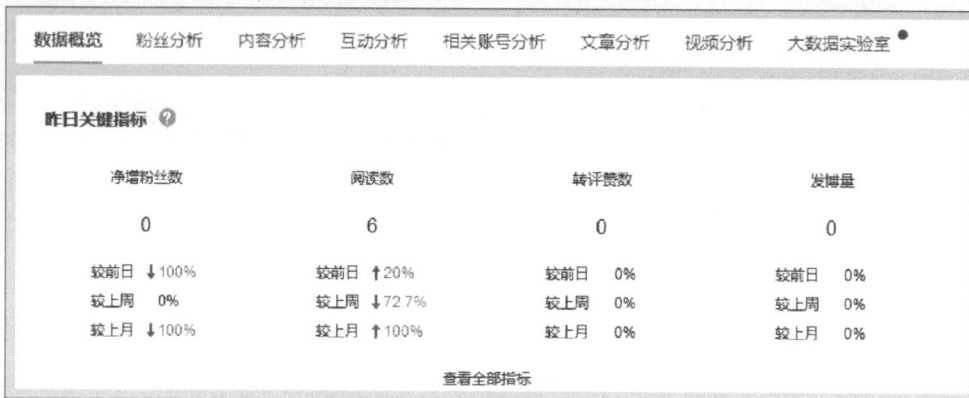

图5.2.11　微博数据概览显示

（2）微话题

微话题是根据近期微博热点等多种渠道,经过编辑补充内容和制作与该话题有关的专题页面。用户可以进入该页面发表微博进行讨论,同时微话题页面也会自动收录与该话题相关的微博。

（3）微指数

微指数是新浪微博的数据分析工具,通过关键词的热议度以及行业/类别的平均影响力来反映微博账号的发展趋势。微指数主要由热词指数及影响力指数两大模块构成,目前微指数提供包括行业影响力指数、行业用户地区分布、关键词热议指数、关键词热议地区分布等指标,是反映微博平台上行业人群账号的运营发展情况、用户热点关注的标杆型应用产品。

3. 微信简介

微信(wechat)是腾讯公司于2011年1月21日推出的一个为智能终端提供即时通信服务的免费应用程序。通过提供公众平台、朋友圈、消息推送等功能,用户可以通过摇一摇、搜索号码、附近的人、扫二维码方式添加好友和关注公众平台,同时微信还可以将内容分享给好友,或将用户看到的精彩内容分享到微信朋友圈。截至2022年3月31日,微信及WeChat的月活跃账户为12.9亿。

（1）漂流瓶

漂流瓶是一种无目标的信息投递服务,具有不定性和随意性,一般不会被用来进行营销推广。但漂流瓶最大的特点就是好玩,它意味着一种机缘,抛出瓶子和捡到瓶子的用户之间有一种奇妙的缘分。企业可以利用这个特点进行营销。

（2）摇一摇

摇一摇功能强大，例如，第一个摇一摇匹配上的用户获得大奖；比如设置摇一摇抽奖专区，每天 10 点开摇，第一个摇的人可得大奖，等等。

（3）附近的人

附近的人是用于搜索附近的人。基于手机的定位功能，有精明的中小型企业成功地利用这个功能进行了营销推广，例如小饭馆、水果摊等，只要这些商户以个人名义注册微信，并且在个人简介中介绍自家店铺的商品，就很容易吸引周边的消费者。

（4）扫一扫

使用微信内的扫一扫功能可以识别二维码，这些二维码多数是对应个人或者企业的微信账号，通过扫描可以直接添加好友或关注。微信在 6.2 版本还可以扫描书本或杂志、CD、电影海报，能够识别书或杂志，并且给出京东等电子商务网站的购买链接；扫描中文、英文单词可实时翻译；扫描街景可获取附近的街景，这些功能都有很强的可扩展性。

（5）微信公众平台

微信推出的公众平台让微信对企业营销的价值无限放大，它有效地提升了微信的盈利空间。微信公众平台是微信对于企业营销最强大的工具，其包含所有的多媒体形式，交互方式多样化，后台管理和数据监控一应俱全。微信公众平台需要在 PC 机上进行注册和维护，不能在手机上操作。具体是在微信公众平台官方网站上进行操作，点击该网页右上角的"立即注册"，就可以开始注册申请。注册类别和功能见表 5.2.8。

表 5.2.8　微信公众平台的注册类别和功能区别

账号类型	功能介绍
订阅号	主要偏于为用户传达资讯（类似报纸杂志），认证前后每天只可以群发一条信息（适用于个人和组织）。
服务号	服务号主要偏于服务交互（类似银行 114 提供服务查询），认证前后每个月可群发 4 条消息（不适用于个人）。
企业微信	企业微信是一个面向企业级市场的产品，是一个好用的基础办公沟通工具，拥有最基础和最实用的功能服务，专门提供给企业使用的 IM 产品（适用于企业政府、事业单位或其他组织）。
小程序	小程序是一种新的开放能力，开发者可以快速地开发一个小程序。小程序可以在微信内被便捷地获取和传播，同时具有出色的使用体验。

（6）微信红包

微信红包的形式有两种，一种是普通等额红包，一对一或者一对多发送；另一种是拼手气群红包，用户设定好总金额以及红包个数，塞钱进红包后，将随机生成不同金额的红包。拼手气群红包的每个红包金额在 0.01~200 元随机产生，最大不超过 200 元。

不少企业利用微信红包做营销推广，主要有以下几种方式。

①创建粉丝群抢红包。企业将平时积累起来的微信粉丝，分几个时间段里集中发红包，利用大家抢喜气和好玩的心理，设置条件（如前三名和未抢到红包的）送体验产品或优惠券来做

关联营销。为活跃气氛,其间穿插抢答问题来定向发红包。也有企业在朋友圈发布企业产品的宣传内容,要求转发甚至点赞,将满足要求者拉入群,进行抢红包的活动。

②利用红包推广微信公众号。公众号通过群发二维码的形式,让用户加入红包群,要求成员转发公众号发出的活动文章到朋友圈,公众号的运营者每天都会在群里发数次红包,抢到红包的成员再次把这个活动转发到朋友圈,让更多的人关注公众号,参与后面的抢红包活动,形成一个无限循环。

③App利用微信红包做推广。企业App利用大红包的诱惑,让用户通过截图、验证注册通行证,或者邀请好友下载、安装并注册的形式,将满足条件的用户拉入微信群抢红包。利用微信红包进行营销推广,不仅成本低,而且还可以利用微信的强SNS(社交网络服务Social Networking Services)属性,使企业在低成本的情况下,就能获得大量的活跃用户。

(7)微信小程序

微信小程序,简称小程序,缩写XCX,英文Mini Program,是一款不需要下载安装即可使用的应用程序,它实现了应用"触手可及"的功能,用户扫一扫或者搜一搜即可打开应用,也体现了"用完即走"的理念,用户不用关心是否安装太多应用程序的问题。

微信小程序提供的功能包含有对话分享、搜索查找、公众号关联、线下扫码、消息通知。企业可以利用小程序更好地为客户服务,如图5.2.12所示。

图 5.2.18　微信小程序

活动实施

所有活动以小组形式进行,4人为一组。

★ 练一练 ★　注册微博账号,完成表5.2.9。

步骤1:小组成员登录微博网站,每人注册一个微博账号。

步骤2:若注册不成功,分析原因,小组讨论解决方法并做记录。

步骤3:每个成员填写表5.2.9,组长汇总。

表5.2.9　注册微博账号表

活动内容	注册微博账号				
组员姓名					
注册平台	新浪□	网易□	腾讯□	搜狐□	其他:_____
注册方式	手机□	邮箱			

续表

活动内容	注册微博账号	
注册是 否成功	是 微博昵称：	否 原因：
讨论总结		

做一做　　学会使用微博的各个功能，完成表5.2.10。

步骤1：每个组员用自己注册的微博账号登录微博。

步骤2：完善自己的个人信息，进行账号安全设置。

步骤3：关注自己喜欢的人和事，并与人互粉。

步骤4：尝试发微博，并查看有多少人评论、多少人转发、多少人点赞。

步骤5：对别人的微博进行评论、转发、点赞。

步骤6：小组讨论总结，每个成员填写表5.2.10，组长汇总。

表5.2.10　使用微博各个功能表

活动内容	活动过程		
账号设置	个人信息完善度 个人标签 个性域名 修改头像 绑定手机 隐私设置 消息设置	有□　　　　无 有□　　　　无 有□　　　　无 有□　　　　无	
粉丝与关注	粉丝数：	关注数：	
试发微博	微博内容		评论数： 转发数： 点赞数：
评论微博	对他人微博进行评论：有□　　　　无 转发：有□　　　　无 点赞：有□　　　　无		
讨论 总结			

论一论　　小组讨论、分析微博营销工具，并运用微博营销工具进行营销推广，完成表5.2.11。

步骤1：分工，每人至少运用一种营销工具，熟悉该工具的功能与操作。

步骤2：小组讨论，对比各微博营销工具。

步骤3：小组总结营销成效，组长总结并填写表5.2.11。

表 5.2.11　用微博营销工具进行营销推广

营销工具	登录方法	特点	推广效果	小组讨论 （对比、总结）
			良好□ 一般□ 差□	
			良好□ 一般□ 差□	
			良好□ 一般□ 差□	
			良好□ 一般□ 差□	
			良好□ 一般□ 差□	
			良好□ 一般□ 差□	

◎试一试◎　注册一微信公众号，并用公众号进行营销推广，最后小组讨论总结，完成表5.2.12。

步骤1：登录微信公众平台官方网站，根据注册流程，尝试注册微信公众号。

步骤2：用注册的账号登录微信公众号，并小组讨论是否设置推广。

步骤3：用公众号的统计工具，通过用户分析、图文分析、消息分析、接口分析等数据分析营销成效。

步骤4：小组讨论汇总并填写表5.2.12。

表 5.2.12　用微信公众号进行营销推广

活动内容	活动过程		
注册流程	基本信息□　　　　　邮箱激活□　　　　　公众号信息 信息登记□　　　　　选择类型		
注册情况	成功	失败□　原因：	
推广	广告主是否申请开通 流量主是否申请开通	原因： 原因：	
统计	用户分析 图文分析 消息分析 接口分析		
小组讨论总结			

🎙 论一论　小组讨论、分析微信营销工具，并运用微信营销工具进行营销推广，完成表5.2.13。

步骤1：分工，每人至少运用一种营销工具，熟悉该工具的功能与操作。

步骤2：小组讨论，对比各微信营销工具。

步骤3：小组讨论营销成效，组长总结并填写表5.2.13。

表5.2.13　用微信营销工具进行营销推广

营销工具	特　点	营销效果	小组讨论（对比、总结）
		良好□　一般□　差□	
		良好□　一般□　差□	
		良好□　一般□　差□	
		良好□　一般□　差□	
		良好□　一般□　差□	
		良好□　一般□　差□	

活动评价

小组成员李伟、王杰、张艳、刘洋在公司营销部的资深运营"企业师傅"王总监的带领下，以团队互助的学习方式，很快学会了运用自媒体营销的工具展开营销推广，并取得了良好的营销效果，但自媒体营销只是营销的一部分，线上、线下营销的整合还需进一步深入学习。

合作实训

实训名称："奔跑吧，爱心——校园课外书义卖活动"。

实训目的：以4人一小组为单位，配合学校团委学生会开展一次有效的网络营销活动。传递爱心，筹集爱心善款，帮助家庭困难的同学。

活动过程：

步骤1：任命一名活动小组长，明确组员分工，以组为单位撰写网络营销计划一份和倡议书一份。

步骤2：制作一份精美的"奔跑吧，爱心——校园义卖活动"宣传海报。

步骤3：收集同学的课外书籍，详细编号标注，拍摄图片，制作成卡片。

步骤4：注册活动公众微信号，将倡议书和相关图片编辑成一篇微信文案，进行推送。

步骤5：线上及时解答师生疑问，及时反馈给学校团委学生会。

步骤6：统计微信公众号中营销文案的点击阅读量，修改或增加微信推送文案。

实训小结：通过对校园义卖活动的微信营销推广，对每一个小组的活动文案点击阅读量进行考核，扩大在全校师生朋友圈的影响力，为义卖活动的顺利举行做好前期宣传和后期的总结。

项目总结

网络营销活动是电子商务运行中的重要活动之一。通过本项目的学习，学生以小组为单位进行合作学习，能够了解现阶段网络营销的基础知识和发展特点，熟悉各种典型的网络营销工具的使用:网络广告、搜索引擎和自媒体营销。同时,学生进入校企合作的 MT 公司见习能够得到企业师傅的现场指导,深入学习网络营销活动的实战内容,了解企业对电子商务网络营销人才的岗位技能和素养要求,为今后的网络推广学习打下理论基础和做好技能准备。

项目检测

1. 判断题(正确的打"√",错误的打"×")

(1)网络营销是以满足顾客需求为目标,借助网络、通信和数字媒体技术实现的商务活动。

(　　)

(2)网络广告是伴随着互联网高速发展下的一种全新的广告形式。　　　　(　　)

(3)网络广告创意的好坏直接影响着广告受众或者普通受众对网络广告的点击率。

(　　)

(4)网络广告设计统一的网页风格对网络营销有负面影响。　　　　(　　)

(5)搜索引擎营销就是利用百度、360 等搜索引擎进行营销工作,通过搜索引擎提高网站流量,提高网站知名度。　　　　(　　)

(6)搜索引擎优化就是让网站获得搜索引擎收录并在检索结果中排名靠前。　(　　)

(7)微博营销很强大,能解决所有的问题。　　　　(　　)

(8)微信营销是企业营销模式中的一种,它不能作为企业营销的全部。　(　　)

2. 单项选择题(每题只有一个正确答案,请将正确的答案填在题后的括号中)

(1)支付宝锦鲤营销使用的网络营销模式是(　　)。

　　A. 微博营销　　　　B. 视频营销　　　　C. 事件营销　　　　D. 病毒式营销

(2)在本项目中,下列成功使用视频营销的典型案例是(　　)。

　　A. 京东　　　　B. 钉钉　　　　C. B 站《后浪》　　　　D. 海底捞

(3)横幅广告又称为(　　)。

　　A. 按钮广告　　　　B. 旗帜广告　　　　C. 翻卷广告　　　　D. 邮件广告

(4)以下选项中属于衡量网络广告效果的选项是(　　)。

　　A. 广告展示量　　　B. 广告二跳率　　　C. 广告点击量　　　D. 以上都是

(5)下面不是网络广告的制作技巧的是(　　)。

　　A. 标题和文字设计　　　　　　　　B. 注意网页间的链接设计

　　C. 网页背景的设计　　　　　　　　D. 尽量多使用高清图片和视频

(6)决定网络广告成败的要素不包括以下的(　　)。

　　A. 背景、图像　　　B. 广告语、字体　　　C. 价格、代言人　　　D. 色彩、形式

(7)李伟看电视时听到一首自己很喜欢的歌曲,于是他想在网络上找这首歌并下载,以下方法中最好的是(　　)。

　　A. 访问新浪等门户网站进行查找　　　　B. 访问各大音乐公司的网站进行查找

　　C. 询问 QQ 上的好友　　　　　　　　D. 用搜索引擎进行音乐分类搜索

(8)新浪微博发布字数限制为(　　)。

　　A. 120 字　　　　B. 130 字　　　　C. 140 字　　　　D. 150 字

3. 不定项选择题(每题有两个或以上的正确答案,请将正确的答案填在题后的括号中)

(1)下列属于网络营销和传统营销的区别的是(　　)。

A. 营销理念不同　　　　　　　　　B. 营销目标不同

C. 营销方式不同　　　　　　　　　D. 营销基础不同

(2) 下列属于网络营销的基本特征是(　　　)。

A. 重交互　　　　　B. 强技术　　　　　C. 大潜能　　　　　D. 个性化

(3) 常见的网络广告的表现形式有(　　　)。

A. 按钮广告　　　　B. 对联广告　　　　C. 报纸广告　　　　D. 邮件广告

(4) 常见的网络广告设计软件有(　　　)。

A. 美图秀秀　　　　B. 微信　　　　　　C. Flash　　　　　　D. Photoshop

(5) 关于 PR 值说法正确的是(　　　)。

A. PR 值是衡量网站好坏的一个标准

B. PR 值 10 级为满分

C. PR 值需达到 5 级以上才是一个不错的网站

D. PR 值越高,说明网站在搜索排名中的位置越重要

(6) 搜索引擎优化可以从下面哪几个方面进行? (　　　)

A. 每个网页均有独立标题　　　　　B. 网页标题中含有有效关键词

C. 有效关键词设计　　　　　　　　D. 专门设计的 Meta 标签

(7) 微博添加关注有很多方式,最常见的几种方式包括(　　　)。

A. 通过搜索找到自己的目标微博,添加关注

B. 在自己微博界面上发掘带@ 的用户,点击进入添加关注

C. 通过微群里面的成员添加关注

D. 通过粉丝可以添加关注

(8) 微信公众平台能统计到哪些数据? (　　　)

A. 用户分析　　　　B. 图文分析　　　　C. 消息分析　　　　D. 接口分析

4. 简答题

(1) 说说网络营销和传统营销的区别。

(2) 网络营销比较常用的营销模式有哪些?

(3) 网络广告有哪些优点?

(4) 监测搜索引擎营销成效的常规工具有哪些? 除了这些,据你了解,还有哪些?

(5) 如何展开自媒体营销? 尝试着从微博、微信等营销工具进行简述。

项目 6

警惕电子商务安全

【项目综述】

随着电子商务的迅速发展,网络购物已经成为网民最喜欢的一种购物方式,人们不用面对面交谈就可以买到喜欢的产品,因此,很多不法分子也借此开始了自己的"发财梦"。人们在享受电子商务带来极大方便的同时,也经常会被安全问题所困扰,因而安全问题成为电子商务的核心问题。

李伟同学在体验网络购物前听刘洋同学说网络购物有很多的安全风险,比如网络诈骗、钓鱼网站、虚假购物、账号被盗、消保诈骗等风险。于是,李伟心里产生了畏惧和茫然感,需要了解电子商务交易安全的基本内容和要求,识别网络交易过程的安全陷阱,以增强防范交易风险的意识和提高规避风险的能力。

【项目目标】

通过本项目的学习,应达到的具体目标如下:

知识目标

◇了解电子商务安全的内容与要求

◇熟悉网络交易风险的类别与特点

能力目标

◇掌握网络交易安全的基本技术手段

◇提高网络交易风险的识别和防范能力

素质目标

◇增强学生网络交易的安全防范意识和法律观念

◇培养学生文明诚信的互联网素养

◇提高学生团队合作与沟通分享的能力

【项目思维导图】

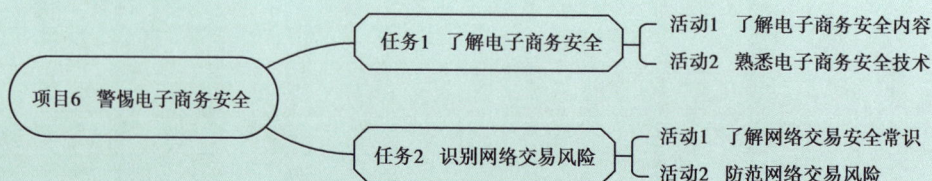

```
                                        ┌─ 活动1  了解电子商务安全内容
                    ┌─ 任务1  了解电子商务安全 ─┤
                    │                   └─ 活动2  熟悉电子商务安全技术
  项目6  警惕电子商务安全 ─┤
                    │                   ┌─ 活动1  了解网络交易安全常识
                    └─ 任务2  识别网络交易风险 ─┤
                                        └─ 活动2  防范网络交易风险
```

任务 1 〉〉〉〉〉〉〉〉
了解电子商务安全

情境设计

　　经过对电子商务平台的学习,李伟和同小组的王杰、张艳、刘洋都很想在淘宝网上购物,但一直担心遇到诈骗导致钱财损失。李伟虽然知道一些基本的网络安全知识,但对初次购物还是充满疑虑,于是叫来小组成员,一起了解电子商务安全有哪些基本内容和要求。

任务分解

　　此次任务为了解电子商务安全的活动,小组成员在专业老师耐心的讲解、演示下,在网络搜索的自主学习过程中,主要熟悉电子商务安全的两个主要内容:电子商务安全内容、电子商务安全管理和技术手段。

活动 1　了解电子商务安全内容

活动背景

　　李伟通过课程的初步学习,了解了电子商务的相关知识,平时上网也知道网络上充满各种各样的陷阱,严重威胁电子商务交易的安全,而电子商务交易安全性的保障是影响电子商务交易能否成功的一个关键因素。因此在去公司见习前,李伟约上同学们一起学习电子商务安全的相关知识,为下一步去公司见习做好准备。

▢ **知识窗**

　　在传统交易过程中,买卖双方是面对面的,因此比较容易保证交易过程的安全性。但在电子商务中,买卖双方是通过互联网传送信息,彼此可能相隔万水千山,也可能近在咫尺,交易双方的安全和信任关系难以建立,因此电子商务交易双方都面临不同的交易风险。

　　1.计算机网络安全威胁

　　(1)窃取信息

　　由于未采用加密措施,数据信息在网络上以明文形式传送,入侵者在数据包经过的网关或路由器上可以截获传送的信息。通过多次窃取和分析,可以找到信息的规律和格式,进而得到传输信息的内容,造成网上传输信息泄密。

　　在网络交易过程中,窃取信息体现在交易双方进行网上交易的内容被第三方窃取和交易一方提供给另一方使用的文件被第三方非法使用两个方面。

　　攻击者主要通过互联网截获在网上传输的机密信息,获取有用信息,如银行账号、密码等。

　　(2)篡改信息

　　当入侵者掌握了信息的格式和规律后,通过各种技术手段和方法,在数据传输过程中传送信息修改,然后再发向目的地。这种方法并不新鲜,在路由器或网关上都可以做此类操作。

　　信息篡改主要表现为电子的交易信息在网络上传输的过程中,被他人非法地修改、删除、插入或重放(即只能使用一次的信息被多次使用),使接收方接收到错误的信息,使信息失去了真实性和完整性。

(3)假冒

由于掌握了数据的格式,并可以篡改通过的信息,攻击者可以冒充合法用户发送假冒的信息或者主动获取信息,而远端用户通常很难分辨。

可通过身份识别对远端用户进行分辨,进行身份识别后,就不会出现第三方假冒交易一方的身份破坏交易、破坏被假冒一方的信誉或盗取被假冒一方的交易成果等情形。同时,还可以约束交易双方对自己的行为负责,对发送和接收的信息都不能予以否认。

(4)恶意破坏

由于攻击者可以接入网络,则可能对网络中的信息进行修改,掌握网上的机要信息,甚至可以潜入网络内部,其后果是非常严重的。

恶意破坏表现为由于网络的硬件或软件出现问题而导致信息在传递中产生丢失与谬误,以及计算机网络本身遭到一些恶意程序的破坏,而使得电子商务信息遭到破坏两个方面。

2. 商务交易安全威胁

(1)网络信息安全方面

①安全协议问题。目前安全协议还没有全球性的标准和规范,相对制约了国际性的商务活动。此外,在安全管理方面还存在很大隐患,普遍难以抵御黑客的攻击。

②防病毒问题。互联网的出现为计算机病毒的传播提供了最好的媒介,不少新病毒直接以网络作为自己的传播途径,在电子商务领域中如何有效防范病毒也是一个十分紧迫的问题。

③服务器的安全问题。装有大量与电子商务有关的软件和商户信息的系统服务器是电子商务的核心,一旦出现安全问题,造成的后果会非常严重。

④信息保密性。交易中的商务信息均有保密的要求。如信用卡/银行卡的账号和密码被人知悉,就可能被盗用,订货和付款的信息被竞争对手获悉,就可能丧失商机。

(2)电子商务交易方面

①身份的不确定问题。由于电子商务的实现需要借助于虚拟的网络平台,网上交易的双方很可能素昧平生,相隔千里,因此带来了交易双方身份的不确定性。首先要能确认对方的身份,商家要考虑客户不能是骗子,而客户也会担心网上的商店是不是一个玩弄欺诈的黑店。因此,能方便而可靠地确认对方身份是交易的前提。攻击者可以通过非法的手段盗窃合法用户的身份信息,仿冒合法用户的身份与他人进行交易。

②交易的抵赖问题。电子商务的交易应该同传统的交易一样具有不可抵赖性。有些用户可能对自己发出的信息进行恶意的否认,以推卸自己应承担的责任。由于商情的千变万化,交易一旦达成是不能被否认的,否则必然会损害其中一方的利益。例如订购贵金属,订货时贵金属价较低,但收到订单后,贵金属价上涨了,若收单方能否认收到订单的实际时间,甚至否认收到订单的事实,则订货方就会蒙受巨大损失。

还有,交易者否认参与本次交易,如买方提交订单后不付款/拖延付款时间,或者输入虚假银行资料使卖方不能提款;用户付款后,卖方没有把商品发送到客户手中,或发虚假商品,使客户蒙受损失。电子交易通信过程中的各个环节都必须是不可抵赖的。

③交易的修改问题。交易文件是不可修改的,否则必然会影响到另一方的商业利益。电子

商务中的交易文件同样也不能修改,以保证商务交易的严肃和公正。信息接收方可以验证收到的信息是否完整一致,是否被人篡改。如上例所举的订购贵金属,供货单位在收到订单后,发现贵金属价大幅上涨了。若其能改动文件内容,将订购数 1 kg 改为 1 g,则可大幅受益,那么订货单位可能就会因此而蒙受损失。因此,电子交易文件也必须做到不可修改,以保障交易的严肃和公正。

活动实施

✎做一做　了解电子商务安全内容。

步骤1:选用合适的思维导图软件(如 XMind、MindLine、百度脑图等),熟悉软件的操作方法及功能模块。

步骤2:每位同学根据知识窗的内容,对所学内容进行梳理,完成"电子商务安全内容"的思维导图。

步骤3:4 人为一组,小组组员分别上网查找"电子商务安全事件",组员讨论后选出一个具有代表性的安全事件作为案例。

步骤4:小组代表根据所选案例涉及的电子商务安全内容对应知识点,将案例添加到思维导图对应位置。

步骤5:小组代表分享思维导图及本组案例。

活动小结

李伟及其小组成员通过本次活动利用思维导图软件将电子商务安全内容进行了梳理,进一步了解了电子商务安全涉及的内容,并通过网络查找电子商务安全事件,加深了对电子商务安全内容的理解,也更有兴趣学好电子商务安全的相关内容。

活动2　熟悉电子商务安全技术

活动背景

李伟跟班上的许多同学一样,都是网购迷。不过在网购的开展过程中存在着很多安全问题,要使得网购正常有序地进行,就必须保证电子商务的安全,营造一个安全的电子商务环境,那么这样一个安全的电子商务环境又有哪些安全要求呢? 李伟约上他的同学们一起去探讨电子商务安全管理方面的基础知识和基本安全技术。

▢ 知识窗

为了营造一个安全的电子商务环境,我们就应该建立一个电子商务的安全体系,以保证传统的商务活动在互联网上安全的进行。

1.防火墙技术

防火墙是指一种将内部网和公众访问网分开的方法,是网络之间一种特殊的访问控制设施。在 Internet 与内部网之间设置的一道屏障,具有较强的抗攻击能力,是提供信息安全服务,实现网络和信息安全的基础设施。

个人用户可以在网上下载防火墙安装,目前正规的主流防火墙主要有瑞星防火墙、金山防火墙、360防火墙、费尔防火墙、天网防火墙、PC-Tools防火墙、Comodo防火墙等,这些防火墙的基础防护模块都是比较严密的。按常理而言,保持默认设置,就足够满足基本防护了。

2. 病毒防治技术

电子商务中的计算机网络不断受到病毒攻击的现象频发,其中计算机病毒有木马病毒、后门病毒、蠕虫病毒、恶意软件(Rootkit)等类型(见图6.1.1)。为了把计算机病毒的危害减小到最低,需要安装相应的计算机病毒防治软件,不断更新病毒库。常见的杀毒软件有腾讯电脑管家、360、金山、瑞星、卡巴斯基、大蜘蛛、迈克菲、NOD32、比特梵德等。

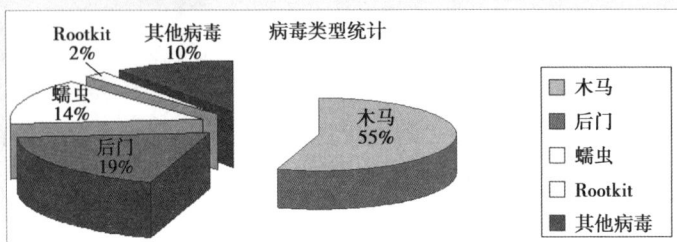

图6.1.1　病毒类型

3. 数字证书

数字证书就是互联网通信中标志通信各方身份信息的一串数字,它提供了一种在Internet上验证通信实体身份的方式,数字证书不是数字身份证,而是身份认证机构盖在数字身份证上的一个章或印(或者说加在数字身份证上的一个签名)。它是由权威机构——CA机构,又称为证书授权(Certificate Authority)中心发行的,人们可以在网上用它来识别对方的身份。其作用类似于现实生活中的身份证。

支付宝数字证书具有安全、保密、防篡改的特性,在某台计算机上(可以将证书备份到多台计算机上)对某个支付宝账户申请了数字证书后,即使泄露了支付宝密码,他人也无法盗取、挪用支付宝账户中的金额。当然,注意密码的安全性仍然是必要的。申请数字证书后,只能在安装数字证书的计算机上支付。当更换计算机或重装操作系统时,只需用手机校验即可重新安装数字证书,所以确保用户在支付宝绑定的手机是可以正常使用的。如图6.1.2为支付宝安装数字证书来保护网上支付安全。

4. 网上资金账务管理

网银安全管理是指为客户提供的网银证书和介质状态查询、证书更新、口令卡查询和停用等服务。

客户安全使用网上银行要把好"三道关":一是正确使用数字证书;二是登录正确的银行网站;三是保管好银行账号和密码。在使用网银时,用户不仅要认真核对网址、妥善选择和保管密码、做好交易记录、管理好数字证书不泄露,还要对异常动态提高警惕。图6.1.3为普通网银管理的主要内容。

5. 移动支付安全管理

(1)强密码机制

无论计算机还是手机应用,用户名密码机制都是目前最普及的授权验证手段,通常也是登录系统的第一道防线,而强度较低的密码无疑让密码验证机制的安全性大打折扣。因此,手机银行客户端在设置登录口令时应采取强密码机制,禁止用户设置较为简单的口令,并将系统登录密码、账户查询密码、资金支付划转密码分开设置,以提高第一道防线的安全性。

图6.1.2 支付宝数字证书

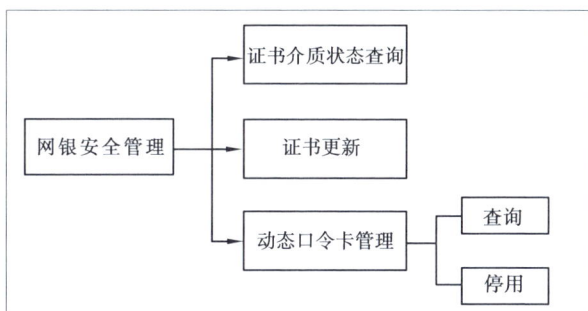

图6.1.3 网银管理

(2)采取多种验证机制

在基本的密码验证机制之上,还可以采取动态电子口令卡、数字证书、预留信息验证、短信动态密码等二次验证机制。在采用二次验证机制时应避免验证路径与授权发起路径重叠;如果手机硬件条件允许,应尽可能采取指纹、人脸、虹膜等生物识别技术以强化验证级别。

(3)防范二手手机泄露账号密码

不论是要卖掉自己的旧手机,还是要扔掉自己的旧手机,在这之前都应反复多次恢复原厂设置,将自己的个人信息尽可能地删除干净。

支付反欺诈
安全宣传视频

活动实施

◎试一试◎ 给计算机安装防火墙。

活动步骤如下:

步骤1:需要了解计算机防火墙的位置,最简单的办法就是进入控制面板,打开"系统和安全"，找到"Windows Defender 防火墙"，打开就可以进入具体设置的页面，如图 6.1.4 所示。

图 6.1.4　控制面板页面

步骤 2：打开计算机 Windows 防火墙后，界面如图 6.1.5 所示。

图 6.1.5　防火墙页面

如果仅仅是想禁用或者启用防火墙，那么直接单击左侧的"启用或关闭 Windows Defender 防火墙"，选择"启用"或者"关闭"，然后点击"确定"按钮即可，如图 6.1.6 所示。

图 6.1.6　启用防火墙

步骤3:启用防火墙之后,如果想让一些软件可以进行网络连接,对另外一些程序和服务禁用网络连接,那么可以在计算机 Windows 防火墙中点击左侧的"允许应用或功能通过 Windows Defender 防火墙",勾选允许的应用和功能,也可以点击"允许其他应用"添加未列出的应用程序;如果要禁用已经联网的程序或服务,只需将勾选去除,点击"确定"按钮即可,如图 6.1.7 所示。

图 6.1.7　防火墙设置

步骤4:如果你设置了很多允许应用,到最后想取消一些不当的操作,只需要将防火墙还原为默认值就可以了。回到防火墙页面,点击左侧的"还原默认值",点击"还原默认值"按钮,在弹窗点击"是"进行确认即可,如图 6.1.8 所示。

图 6.1.8　还原默认设置

步骤5：还原后，以后有程序和服务要访问网络时，都会被阻止，这时需要选择"更改通知设置"，勾选"Windows Defender 防火墙阻止新应用时通知我"，这样就可以通过辨别来对某些有用的程序进行放行，如图6.1.9所示。

图6.1.9　防火墙通知设置

步骤6：建议将防火墙一直开启，这是保护计算机不被利用的安全防线。

★ 练一练 ★　申请支付宝数字证书。

活动步骤如下：

步骤1：如果账户申请了数字证书，在其他的计算机上使用余额、已签约的快捷支付、余额宝等方式支付时就需要安装数字证书；可以按页面提示点击"安装数字证书"，如图6.1.10所示。

图6.1.10　安装数字证书

温馨提示：当前计算机首次申请、安装数字证书时需要安装数字证书控件。

步骤2：直接登录支付宝，进入支付宝"安全中心"页面，选择"安全工具"选项卡，在"管理数字证书"页面中，点击"安装数字证书"按钮；安装数字证书方法有3种："通过手机短信""接收邮件并回答安全保护问题""提交客服申请单",如图 6.1.11 所示。

图 6.1.11　安装数字证书校验方式

　　温馨提示:每个账户安装数字证书的方式不一样,请根据页面上提示的安装方法安装数字证书,优先推荐"通过手机短信"安装。

　　步骤 3:通过手机短信安装的方式(前提:支付宝账户绑定的手机号码可正常接收短信):在安装证书入口,点击"安装数字证书",选择"通过手机短信"后输入手机上收到的校验码,如图 6.1.12 所示。

图 6.1.12　手机短信验证

　　步骤 4:安装成功,如图 6.1.13 所示。

　　另外,还可以通过接收邮件并回答安全保护问题进行安装(若您未看到此邮件选项,请选择其他方式安装证书),填写验证码,点击"提交"按钮,如图 6.1.14 所示。

　　步骤 6:提交后,提示"支付宝已向您的邮箱发送了一封验证邮件",点此"进入邮箱查收",点击"点此安装证书"按钮,如图 6.1.15 所示。

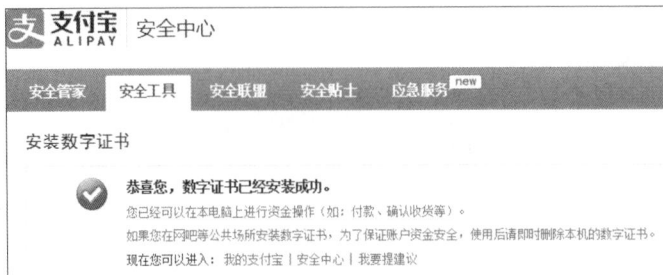

图6.1.13　安装成功

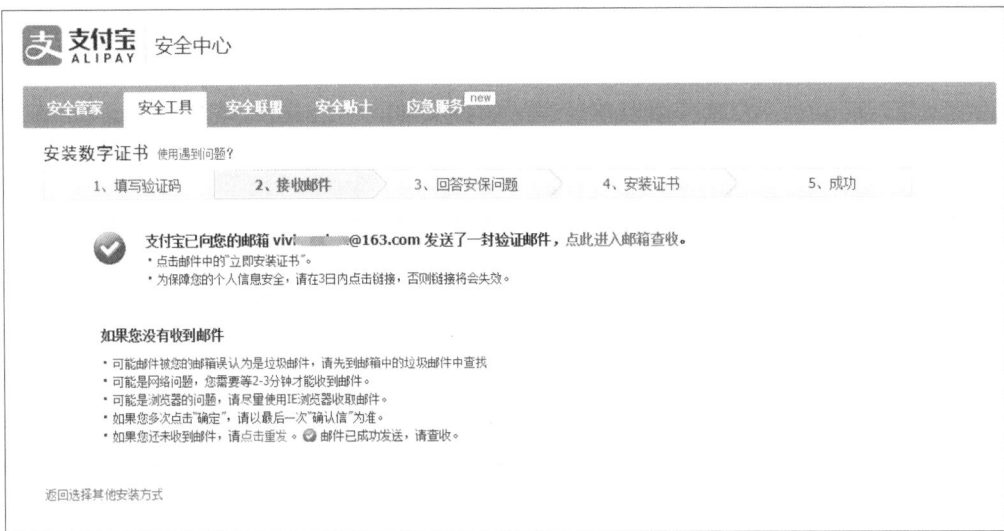

图6.1.14　邮件验证安装

图6.1.15　点击安装证书

活动小结

李伟及其小组成员通过本次活动了解了电子商务基本安全技术，并学会给计算机安装防火墙以增加计算机安全性，也掌握了支付宝数字证书的申请及安装方法，本次活动让小组成员更加自信地创建安全的电子商务交易环境。

合作实训

实训背景资料：李伟的微信收到好友消息，称手机刷机后手机号码丢失了，需要重新提供。得到李伟手机号码后，对方再次发来微信称登录微信需要好友验证，让李伟发验证码。之后李伟发现无法登录自己的微信了，再修改密码登录后零钱已被盗走。

实训目的：分析案例，理解电子商务安全管理知识，防患于未然。

实训过程：

步骤1：分成4个小组，各任命一名小组长，组织组员讨论分析李伟上当受骗的原因。

步骤2：各小组在讨论稿上写上各小组成员的意见和看法。

步骤3：小组长收集各成员意见，整理意见。

步骤4：各个小组分别派代表发表意见，相互交流。

步骤5：整理形成统一意见稿，分发到各个小组成员手上。

实训小结：微信盗号方法十分简单，知道账号或者绑定的手机号码后，使用手机号码验证可以绕过密码直接登录。不法分子利用这一漏洞在骗取你的手机号码和验证码后，可以轻易盗号。注意很多骗子可能会分两步，第一步先骗取你的号码，第二步隔段时间会伺机说需要发验证码或者网址到你的手机，这样的骗局往往容易使人掉以轻心。切记不要轻易将手机号和验证码告诉别人，同时微信钱包登录时要设置密码界面。

任务 2 〉〉〉〉〉〉〉〉〉〉
识别网络交易风险

情境设计

经过对电子商务安全基本知识的学习，李伟和同小组的王杰、张艳、刘洋掌握了基本的电子商务安全知识和技术手段，在企业老师的指导下学习如何识别典型的网络交易风险，提高规避风险的能力，从而消除网络购物的安全风险顾虑。

任务分解

小组成员在公司运营部的资深运营"企业医生"李技术员的耐心讲解演示下，主要学习网络交易安全常见案例，提高网络交易风险防范能力。

活动1　了解网络交易安全常识

活动背景

在公司的见习过程中，"企业医生"李技术员介绍，交易安全分为账户安全和支付安全，一旦账户被盗，不仅店铺的正常经营会受到严重影响，账户里的资金也可能被他人盗用。因此，在日常的运营管理中，账户安全是一个需要特别关注的方面，防网络诈骗也是网店经营中的一个长期行为。

□ 知识窗

1. 网上交易风险的表现

（1）网上交易注册时，风险主要表现在信息丢失和泄漏。在电子商务环境下，任何人不经登记就可以借助计算机网络注册，使电子商务安全受到严重威胁。

（2）注册淘宝会员时，会填写一些个人信息，甚至还有电话号码、密码等，虽然淘宝条例上注明有保证客户个人信息不外泄，但事实上还是有意外发生，如支付宝系统出故障发生信息丢失，或信息外泄，又或是黑客攻击等，都会使淘宝用户信息丢失、外泄等，让其蒙受经济损失。

2. 网上交易风险的防范

（1）电子支付的信用风险防范

保持谨慎原则和保密原则。在汇款和交易之前，谨慎是必要的，不能为了贪小便宜而失大利；对自己的银行账号、密码等要注意保密。

对比较生疏、冷僻的网站要有充分的防范意识。尤其对声称是境外、国外的网站更要提高警惕。在网上保存交易记录是自我保护的一种有效方法。

在交易前可以向对方提问，把物品的各种情况问清楚，询问对方是否可以退货或换货，要求对方做出文字性的回复，如电子邮件或者 QQ 在线答复，这样可以保留答复内容。

（2）违约风险防范

尽量不买高额大件商品，这样可避免大的损失。网上购买切莫贪便宜，对那些价格和价值完全背离的商品要谨慎，容易有问题的商品如二手手机类商品谨慎购买。

选择知名的商家自身设置的网站、网络平台或信誉好的中介网站，最好选择居住地的网站。

（3）退货风险的防范

商品运输：货物交到买家手中时，有必要当着运输人员面亲自验货，检查货物的符合程度，如有不符，或货物丢失损失，应立即向运输人员索要证明并通知运输公司和卖家，以核实并确认责任问题。

3. 降低网上交易风险的措施

（1）账户安全

设置安全性较强的密码是账户安全的有效保障，账号密码最好是使用英文字母、数字、标点符号这 3 种元素来进行自由组合，如果英文字母还区分大小写，标点符号尽可能用特殊符号，这样组合出来的账户、密码就更安全，例如：WellDone869@％，但这也只是个例子，在实际的密码设置中还可以加入更多的变化。

（2）支付安全

出于对支付安全的考虑，支付宝给每一个账户设置了多重保护：密码分为登录密码和支付密码，如果仅有登录密码就只能查看账户，知道支付密码才能操作账户资金往来。

（3）网上银行 U 盾保护

U 盾是用于网上银行电子签名和数字认证的工具，确保网上交易的保密性、真实性、完整性和不可否认性。办理网上银行对外支付业务时，使用登录密码和支付密码的客户，需要保护好用户的卡号和密码，只要用户的登录卡号、登录密码、U 盾和 U 盾密码不同时泄露给一个人，用户就可以放心安全使用网上银行。

二维码别乱扫，小心病毒！

活动实施

★ 练一练 ★

中国工商银行 U 盾申请使用。

步骤 1：新申请的 U 盾，在第一次使用支付前，必须先登录中国工商银行安装驱动程序和下载证书。登录中国工商银行官网，点击"个人网上银行登录"，如图 6.2.1 所示。

图 6.2.1　登录个人网上银行

步骤 2：输入账号和密码以及验证码，点击"登录"按钮。

温馨提示：当前计算机首次登录中国工商银行个人网上银行时，浏览器需要点击安装网银控件。除了使用账号密码登录的方式之外，也可以使用手机银行 App 扫码登录。

步骤 3：在此页面点击进入安全管理页面，如图 6.2.2 所示。

图 6.2.2　进入安全中心

步骤 4：进入安全管理页面后点击 U 盾工具管理右侧"证书下载"按钮，如图 6.2.3 所示，同时确认 U 盾插入 USB 接口，进入相关品牌 U 盾证书的下载页面，输入账户密码、验证码后，点击"开始下载"按钮，如图 6.2.4 所示。

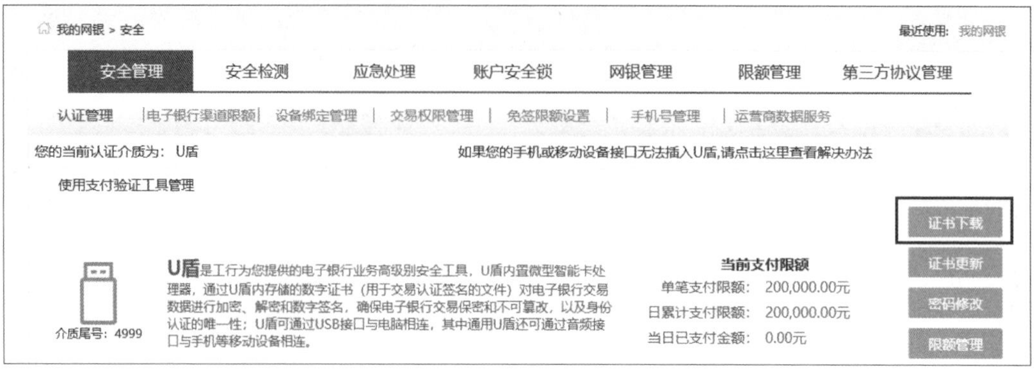

图 6.2.3　U 盾工具管理

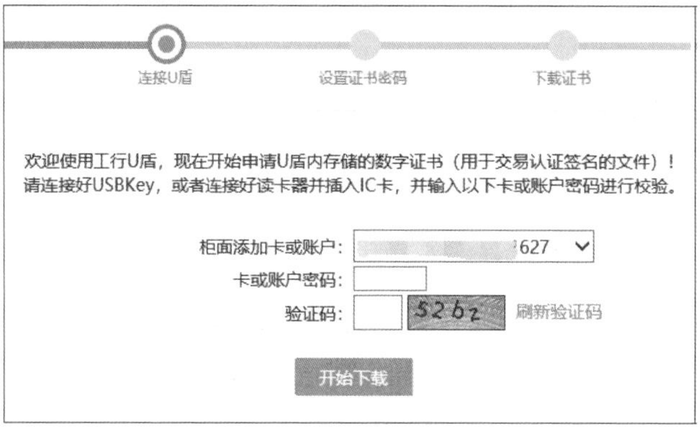

图 6.2.4　下载 U 盾证书

步骤 5：设置用户的 U 盾密码，启动"工行网银助手"，按向导完成网银检查和软件驱动安装，然后点击"下载"按钮，完成 U 盾证书下载，如图 6.2.5 所示。

图 6.2.5　工行网银助手

温馨提示:U 盾需要到银行柜台申领,携带本人身份证和银行卡到工行营业网点即可办理。目前工行已推出通用 U 盾(二代 U 盾),既可用于电脑端网银的签名认证,也可通过音频口或蓝牙与手机设备连接,用于手机银行电子签名和数字认证。

活动小结

通过理论学习和网络实践,李伟及其小组成员了解了网络交易安全的基本常识,完成了网上的相应练习,同时培养了团队的合作意识,提升了团队成员的沟通分享能力,提高了大家的学习积极性和效率。

活动 2　防范网络交易风险

活动背景

李伟在老师的帮助与同学们的共同努力下,已经尝试了网上购物。不过在购物过程中发现了很多中奖、汇款、退货等骗术,于是和同学们一起进一步学习防范网络交易风险的方法手段。

知识窗

1.识别常见的网络交易风险

(1)钓鱼网站

"钓鱼"是一种网络欺诈行为,指不法分子利用各种手段,仿冒真实网站的 URL 地址以及页面内容,或利用真实网站服务器程序上的漏洞在站点的某些网页中插入危险的 HTML 代码,以此骗取用户银行或信用卡账号、密码等私人资料。"钓鱼网站"的频繁出现,严重影响了在线金融服务、电子商务的发展,危害公众利益,影响公众对应用互联网的信心。钓鱼网站通常伪装成银行网站来窃取访问者提交的账号和密码信息,它一般通过电子邮件传播,此类邮件中一个经过伪装的链接将收件人引诱到钓鱼网站。钓鱼网站的页面与真实网站界面完全一致,要求访问者提交账号和密码。一般来说钓鱼网站结构很简单,只有一个或几个页面,URL 和真实网站有细微差别。如假冒淘宝网页面,如图 6.2.6 所示。

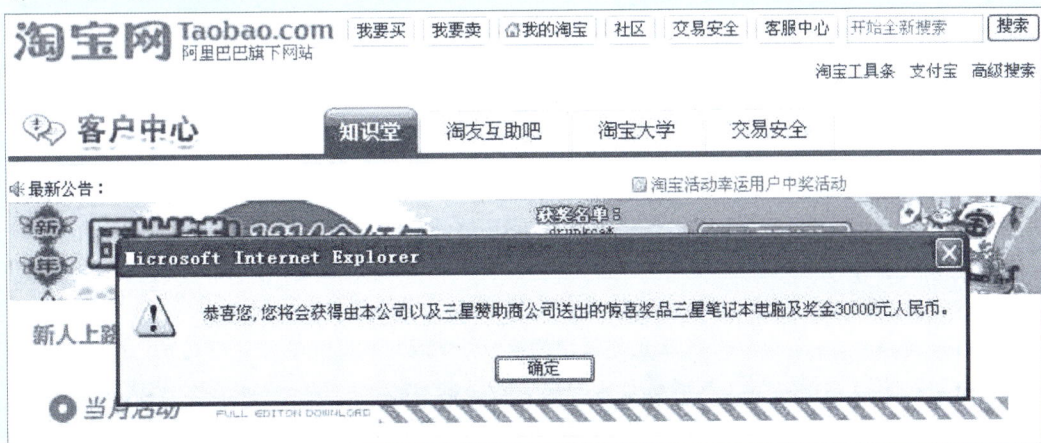

图 6.2.6　假淘宝网

近几年,频发电信诈骗和网络钓鱼案件,最常见的情况是通过电话或发短信到用户手机上。电信诈骗网络钓鱼攻击的典型例子是打电话声称自己来自银行、公安、检察等国家机关,或编辑相应带欺骗性短信发到手机上,说他们需要确认信用卡详细、涉及诈骗入刑等信息。随着在线购物和电子商务的发展并变得越来越流行,这些行为也变得越来越复杂,网络钓鱼者可以了解购物者曾光顾的零售商,并欺骗获取他们的手机号码。编辑带有风险(例如欺诈性警告文字)链接的短信发送受害者,受害者点击链接就会登录相关欺骗网站。他们还可以通过社交媒体冒充零售商或通过使用略有不同的 URL 并窃取数据来建立看起来与合法站点非常相似的商店。这些网络罪犯经常使用拼写错误,并建立一个复制受信任零售商的设计的商店,例如复制某著名购物的设计并将其发布在正规的网店上。

(2)注册相似的账号来行骗

注册相似的账号来行骗是比较常见的诈骗手法。例如使用"小白兔"的 ID 购买商品并用支付宝付款,然后用相似度很高的"小白兔"这个 ID 来通知卖家已经付款,但是提出需要修改收货地址。卖家按新地址发了货,几天以后,购买商品并付款的买家"小白兔"来反馈说还没有收到货,因此要投诉卖家收款不发货,并申请退款。这时,卖家才发现更改地址的通知并非同一 ID 发来的,尽管它们看起来非常像,如图 6.2.7 所示。

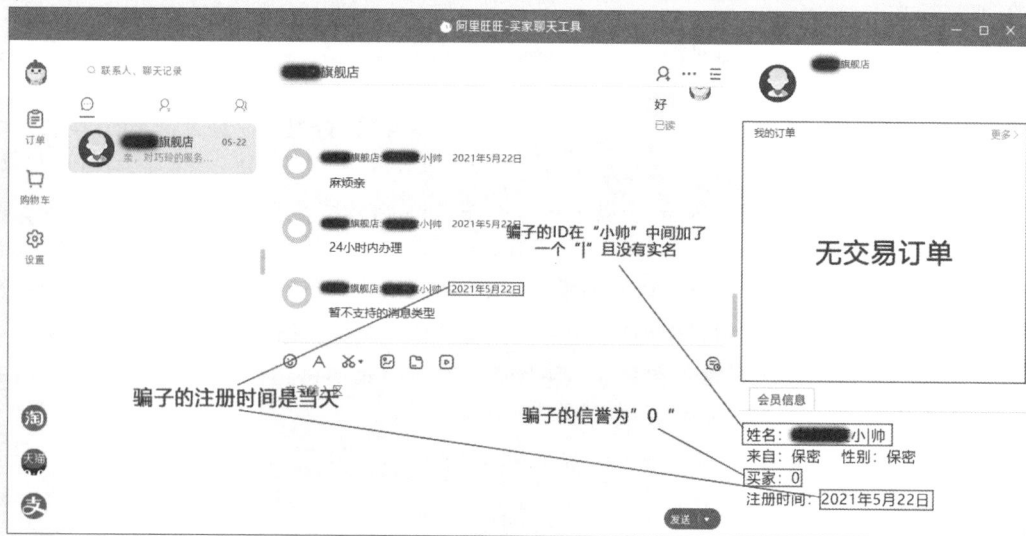

图 6.2.7 相似的账号行骗

(3)以大宗购物或者较高的交易金额来诱惑卖家

网络骗子谎称需要找一个值得信赖的中介做担保,然后发送假冒的 EMS 担保交易网址,诱使淘宝店主访问该钓鱼网站签订担保订单的中介协议,再根据协议里面得到的身份证号码等个人信息,进一步破解卖家的支付宝账户或者银行卡密码,盗取里面的现金。骗子冒充顾客出价购买商品后,马上在阿里旺旺或邮箱中发来一个经 Photoshop 软件处理过的"买家已付款,等待卖家发货"的付款截图,或者谎称是使用银行汇款。发来经 Photoshop 软件处理过的汇款凭证,催促卖家赶快发货。这时,如果卖家未去核实汇款信息就发货的话,就会银货两亏,所以,一定要证实买家确已付款才能安排发货。

（4）骗子利用网银的安全措施来欺骗卖家

在与卖家谈好交易以后，买家谎称自己没有支付宝，要求从银行直接汇款给卖家，在得到卖家的银行账户后，骗子马上就去银行网站登录该账号，然后故意乱输密码，直到当日错误密码达到最高次限，已无法查询账户时再通知卖家已经汇款，同时催促卖家当天发货，有时候骗子甚至会采用一些激将法来达到促使卖家马上发货的目的。其中假冒链接如图6.2.8所示。

（5）线下交易欺诈

骗子冒充顾客，谎称要将他看中的商品图片发给

图 6.2.8　假冒链接

卖家，结果发送的是带病毒或者带木马的文件，以此盗取卖家计算机里的个人信息。因此，不要随便接收陌生人发来的不明文件，避免计算机被木马、病毒所侵袭。如果遇到这样的情况，使用阿里旺旺的截图功能来说明商品款式是最合适的方法。线下欺诈过程如图6.2.9所示。

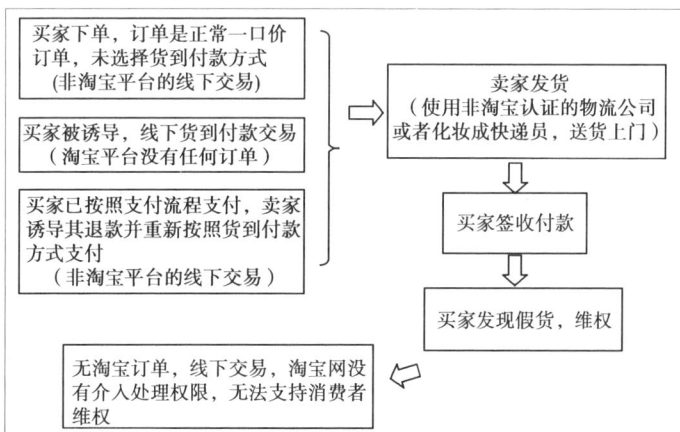

图 6.2.9　非淘宝的线下交易欺诈流程

2. 提高防范网络交易风险的能力

网上的骗术层出不穷，花样百出。但是，识别骗子，重在预防。因此，具备一定的识骗能力可以有效地减少安全隐患，避免财物这类有形资产和账户、ID等无形资产的损失，同时减少失误，还可以一定程度地提高我们的网络交易防骗技巧。

（1）加强自身安全意识

在网购任何环节我们都要记住"以我为主"这一思想。面对任何人以买家名义打来的电话或者发来的短信，或者阿里旺旺、QQ等聊天工具发来的信息，都要牢记这一点。如果对方要求打电话，那么不要找他提供的号码，要自己去官网找官方电话；如果对方发来链接，也不要点击，自己登录官网去申请退款，记住"以我为主"，不要被骗子牵着鼻子走。

（2）保护个人账户安全

一旦遇到需要填写账号密码、身份证号码等资料的页面时，要观察网页上方的网站，确认是否是官方网站。在一些带有安全功能的浏览器中，可以分辨网站的安全性。尽量使用网购平台提供的沟通工具，比如在淘宝购物时，尽量使用阿里旺旺进行沟通，这样有助于网购安全和防钓鱼追溯。

（3）确保网上支付安全

任何要求付款的行为都需要谨慎处理。不论利用支付宝转账，还是其他支付平台，都需要谨防存在的签字危险。对于不确定的情况或者在付款过程中遇到的可疑行为，如支付失败、页面跳转到非正规地址，最好尽快停止付款，以保证自己的账户安全。

绝不能轻易授权他人操作自己的网银账户，对网银操作存在疑问，或者是遇到自己不熟悉、没见过的业务时，首先应拨打银行的官方客服电话进行咨询。

（4）保证交易安全

保证交易安全最重要的是一切按照标准流程操作，不确定的网址链接不要轻易进入；交易状态非"买家已付款"的就绝对不能发货；顾客如果要求修改收货地址，一定要使用购买商品的 ID 来通知，如果借口说阿里旺旺不能登录而提示用站内信，务必要确定对方的真实身份；有人要求换货，一定要查实是否在本店有交易记录，因为有些骗子会利用商家生意好、顾客多、记不清来钻空子，假冒顾客要求换货，用自己坏掉的商品来调换店里的全新正品，或者享受店铺的免费保修服务，等等。

电子商务安全的主要威胁不仅对零售商而且对客户都具有潜在的破坏性。例如：窃取某个电子商务企业的客服资料，贩卖用户的个人信息；破解用户个人账户密码，可以冒充他人购物，并把商品货物发给自己。因此，必须采取适当的措施，并制订应对措施。但电子商务企业后台往往会受到黑客团队的攻击，要想防范其入侵，难度颇大，尤其是对一些中小型电子商务网站而言，比如规模庞大的购物网站，对抗黑客入侵更是有些力不从心。如果大量电子商务企业后台系统的安全得不到保障，整个电子商务的发展也将面临极大威胁。

活动实施

🎙 议一议　免费 Wi-Fi 的陷阱。

在校生王某为了上网方便，在手机里设置了自动连接 Wi-Fi 的功能。某晚王某打完球和同学在校门口餐厅吃饭，手机自动登录了一个不用密码的免费 Wi-Fi，期间王某登录了手机网银，并输入了自己的卡号和密码查询银行卡账户余额。当晚刚入睡时，王某被短信声吵醒了，通知他的银行卡被消费了 500 元；随后半小时内，又接连收到银行卡消费 281 元的信息，由于卡上余额不多，才没有造成更大的损失。

给广大网民一些建议是：犯罪分子会在公共场所提供一个免费 Wi-Fi，持卡人使用后，特别是登录网银、支付宝等操作后，极易被植入木马病毒，被盗取移动终端内的银行卡和支付宝信息，就会导致相关支付信息泄露，造成财产损失。

讨论问题：在网络交易过程中，如何安全连接网络？

活动小结

李伟及其小组成员通过本活动的学习，了解了常见的网络交易风险，并学会了提高防范网络交易风险能力的方法，通过小组讨论发言，深刻认识到网络交易安全的重要性，认清交易陷阱的本质。

合作实训

实训背景：不久前，沈阳市和平区居民张某没事时上网，发现在外地上班的"儿子"恰巧也在线,便与"儿子"QQ聊天。聊天中,"儿子"告诉自己遇到一件急事,急需3万元钱。牵挂儿子的张某也没细问,迅速来到银行,按照"儿子"提供的账号转账了3万元。事后,张某给儿子打电话才知道,儿子的QQ已被人盗走,有人冒用儿子身份和其聊天,设计了此次骗局。

实训目的:收集网络诈骗案例,分析案例,提高网络交易风险识别和防范能力。

实训过程:

步骤1:分成3个小组,各任命一名小组长,各成员上网搜集相关案例。

步骤2:在小组内交流自己搜集的资料,组内展示网络行骗案例。

步骤3:小组长收集各成员搜集的经典案例,整理案例。

步骤4:结合学生的汇报展示,共同交流,小组长举案说法。

步骤5:总结拓展。

实训小结:针对假冒身份,中奖信息等常见的网络诈骗,我们应当提高警惕意识,不要轻信网络中的不可靠信息,以免上当受骗。

项目总结

随着电子商务在各行各业中的普及应用,电子商务交易活动也面临越来越多的新安全风险。只要我们增强安全意识,完善安全管理制度,不断提高防范措施和技术手段水平,电子商务必定会给人们带来更多的发展机遇!

项目检测

1. 判断题(正确的打"√",错误的打"×")

(1)目前,困扰电子支付发展的最关键的问题是技术问题。　　　　　　　　　　(　　)

(2)数字签名是解决冒名发送数据或发送数据后抵赖问题的方法。　　　　　　(　　)

(3)黑客攻击电子商务系统的手段中,中断这种手段攻击的是系统信息的保密性。(　　)

(4)网络防火墙的作用是建立内部信息和功能与外部信息和功能之间的屏障。　(　　)

(5)设置密码最好是使用英文字母、数字、标点符号等自由组合。　　　　　　(　　)

2. 单项选择题(每题只有一个正确答案,请将正确的答案填在题后的括号中)

(1)以下现象中,可能由病毒感染引起的是(　　　)。

  A. 出现乱码　　　　　B. 磁盘出现坏道　　　　C. 打印机卡纸　　　　D. 机箱过热

(2)数字证书不包含以下哪部分信息?(　　　)。

  A. 用户公钥　　　　　　　　　　　　B. 用户身份信息

  C. CA 签名　　　　　　　　　　　　　D. 工商或公安部门签章

(3)Internet 上的电子商务安全不涉及(　　　)问题。

  A. 通信可靠性　　　　　　　　　　　B. 敏感信息保密

  C. SET 协议的私钥保密　　　　　　　D. 追踪和监控交易过程

(4)关于防火墙的功能,以下描述中(　　　)是错误的。

  A. 防火墙可以检查进出内部网的通信量

  B. 防火墙可以使用应用网关技术在应用层上建立协议过滤和转发功能

  C. 防火墙可以使用过滤技术在网络层对数据包进行选择

  D. 防火墙可以阻止来自内部的威胁和攻击

（5）在淘宝网购物收到商品后，确认付款时需输入（　　）。

    A. 支付宝登录密码   B. 支付宝支付密码

    C. 淘宝网密码   D. 银行卡密码

（6）下面不是电子商务交易安全问题的是（　　）。

    A. 身份不确定   B. 交易过程中断电源

    C. 交易的抵赖   D. 交易审改文件数据

3. 多项选择题（每题有两个或两个以上的正确答案，请将正确的答案填在题后的括号中）

（1）网络购物商品挑选时应注意（　　）。

    A. 店铺信用   B. 商品销量   C. 客户评价   D. 店铺装修

（2）下面哪些是商业银行提供的基本网上银行服务？（　　）

    A. 在线查询账户余额   B. 下载数据

    C. 网上支付   D. 海外投资

（3）当下手机支付的主流方式包括以下的（　　）。

    A. 银联开发的手机支付   B. 手机刷卡支付

    C. 智能指纹支付   D. 支付宝手机支付

（4）降低网上交易风险的措施有（　　）。

    A. 设置安全性高的账户密码   B. 设置指纹支付密码

    C. 使用安全性高的网络   D. 使用运行速度快的计算机

（5）支付宝数字证书有哪些特点？（　　）。

    A. 安全性高   B. 保密性好

    C. 防篡改   D. 随计算机或设备更换而更新安装

4. 简答题

（1）简述电子商务安全的内容。

（2）说说提升电子商务交易安全的措施。

（3）简述如何识别常见的网络交易风险。

项目 7
专注移动电子商务

【项目综述】

李伟同学及其小组成员通过对电子商务专业基本的理论学习,逐渐熟悉并掌握了电子商务营销的各项活动,开始对电子商务发展的新方向——移动电子商务产生兴趣。与此同时,MT 公司需要组建一支新项目团队,专门针对公司客户的移动电子商务平台营销的各项业务进行服务。李伟小组很幸运被选中,将随指导老师到校企合作公司进行见习活动,希望通过电子商务行业人员的介绍和演示,能学习和了解移动互联网及移动电子商务相关的基础知识,熟悉利用移动电子商务平台或 APP 进行交易活动的业务流程与技巧,能为自己在移动互联网平台进行各项电子商务业务活动打好基础。

【项目目标】

通过本项目的学习,应达到的具体目标如下:

知识目标

◇了解移动互联网的基础知识

◇了解移动电子商务的概念、特点及相关技术,以及国内具体移动电子商务企业运营情况

技能目标

◇掌握使用各种移动智能终端的基本技巧

◇掌握使用移动电子商务 APP、移动小程序的技巧

◇掌握使用移动网上支付、移动电子商务网购的技巧

情感目标

◇提高学生团队合作与沟通分享的能力

◇培养学生对电子商务发展方向的把握能力、思维能力以及实际运用能力等

【项目思维导图】

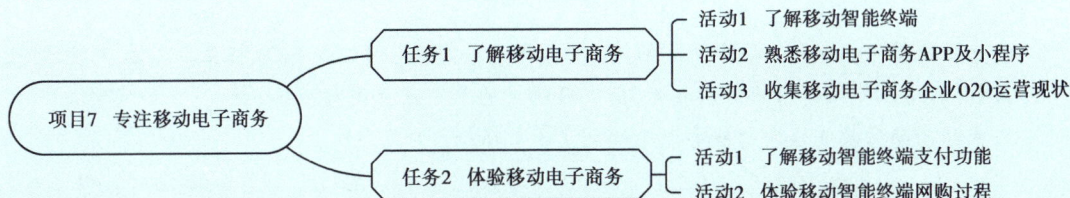

```
                                          ┌─ 活动1  了解移动智能终端
                    ┌─ 任务1  了解移动电子商务 ─┼─ 活动2  熟悉移动电子商务APP及小程序
                    │                     └─ 活动3  收集移动电子商务企业O2O运营现状
项目7  专注移动电子商务 ─┤
                    │                     ┌─ 活动1  了解移动智能终端支付功能
                    └─ 任务2  体验移动电子商务 ─┴─ 活动2  体验移动智能终端网购过程
```

任务 1 》》》》》》》》
了解移动电子商务

情境设计

要在移动互联网平台里进行电子商务各项业务活动,需要对移动互联网、移动电子商务等相关基础知识进行学习与了解。李伟和同小组的王杰、张艳、刘洋几位同学,在指导老师的带领下来到校企合作单位 MT 公司进行见习活动,由企业相关工作人员进行讲解与演示,介绍学习移动互联网的基础知识及移动电子商务的相关内容。

任务分解

此次公司的见习活动中,小组成员在公司营销部的资深运营"企业师傅"王总监的耐心讲解和演示下,主要了解及观察各类运用于移动电子商务经营领域中的移动智能终端;学习及掌握移动电子商务 App 及相关移动小程序的实际使用技巧;了解及收集目前国内移动电子商务企业实际运营现况,为后期进行移动电子商务的具体业务实操进行理论及技能准备。

活动 1 了解移动智能终端

活动背景

在公司的见习过程中,王总监及其团队首先介绍了移动互联网及移动电子商务的基本知识,并对移动电子商务领域里使用的移动智能终端进行了介绍。

▢ 知识窗

1. 移动互联网

移动互联网(Mobile Internet,MI),就是将移动通信和互联网二者结合起来,成为一体,是互联网的技术、平台、商业模式和应用与移动通信技术结合并实践的活动的总称,而且通信双方必须是有一方或两方处于运动中。

通俗地讲,它通过移动智能终端,采用移动无线通信方式获得业务和服务,包含移动智能终端、各类专用软件和移动终端应用三个层面。要了解移动互联网,可以从移动通信、互联网及它们相关业务的联系来进行分析。

● 移动通信(Mobile Communications):沟通移动用户与固定点用户之间或移动用户之间的通信方式。

● 互联网(Internet),又称网际网路,或音译因特网,是网络与网络相互联接成的庞大网络,这些网络以一组通用的协议相连,形成逻辑上的单一巨大国际网络。

● 移动通信及互联网的业务联系如图 7.1.1 所示。

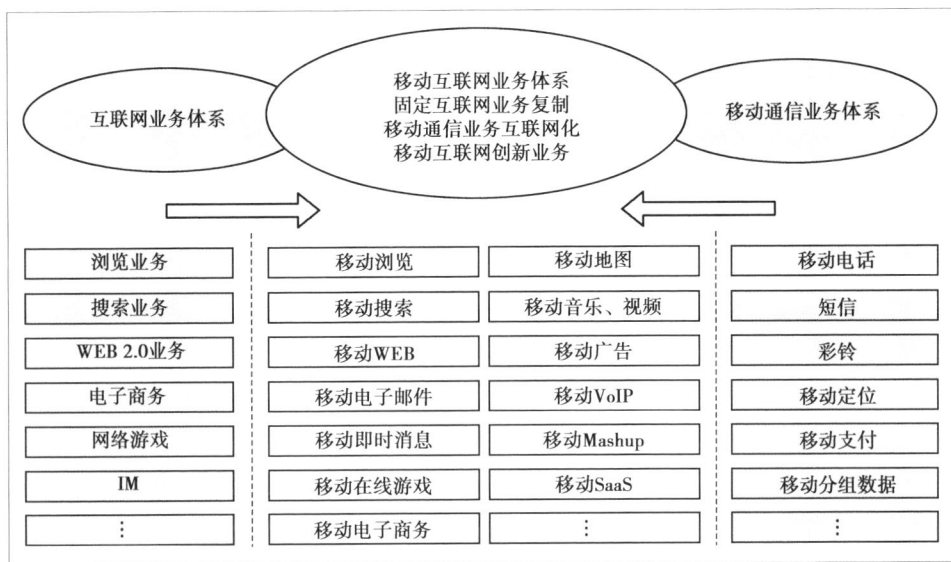

图7.1.1 移动通信及互联网的业务联系图

随着时代的发展和技术的不断进步与完善,移动互联网业务除了是移动和互联网融合的产物,继承了移动随时、随地、随身和互联网开放、分享、互动的优势,更是一个全国性的、以宽带IP为技术核心的,可同时提供话音、传真、数据、图像、多媒体等高品质电信服务的新一代开放的电信基础网络,由运营商提供无线接入,互联网企业提供各种成熟的应用。

通过移动互联网,人们可以使用手机、平板电脑等移动终端设备浏览新闻,还可以使用各种移动互联网应用,例如在线搜索、在线聊天、移动网游、手机电视、在线阅读、网络社区、收听及下载音乐等。这些人机交互活动,使得一系列基于移动互联网的商业推广活动在技术上及业务实践上获得可能,为移动电子商务的发展提供了发展基础。

2. 移动电子商务

移动电子商务(M-Commerce)是指基于移动互联网,通过移动智能终端(如智能手机、PDA、平板电脑及特殊可穿戴式智能设备等)所进行的交易、支付和认证等电子商务活动。在移动电子商务业务进行的整个事务流程中,至少要有某个业务流程或环节的运作和处理、有一方的对象或设备终端是处于移动状态的,并且通过移动互联网完成该业务流程。

移动电子商务随着业务的不断发展与扩大,相比其他形式的电子商务业务,有着自己独特的特点。

(1)移动智能终端设备的私人性

移动电子商务的业务发展最主要的是基于每个业务流程参与对象的移动智能终端及终端上的相应App来完成。而这些移动智能终端设备被每个使用者随身携带,并依据使用者个人的实际情况对用户个人的信息、活动记录及交易使用记录等的数据记录进行存储及转发传送。在大数据营销时代,这种特性可以使得电子商务企业针对每个顾客用户个性需求的专业精准营销成为可能。

(2)移动电子商务业务流程更随性

基于移动电子商务业务运作过程中,所依赖的设备更趋向移动式、便携式,所以移动电子商务业务相比其他形式的电子商务来讲更随性,包括时间、地点的限制更低。技术及设备的随意性,可增加顾客用户利用移动电子商务平台进行交易的兴趣及可行性。

(3)移动电子商务业务实施的情景性

由于各项移动电子商务业务在进行的过程中,相关的移动智能终端都被顾客用户随身携带,各种与交易相关的、用户相关的情景信息可以如实地进行记录、存储与传送,进一步协助交易各方的业务完成。如在进行O2O餐饮电子商务业务的流程中,全球定位系统(GPS)可以实时定位用户的具体位置,为其提供周边餐饮商家的实时业务信息及交易信息。情景信息的实时提供,可以为移动电子商务企业及顾客用户提供更有效的商机。

(4)移动互联网的交互性提高业务中商家与客户的互动操作

用户可以随身携带和随时使用移动终端,在移动状态下接入和使用移动互联网应用服务。一般而言,人们使用移动互联网应用的时间往往是在上、下班途中,在空闲间隙任何一个有网络覆盖的场所,移动用户接入无线网络实现移动业务应用的过程。当人们需要沟通交流的时候,随时随地可以用语音、图文或者视频解决,大大提高了用户与商家基于移动互联网的交互性。

(5)移动电子商务业务的娱乐性

移动互联网上的丰富应用,如图片分享、视频播放、音乐欣赏、电子邮件等,为用户的工作、生活带来更多的便利和乐趣。例如:广州是中国的移动互联网之都,是全国移动电子商务业务中的"泛娱"类业务产业重地。

同时,移动电子商务的实现技术随着通信网络的飞速发展而不断更新,如图7.1.2所示。

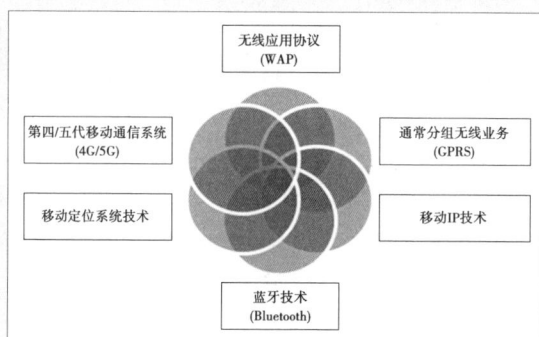

图7.1.2　移动电子商务的实现技术

移动互联网中常见的可以应用于移动电子商务的应用:

(1)电子阅读:电子阅读是指利用移动智能终端阅读小说、电子书、报纸、期刊等的应用。电子阅读区别于传统的纸质阅读,真正实现无纸化浏览。特别是热门的电子报纸、电子期刊、电子图书馆等功能如今已深入现实生活中,同过去阅读方式有了显著不同。由于电子阅读无纸化,可以方便用户随时随地浏览,移动阅读已成为继移动音乐之后最具潜力的增值业务。

(2)手机游戏:手机游戏可分为在线移动游戏和非网络在线移动游戏,是目前移动互联网最热门的应用之一。随着人们对移动互联网接受程度的提高,手机游戏是一个朝阳产业。网络游戏曾经创造了互联网的神话,也吸引了一大批年轻的用户。随着移动终端性能的改善,更多的游戏形式将被支持,客户体验也会越来越好。

(3)移动视听:移动视听是指利用移动终端在线观看视频、收听音乐及广播等影音应用。

（4）移动搜索：移动搜索是指以移动设备为终端，对传统互联网进行的搜索，从而实现高速、准确地获取信息资源。移动搜索是移动互联网的未来发展趋势，随着移动互联网内容的充实，人们查找信息的难度会不断加大，内容搜索需求也会随之增加。相比传统互联网的搜索，移动搜索对技术的要求更高，移动搜索引擎需要整合现有的搜索理念实现多样化的搜索服务。智能搜索、语义关联、语音识别等多种技术都要融合到移动搜索技术中来。

（5）移动社区：移动社区是指以移动终端为载体的社交网络服务，也就是终端、网络加社交的意思。

（6）移动商务：移动商务是指通过移动通信网络进行数据传输，并且利用移动信息终端参与各种商业经营活动的一种新型电子商务模式。它是新技术条件与新市场环境下的电子商务形态，也是电子商务的一条分支。移动商务是移动互联网的转折点，因为它突破了仅仅用于娱乐的限制，开始向企业用户渗透。随着移动互联网的发展成熟，企业用户越来越多地利用移动互联网开展商务活动。

（7）移动支付：也称手机支付，是指允许用户使用其移动终端（通常是手机）对所消费的商品或服务进行账务支付的一种服务方式。移动支付主要分为现场支付和远程支付两种。整个移动支付价值链包括移动运营商、支付服务商（比如银行，银联等）、应用提供商（公交、校园、公共事业等）、设备提供商（终端厂商、卡供应商、芯片提供商等）、系统集成商、商家和终端用户。

3. 移动智能终端

● 移动智能终端拥有接入互联网能力，通常搭载各种操作系统，可根据用户需求定制化各种功能。生活中常见的智能终端包括移动智能终端、车载智能终端、智能电视、可穿戴设备等。

● 移动智能终端的发展趋势见表 7.1.1。

表 7.1.1　移动智能终端的发展趋势

发展趋势	趋势描述
支持多媒体	移动智能终端并不仅仅停留在传统的文字传递及声频通话的功能上，还要满足基于多种媒体介质的信息传递，如图片、文字、声频视频等。
支持各种技术标准	基于现在全球移动互联网的网络标准技术上的不统一，需要移动智能终端满足各种不同技术标准，才能使便携式移动智能终端信息交流使用成为可能。
功能模块的多样化	在完整的电子商务交易业务流程中，涉及各个不同的功能环节，移动智能终端必须有各种能符合相应环节的功能模块，才能更好地支持电子商务的业务完成。
App 应用程序的个性化	参与移动电子商务业务流程的各类移动智能终端，通常都被用户随身携带，作为个人私人信息、交易信息等相关信息的记录存储及转传设备，只有更贴切、更个性化的 App 智能应用程序，才能更好地为其服务。

● 移动智能终端的种类如图 7.1.3 所示。

● 移动终端的分类：

（1）智能手机

智能手机（Smartphone）是指"像个人电脑一样，具有独立的操作系统，可以由用户自行安装软件、游戏等第三方服务商提供的程序。通过此类程序来不断对手机的功能进行扩充，并可以通过移动通信网络来实现无线网络接入的这样一类手机的总称"。手机已从功能性手机发展到以 Android、IOS 系统为代表的智能手机时代,是可以在较广范围内使用的便携式移动智能终端,已发展至 5G 时代。

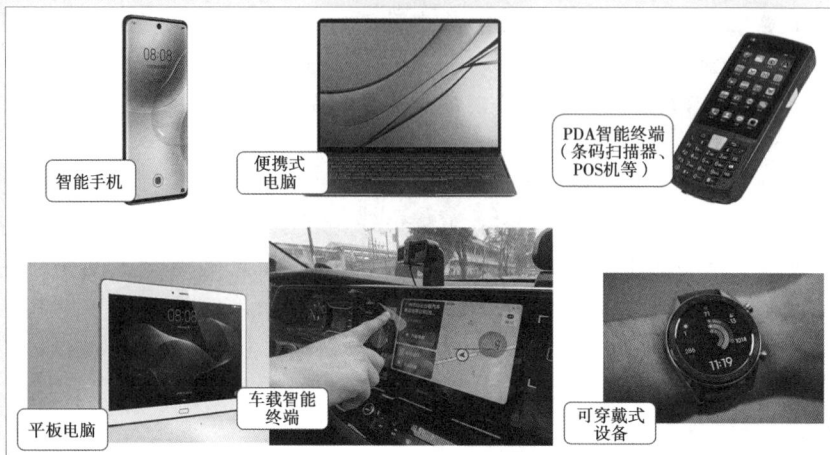

图 7.1.3　移动智能终端的种类

(2)笔记本

笔记本电脑又称为"便携式电脑",其最大的特点就是机身小巧,相比 PC 携带方便。虽然笔记本的机身十分轻便,但完全不用怀疑其应用性,在日常操作和基本商务、娱乐操作中,笔记本电脑完全可以胜任。在全球市场上有多种品牌,排名前列的有联想、华硕、戴尔(DELL)、ThinkPad、惠普(HP)、苹果(Apple)、宏碁(Acer)、索尼、东芝、三星等。

(3)PDA 智能终端

PDA 智能终端又称为掌上电脑,可以帮助我们完成在移动中工作、学习、娱乐等。按使用来分类,分为工业级 PDA 和消费品 PDA。工业级 PDA 主要应用在工业领域,常见的有条码扫描器、RFID 读写器、POS 机等。工业级 PDA 内置高性能进口激光扫描引擎、高速 CPU 处理器、WINCE5.0/Android 操作系统,具备超级防水、防摔及抗压能力。广泛用于鞋服、快消、速递、零售连锁、仓储、移动医疗等多个行业的数据采集,支持 BT/GPRS/3G/Wi-Fi 等无线网络通信。

(4)平板电脑

平板电脑(Tablet Personal Computer,简称 Tablet PC、Flat Pc、Tablet、Slates),是一种小型、方便携带的个人电脑,以触摸屏作为基本的输入设备。它拥有的触摸屏(也称为数位板技术)允许用户通过触控笔或数字笔来进行作业而不是传统的键盘或鼠标。用户可以通过内嵌的手写识别、屏幕上的软键盘、语音识别或者一个真正的键盘(如果该机型配备的话)。平板电脑由比尔·盖茨提出,应支持来自 Intel、AMD 和 ARM 的芯片架构,从微软提出的平板电脑概念产品上看,平板电脑就是一款无须翻盖、没有键盘、小到可放入女士手袋,但却功能完整的个人电脑。

(5)车载智能终端

车载智能终端具备 GPS 定位、车辆导航、采集和诊断故障信息等功能,在新一代汽车行业中得到了大量应用,能对车辆进行现代化管理,车载智能终端将在智能交通中发挥更大的作用。

（6）可穿戴设备

越来越多的科技公司开始大力开发智能眼镜、智能手表、智能手环、智能戒指等可穿戴设备产品。智能终端开始与时尚挂钩，人们的需求不再局限于可携带，更追求可穿戴，手表、戒指、眼镜都有可能成为智能终端。

活动实施

★ 找一找 ★　你身边常用的移动智能终端实物有哪些？

步骤1：分组，两人为一小组，以小组为单位进行讨论完成。

步骤2：可登录百度网，京东商城、国美在线等网站，搜集相关信息。

步骤3：讨论并将收集的信息进行整理，并完成表7.1.2。

表7.1.2　常用的移动智能终端汇总

序号	终端种类	具体终端名称及型号	品牌名称	基本价格	实物图片信息
1	智能手机				
2	便携式电脑				
3	PDA 智能终端（工业级别）				
	PDA 智能终端（消费级别）				
4	车载智能终端				
5	可穿戴设备				

议一议　利用各大 UGC 用户原创分享（User Generated Content）平台搜索及整理由普通用户和 KOL 对不同移动智能终端的使用经验经历，参考各大电子商务购物平台的相关商品描述，对比常用的移动智能终端实物，看看哪些移动智能终端的相应功能是参与了移动电子商务业务的具体流程、使用功能及适用对象。

步骤1：分组，两人为一小组，以小组为单位进行讨论完成。

步骤2：讨论并对比常用的移动智能终端实物的具体情况，并完成表7.1.3。

表7.1.3　常用的移动智能终端功能及参与移动电子商务活动情况对比

序号	终端种类	具体终端名称	基本功能	参与交易的程度（全程/部分环节）	适用人群	使用优点	不足之处
1	智能手机						
2	便携式电脑						

续表

序号	终端种类	具体终端名称	基本功能	参与交易的程度（全程/部分环节）	适用人群	使用优点	不足之处
3	PDA 智能终端（工业级别）						
	PDA 智能终端（消费级别）						
4	车载智能终端						
5	可穿戴设备						

活动小结

通过理论学习、搜索网络资料和实物对比，学生主动去了解移动互联网、移动电子商务以及移动智能终端等相关理论知识，利用身边实物的观察及网络信息的搜索，填写好相关的任务表格，让同学们对所学知识有从理性到感性的认识，提高学习的积极性和效率。

活动 2 熟悉移动电子商务 App 及小程序

活动背景

在对移动电子商务的基本理论、移动电子商务业务开展的使用设备（移动智能终端）进行初步的学习和了解之后，小组成员开始对移动电子商务的业务运营的另一要素——移动电子商务所使用的移动智能终端 App 及小程序进行学习和掌握。

▢ 知识窗

1. App 的基本知识

App（应用程序，Application 的缩写），在狭义上一般专指移动智能手机的第三方应用程序；广义上包含所有移动智能终端的客户端软件；现在多指在移动智能手机上运行的移动应用程序，如图 7.1.4 所示。

比较著名的应用商店有华为、小米、vivo 等。

基于不同的移动智能终端所装载的操作系统，App 还有不同的格式。如基于华为鸿蒙系统的格式有 Hap；基于 iOS 系统格式有 ipa、pxl、deb；基于 Android 系统格式有 apk；基于诺基亚的 S60 系统格式有 sis、sisx、jar；基于微软的 Windows Phone 7、Windows Phone 8 系统格式为 xap；基于黑莓的平台为 zip、bar、cod。

App 应用程序最早期是为了配合移动智能终端的操作系统完成各项对移动智能终端的使用所提供的基本服务。随着 App 应用程序技术开发的不断完善和移动智能终端使用的个性化发展，移动电子商务相关企业开始将 App 应用程序结合普通 PC 机端的电子商务网站相关的业务功能进行改革，开发出各种能支持及参与移动电子商务业务开展及运营的移动电子商务 App。

图 7.1.4 移动智能手机 App 程序界面(示例)

在我国,随着移动智能终端的普及和移动互联网技术的不断发展,各类移动智能终端的入网使用比例在飞速地增长,如图 7.1.5 所示。CNNIC 第 53 次中国互联网统计报告数据显示,截至 2023 年 12 月,我国网民使用手机上网的比例达 99.9%;使用台式计算机、笔记本电脑、电视和平板电脑上网的比例分别为 33.9%、30.3%、22.5% 和 26.6%。

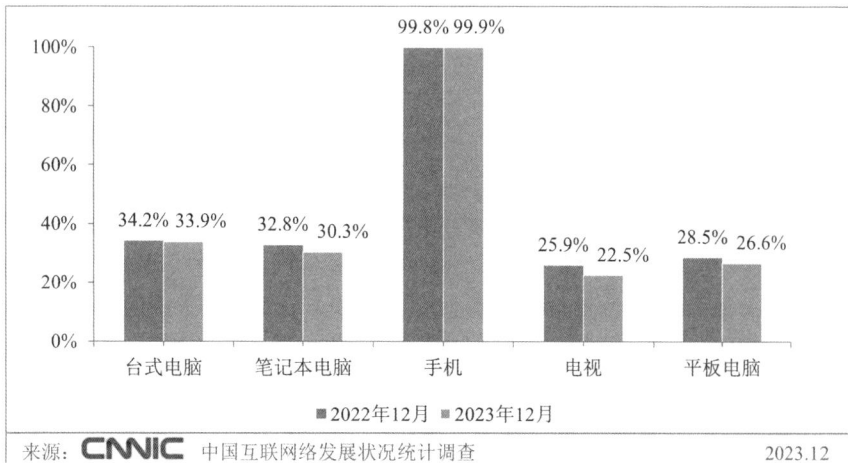

图 7.1.5 互联网接入设备使用情况

CNNIC 第 53 次中国互联网统计报告数据显示,截至 2023 年 12 月,中国移动电子商务 App 的发展已经达到了庞大的规模,如图 7.1.6、图 7.1.7 所示。

应用	2023.12用户规模（万人）	2023.12网民使用率	2022.12用户规模（万人）	2022.12网民使用率	增长率
网络视频（含短视频）	106671	97.70%	103057	96.50%	3.50%
即时通信	105963	97%	103807	97.20%	2.10%
短视频	105330	96.40%	101185	94.80%	4.10%
网络支付	95386	87.30%	91144	85.40%	4.70%
网络购物	91496	83.80%	84529	79.20%	8.20%
搜索引擎	82670	75.70%	80166	75.10%	3.10%
网络直播	81566	74.70%	75065	70.30%	8.70%
网络音乐	71464	65.40%	68420	64.10%	4.40%
网上外卖	54454	49.90%	52116	48.80%	4.50%
网约车	52765	48.30%	43708	40.90%	20.75
网络文学	52017	47.60%	49233	46.10%	5.70%
在线旅行预订	50901	46.60%	42272	39.60%	20.40%
互联网医疗	41393	37.90%	36254	34.00%	14.20%
网络音频	33189	30.40%	31836	29.80%	4.30%

图 7.1.6　移动端网民互联网各类应用用户规模及使用率

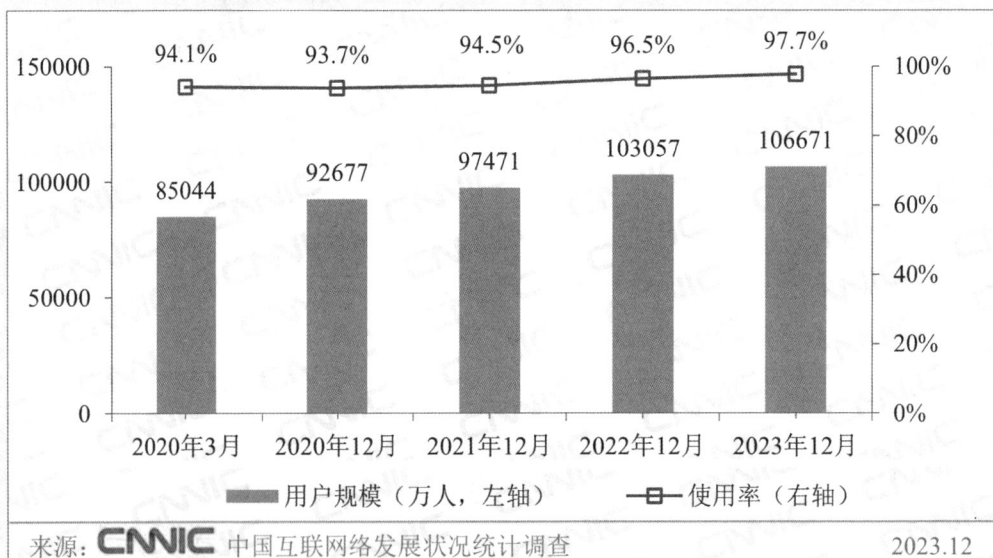

图 7.1.7　网络视频（含短视频）用户规模及使用率

所以，如何在这庞大的市场里分一杯羹，是移动电子商务营销发展的基本方向。

小程序是一种无须下载安装，即可使用的手机应用。只需要扫描二维码，或是搜一搜，就能立即使用。简单来说，就是以往大家想在手机上使用摩拜、携程等，需要专门下载特定的App，现在可以直接在微信里面搜索就能找到该款小程序，不需要下载和安装，随时随地直接使用，不用担心流量下载以及手机内存不够用的问题。

与 App 不同之处，小程序无须下载安装、无须卸载、用完即走，那么意味着也不占手机内存。此外，也不会推送信息骚扰用户，只能由用户触发。

不同的小程序能帮你实现不同的功能。例如，买电影票、餐厅排号、餐馆点菜、查询公交、查询股票信息、查询天气、收听电台、预订酒店、共享单车、打车、查汇率、查单词、买机票、网购……

2.下载移动电子商务App并进行用户注册

App移动智能客户端下载方法及操作步骤如下：

基于不同的移动智能终端操作系统，App的下载主要分为电子应用商店下载和扫描相应App二维码下载两种方式。大部分的App下载安装及注册的步骤基本相同。

活动实施

◎试一试◎　依照所学的App下载方法，进行相应的移动电子商务App下载及注册。

实施步骤：每位同学依据教材实例完成App下载、用户注册等相关步骤。

活动小结

通过学习和实际技能实操，学生主动去参与使用移动电子商务智能APP，可增强同学们的实际动手能力，对所学知识有从理性到感性的认识，提高学习的积极性和效率。

活动3　收集移动电子商务企业O2O运营现状

活动背景

为了让小组成员对移动电子商务有更明确的认识，运营王总监及其团队对小组成员就现行中国移动电子商务市场上涉及不同行业领域、不同参与者的移动电子商务企业的O2O等移动电子商务业务进行了介绍。

知识窗

1."京东到家"

"京东到家"是京东集团基于传统B2C业务模式向更高频次商品服务领域延伸发展出的全新商业模式，是京东2015年重点打造的O2O生活服务平台，是基于传统B2C模式向高频领域的重要提升，如图7.1.8所示。

图7.1.8　"京东到家"App

"京东到家"既基于京东物流体系和物流管理优势，同时在共享经济风行的推动下依托"互联网+"技术大力发展"众包物流"，整合各类O2O生活类目，向消费者提供生鲜及超市产品的配送，并基于LBS定位实现两小时内快速送达，打造生活服务一体化应用平台。"京东到家"提供几类到家服务，分别是超市到家、外卖到家、品质生活、上门服务和健康到家等，已覆盖包括北京、上海、广州、深圳、南京、天津、武汉、宁波、成都、西安、重庆等一、二线城市。

2."前程无忧"

"前程无忧"是国内一个集多种媒介资源优势的专业人力资源服务机构。它集合了传统媒体、网络媒体及先进的信息技术，加上一支经验丰富的专业顾问队伍，提供包括招聘猎头、培训测评和人事外包在内的全方位专业人力资源服务，现在全国25个城市设有服务机构。2004年9月，"前程无忧"成为第一个在美国纳斯达克上市的中国人力资源服务企业，是中国最具影响力的人力资源服务供应商之一，如图7.1.9所示。

以在移动智能手机上的"前程无忧"App进行求职咨询为例，流程情况依次如图7.1.10所示。

图 7.1.9 "前程无忧"App 软件界面(示例)

图 7.1.10 "前程无忧"App 业务流程界面

3."顺丰速运+"小程序

继邮政EMS、申通速递、中通快递、百世快运之后,顺丰也上线了自己的百度智能小程序。打开百度App搜索或者微信App等下拉菜单搜索"顺丰速运"即可一键跳转到智能小程序,通过顺丰速运智能小程序,用户可以直接一站式解决从查价、扫码寄件、物流追踪等需求,如图7.1.11所示。

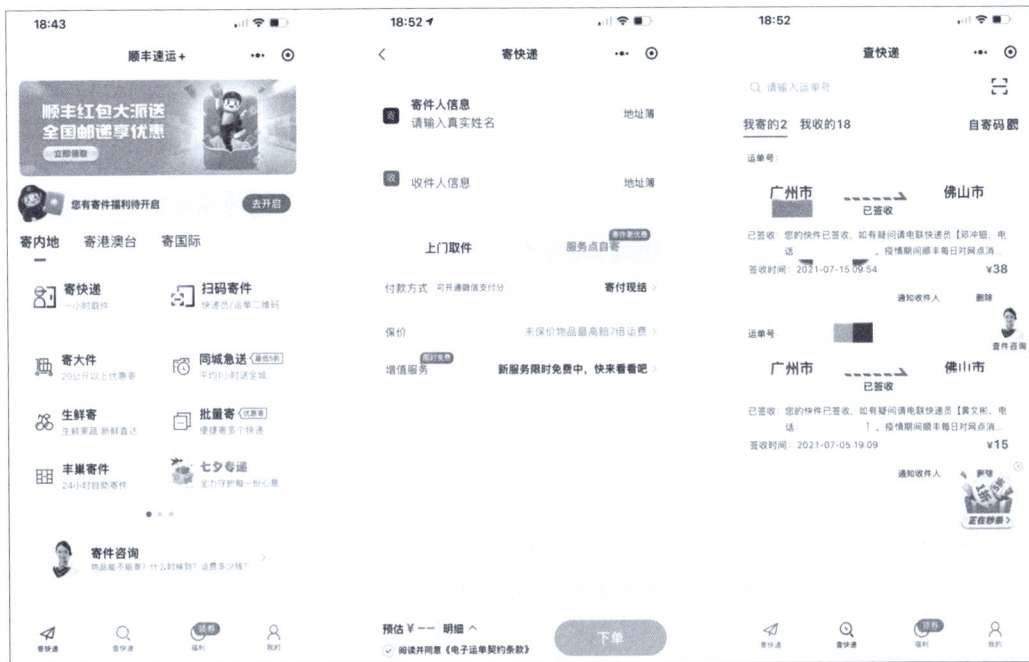

钻石小鸟Live
讲座系列

图7.1.11 "顺丰速运+"小程序具体业务流程(示例)

活动实施

◎搜一搜◎ 通过对参与不同领域的移动电子商务企业的特殊运营项目的了解,登录"百度",对最新、不同行业领域的移动电子商务的企业运营项目进行搜索,并将相关的结果制作成PPT演示文稿的模式,向同学们展示。

活动小结

通过了解中国移动电子商务市场上涉及不同行业领域、不同参与者的移动电子商务企业的O2O移动电子商务业务,可以让小组成员打破常规思维,开阔眼界,为以后参与移动电子商务业务活动提供不同的借鉴与创意。

合作实训

实训名称:以4人一小组为单位,结合班级其他成员进行一次对从事有关某一类商品或服务的移动电子商务的两家相似企业(如"天猫"和"京东")的小型市场调查。

实训目的:通过对实际企业的业务发展情况、运营情况等的调查,可以了解在移动电子商务运营过程中,哪些业务流程占据主要位置,哪些步骤是决定性因素等内容。

实训过程:明确市场调查项目负责人,以及自己小组的其他成员进行调查工作及整理工作的分工,完成一份初步的调查报告。

步骤1:确立项目负责机制,明确负责人,各分工小组成员的工作内容及职责。

步骤2:选定调查目标企业,要求为典型、常见的两家移动电子商务企业。

步骤3:负责收集资料的成员,负责收集包括企业的基本信息、企业App程序的具体内容(如是基于何种移动操作系统、下载次数、评价情况、版本内容格式的差别等)、该移动电子商务企业业务运作的基本流程、步骤等信息。

步骤4:负责信息整理的成员,则要将相关数据整理成初步的市场调查报告,重点可突出两家企业的相似或不同的方面。

步骤5:全小组成员进行讨论,依据此次完成的市场调查报告对移动电子商务企业的业务情况进行总结。

实训小结:通过此次市场调查和对移动电子商务企业的实际运营情况的总结,提高小组成员对移动电子商务的总体认识及对具体项目的参与度。

任务 2 >>>>>>>>>>
体验移动电子商务

情境设计

经过对移动电子商务及其相关基本知识的学习,李伟和同小组的王杰、张艳、刘洋等几位同学,已初步掌握了为移动电子商务企业服务的项目团队的基本理论知识和一些基本的实践技能。于是在指导老师的带领下,小组成员将亲自参与体验一些移动电子商务业务的实际流程操作,为企业客户服务打好基础。

任务分解

小组成员在公司营销部的资深运营"企业师傅"王总监和其团队的指导下了解移动智能终端的支付功能;体验移动智能终端网购过程。

活动1 了解移动智能终端支付功能

活动背景

在公司的见习过程中,运营王总监及其团队首先介绍了移动支付的基本知识,并且就移动智能终端支付App的部分功能及操作步骤进行了简单的演示。

□ 知识窗

1. 支付的发展历程
人类社会交换支付的发展如图7.2.1所示。

2. 移动支付

(1) 移动支付的概念

移动支付是指交易双方使用移动智能设备转移货币价值以清偿获得商品和服务的债务。它是一种依靠短信、HTTP、WAP 或 NFC（近场通信技术）等无线方式完成支付的新型支付方式。

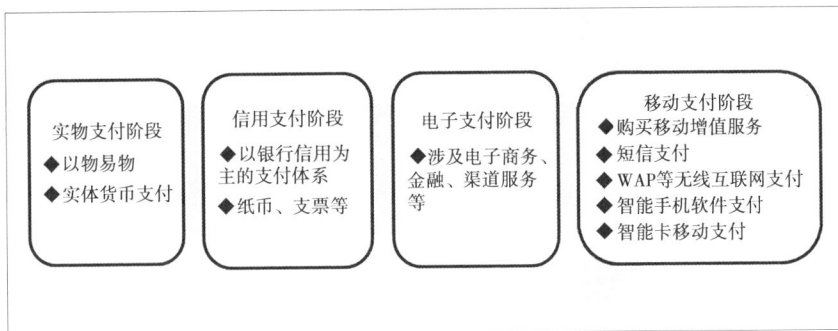

实物支付阶段	信用支付阶段	电子支付阶段	移动支付阶段
◆以物易物 ◆实体货币支付	◆以银行信用为主的支付体系 ◆纸币、支票等	◆涉及电子商务、金融、渠道服务等	◆购买移动增值服务 ◆短信支付 ◆WAP等无线互联网支付 ◆智能手机软件支付 ◆智能卡移动支付

图 7.2.1　支付的发展历程

(2) 移动智能终端

移动支付所使用的移动智能终端有移动智能手机、掌上电脑（Personal Digital Assistant，PDA）、平板电脑。

(3) 移动支付的种类

移动支付的种类如图 7.2.2 所示。

3. 移动智能终端支付方式——"支付宝"

"支付宝"是淘宝网研发的移动支付中依照支付流程来分的一种远程支付方式。

"支付宝"是现行国内领先的移动支付平台。除了传统的支付功能外，另有还信用卡、转账、充话费、缴水电煤气费等相关功能，

分类依据	移动支付种类
按照支付流程	近场支付
	远程支付
按照支付账户性质	银行卡支付
	第三方支付账户支付
	通信代收费账户支付
按照用户支付额度	小额支付
	大额支付
按照支付计算方式	即时支付
	担保支付

图 7.2.2　移动支付的种类

还能便宜打车、去便利店购物、在售货机买饮料，更有众多精品公众账号（支付宝服务窗账号）可为用户提供贴心服务（或线上购买）。自 2013 年第二季度开始，支付宝手机支付活跃用户数超过了美国第三方移动支付平台"Paypal"。"支付宝"移动智能终端 App 主界面如图 7.2.3 所示。

在"支付宝"移动智能终端的 App 主界面里，可以看到此 App 程序有各种与支付、理财、日常生活等相关的服务功能。

(1) "扫一扫""付款"功能

扫一扫支付（即扫码支付）是指用户使用智能手机"支付宝"客户端上的扫描工具扫描商家在线上及线下所提供的收费（收款）二维码，按照支付宝移动端程序操作指示顺序，完成付款。

"付款"功能则是在用户的支付智能终端上显示出与用户账户信息相关的二维或条形码等，再由商家用户的移动智能终端（如 POS 机）上的扫码器进行识别及付款的功能。

图 7.2.3　"支付宝"移动智能终端 App 主界面

（2）个人理财、信用卡还款、转账等相关功能

个人理财、信用卡还款、转账等相关功能如图 7.2.4 所示。

图 7.2.4　支付宝"个人理财、信用卡还款、转账等相关功能"功能界面

（3）城市服务及生活缴费功能

城市服务、疫情防疫、生活缴费等与用户息息相关的其他功能，如图 7.2.5 所示。

图 7.2.5　支付宝"城市服务、疫情防疫、生活缴费等与用户息息相关的其他功能"功能界面

4. 移动智能终端支付方式——"微信支付"

"微信支付"是集成在"微信"客户端的支付功能,用户可以通过移动智能手机快速完成的支付流程。"微信支付"以绑定用户银行卡的快捷支付为基础,向用户提供安全、快捷、高效的支付服务。目前"微信支付"已实现刷卡支付、扫码支付、公众号支付、App 支付,并提供企业红包、代金券、立减优惠等营销新工具,满足用户及商户的不同支付场景。"微信支付"移动智能终端 App 主界面如图 7.2.6 所示。

羊城通App "绿码"功能上线

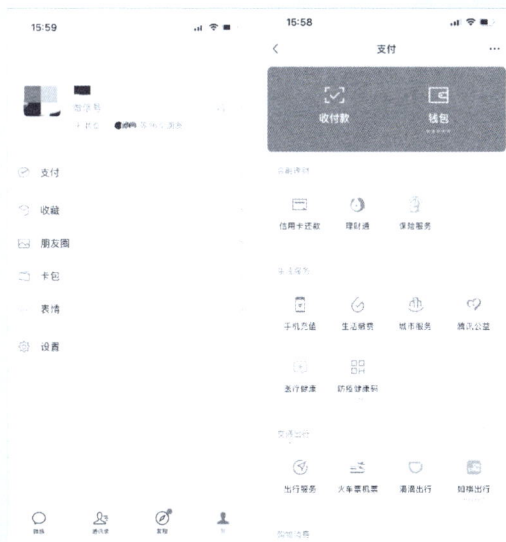

图 7.2.6　"微信支付"移动智能终端 App 主界面

下面介绍"微信支付"移动智能终端 App 的特殊功能。

(1)"红包"功能

依据人们的风俗习惯,"微信支付"推出"红包"功能,可以发放"红包"的模式,基于移动电子支付的技术为身边"微信"好友进行限额的资金发放,这项功能增加了移动智能支付项目的趣味性,可以更好地为移动电子商务企业凝聚客户,进行企业及客户推广服务,如图 7.2.7 所示。

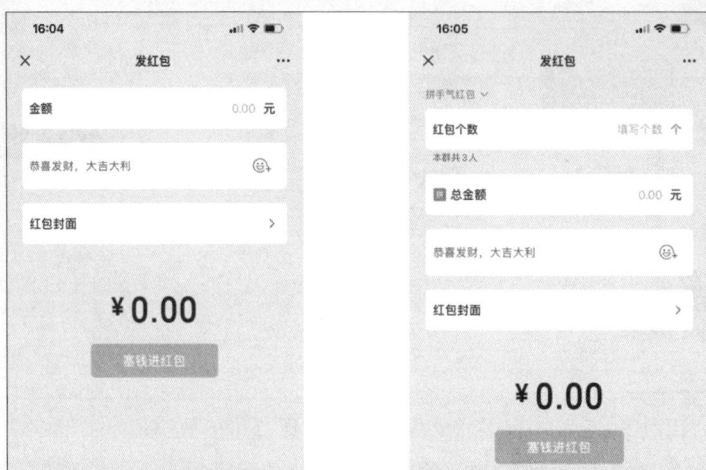

图 7.2.7　拼手气红包和普通红包

(2)"群收款"功能

为了配合"微信支付"的功能灵活性,"微信支付"增加"群收款"功能,即微信用户可以依据特殊开支项目(如朋友聚餐等)向自己的微信好友提出"群收款"收费功能。"群收款"功能主界面如图 7.2.8 所示。

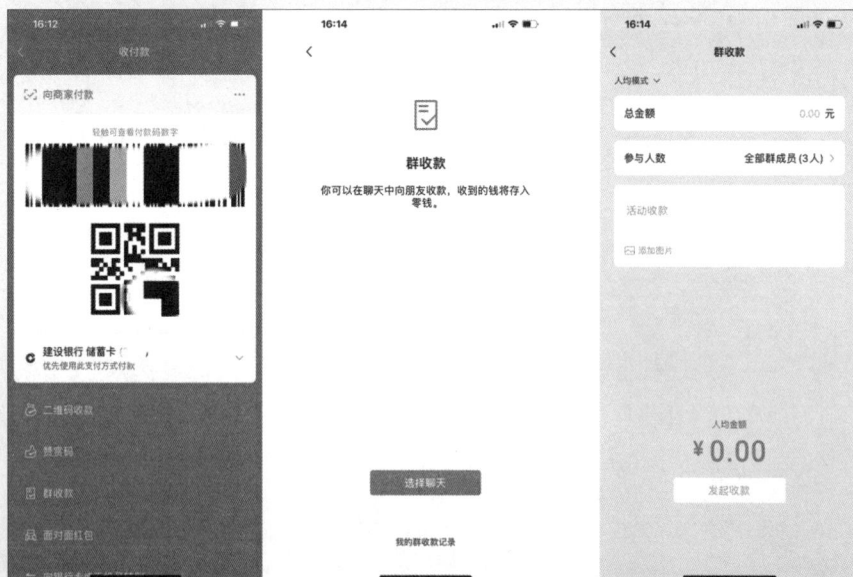

图 7.2.8　"群收款"功能

(3)腾讯服务及第三方服务,如图7.2.9所示。

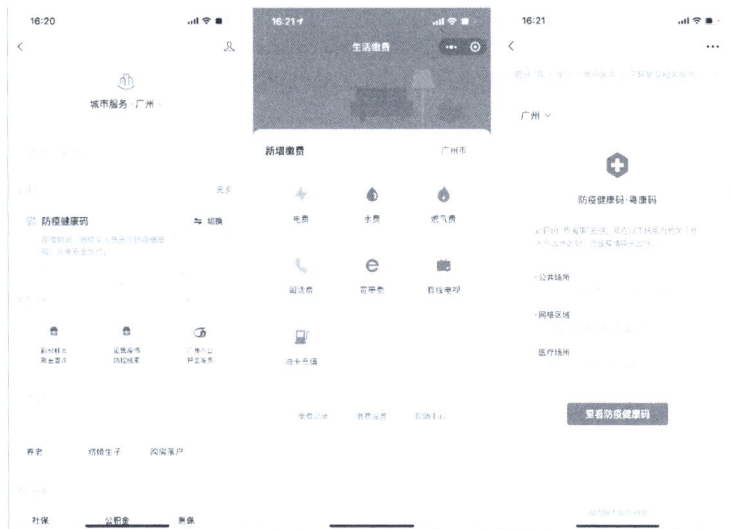

图7.2.9　"城市服务""生活缴费""防疫健康码"等功能主界面

活动实施

◎搜一搜◎　依照本教材"支付宝"及"微信支付"移动智能终端 App 的实例,在网络上搜寻其他的移动智能终端支付 App(如"拉卡拉"等)的相关功能,看看有何不同之处,然后进行对比总结。

活动小结

通过 App 程序操作学习和网络实践,学生可充分了解移动智能支付的基本功能及其运作模式,还可以从各个侧面了解到移动智能支付往后与商家、政府机构等的合作方向。

活动2　体验移动智能终端网购过程

活动背景

掌握了对移动智能终端支付功能的使用之后,小组成员可分组进行具体的移动智能终端的 App 网购活动。

□　知识窗

以移动智能手机端上的"1 号会员店"App 应用程序为例,进行移动智能终端网上购物。

步骤1:点击进入移动智能手机终端上的"1 号会员店"App 应用程序主界面,并用之前注册的账号进行登录,如图7.2.10所示。

步骤2:在主界面顶端的商品搜索界面输入网购商品的名称关键字进行搜索,在获得商品结果后点击浏览商品信息及店铺信息,如图7.2.11所示。

步骤3:在选定商品之后,即可进行网购下单及付款操作,如图7.2.12所示。

图 7.2.10 "1 号会员店"App 应用程序主界面

图 7.2.11 "1 号会员店"App 商品信息及店铺信息搜索及浏览界面

图 7.2.12 "1 号会员店"App 商品下单及付款界面

活动实施

◎试一试◎

依据教材移动智能终端上的"1 号会员店"App 应用程序网购流程,在其他相似的移动智能终端网购 App 应用程序上进行网上购物活动。

活动小结

通过移动智能终端的网购 App 应用程序进行移动智能终端网购过程的实践和体验,可提高同学们的实际动手能力,以及加深对移动电子商务业务流程的具体过程的了解。

合作实训

实训名称:以 4 人一小组为单位,结合班级其他成员进行一次为班级、班级宿舍等购买所需的文具、卫生用品、宿舍用具及体育用品等的采购活动(可先在不同的移动智能终端网购 App 应用程序里进行包括商品价格、物流运费及售后服务等内容的对比后,再择优购买)。

实训目的:通过移动智能终端网购流程的实际操作,既可加深印象,又可从更深层次去对现阶段移动电子商务发展的状况进行了解。

实训过程:

明确此次网购项目负责人,以及自己小组的其他成员进行调查工作及订单落实工作的分工,完成此次网购项目。

步骤 1:确立项目负责机制,明确负责人,各分工小组成员的工作内容及职责。

步骤 2:订立采购清单,依据品名、品牌、型号及其他相关信息进行分类列表。

步骤 3:负责收集资料的成员,负责在几个不同的网购 App 上依据采购清单收集包括商品价格、物流运费及售后服务等内容,将相关信息填入表中进行对比。

步骤 4:负责具体采购的同学可以依据信息搜集对比后的情况,选定最优性价比,在不同的网购 App 上进行用户注册、采购下单、支付货款及收货等的工作。

步骤 5:全小组成员进行讨论,依据此次完成的采购任务对各大移动电子商务网购企业业务交易流程进行对比总结。

实训小结:通过此次市场调查和对移动电子商务企业的实际运营情况总结,提高小组成员对移动电子商务的实际交易运作流程的熟悉程度。

项目总结

随着移动互联网技术、移动智能终端设备的不断发展,移动电子商务业务活动的不断开展,在国内重量级的各类移动电子商务企业的带动下,电子商务运营得到了巨大的发展与改革。移动电子商务使得商家、用户在移动中进行商务、交易和服务,这种动态的商务应用是基于定位技术的应用,这大大提高了顾客用户的使用及购买欲望。通过本项目的学习,学生以小组为形式进行互助合作学习并主动进行实际实践技能操作,能够了解现阶段移动电子商务及其相关的理论实践实操知识,熟悉各项移动智能终端及相关 App 的使用技能;了解现行主要重量级移动电子商务营销企业的各类 O2O 项目内容等情况,为今后的电子商务发展及改革内容的学习打下理论基础和技能准备。

项目检测

1. 判断题(正确的打"√",错误的打"×")

(1)移动互联网就是将互联网和局域网两者结合起来的一种新型网络。　　　　　(　　　)

(2)移动通信与互联网没有业务联系。　　　　　(　　　)

（3）移动智能终端设备是公用设备。 （　　）

（4）移动电子商务业务可依据不同的情境进行运作。 （　　）

（5）移动支付是一种依靠短信、HTTP、WAP 或 NFC（近场通信技术）等无线方式完成支付行为的新型支付方式。 （　　）

2. 单项选择题（每题只有一个正确答案，请将正确的答案填在题后的括号中）

（1）基于微软的 Windows Phone 7、Windows Phone 8 系统格式为（　　）。

    A. App　　　　　　　B. APPs　　　　　　　C. xap　　　　　　　D. xml

（2）App 的下载安装方式主要有（　　）。

    A. 手机销售商光盘安装

    B. 电子应用商店下载、扫描相应 App 二维码下载

    C. 移动硬盘安装

    D. 以上都是

（3）以下各项属于移动支付的模式的是（　　）。

    A. 信用支付　　　　　B. 美金纸币支付　　　　C. 近场支付　　　　　D. 抵押支付

（4）以下各项属于"美团打车"App 电子商务运营模式的是（　　）。

    A. C2C　　　　　　　B. B2C　　　　　　　C. O2O　　　　　　　D. B2G

（5）以下各项不属于"移动支付"所依靠的无线技术是（　　）。

    A. KFC　　　　　　　B. SMS　　　　　　　C. WAP　　　　　　　D. HTTP

3. 不定项选择题（每题有两个或两个以上的正确答案，请将正确的答案填在题后的括号中）

（1）能参与移动电子商务智能终端 App 业务的行业有（　　）。

    A. 餐饮业　　　　　　B. 零售业　　　　　　C. 旅游业　　　　　　D. 航空业

（2）现阶段不属于移动支付所使用的移动智能终端有（　　）。

    A. 车载移动智能终端　　　　　　　　B. 移动智能手机

    C. 平板电脑　　　　　　　　　　　　D. PDA

（3）移动支付依据支付账户性质分为（　　）。

    A. 近场支付　　　　　　　　　　　　B. 银行卡支付

    C. 第三方支付账户支付　　　　　　　D. 代收费支付

（4）支付的发展历程正确顺序为（　　）。

    A. 电子支付阶段　　　　　　　　　　B. 移动支付阶段

    C. 信用支付阶段　　　　　　　　　　D. 实物支付阶段

（5）以下各项属于移动支付过程中涉及的人员或机构是（　　）？

    A. 商家　　　　　　　B. 消费者　　　　　　C. 金融机构　　　　　D. 移动运营商

4. 简答题

（1）简述移动智能终端的发展趋势。

（2）基于不同的移动智能终端所装载的操作系统，App 还有哪些格式？

项目 8
培养电子商务职业道德

【项目综述】

电子商务是在开放的互联网环境中进行的商务活动。相对于传统商务,电子商务改变了交易的环境和手段,这种改变产生了大量传统法律难以覆盖的新的法律问题。为了使电子商务健康发展,学习和认识新的法律规范以适应电子商务运作的法制环境是十分重要的。

通过前面项目的学习,学生对电子商务的相关流程、交易等已经有一定程度的了解,但对于电子商务的运营规则、国家的政策法律,还需要进行认真学习和解读。MT 公司成立的电子商务法律顾问小组最近正在研究我国最新出台的电子商务相关法律法规,于是李伟几个同学也加入这个小组,帮忙整理资料,学习和实践相关的规定,同时也探究电子商务从业人员的职业道德准则。

【项目目标】

通过本项目的学习,应达到的具体目标如下:

知识目标

◇掌握电子商务的基础法律法规内容

◇了解电子商务的职业道德修养准则

能力目标

◇掌握电子商务法核心的法律法规

◇培养学生进行电子商务法律案例分析的能力

◇提高学生运用法律知识解决问题的能力

素质目标

◇培养学生独立思考、自主学习的能力

◇提高学生团队合作与沟通分享的能力

◇增强学生遵纪守法的法律意识

◇培养学生从事电子商务行业的职业道德

【项目思维导图】

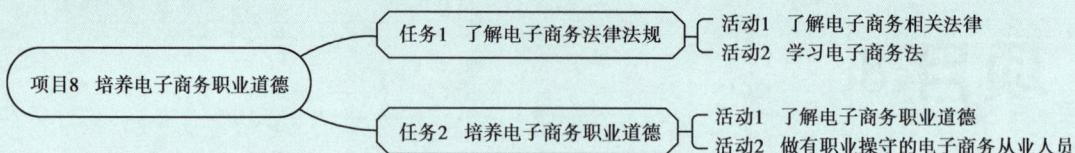

```
                              ┌─ 任务1  了解电子商务法律法规 ──┬─ 活动1  了解电子商务相关法律
                              │                              └─ 活动2  学习电子商务法
项目8  培养电子商务职业道德 ─┤
                              │                              ┌─ 活动1  了解电子商务职业道德
                              └─ 任务2  培养电子商务职业道德 ──┴─ 活动2  做有职业操守的电子商务从业人员
```

任务 1 〉〉〉〉〉〉
了解电子商务法律法规

情境设计

要进行电子商务活动,除了解电子商务的交易过程和细节,还要了解电子商务相关的法律法规和行业细则,这样才能使交易过程更顺畅、更快捷。李伟和同小组的成员王杰、张艳、刘洋几位同学,在指导老师的带领下学习新的知识,并来到 MT 公司进行见习实践活动,在企业专业人士的指导和讲解下,更加深刻地理解了电子商务相关的法律法规和行业规则。

任务分解

李伟小组的几位同学,在指导老师的带领下,学习有关电子商务的相关法律法规和一些主流电子商务平台的规则,并在熟练掌握的基础上对法律法规进行灵活运用。同时参与到 MT 公司的法律顾问小组中,一起探讨电子商务的相关法律和各主流平台的规则。

活动 1 了解电子商务相关法律

活动背景

指导老师在课堂上指导李伟及其同组的王杰、张艳几位同学学习电子商务涉及的相关法律法规,包括电子商务法、电子签名法、电子认证法、电子合同法、税法、知识产权法及其他相关的法律问题。

▢ 知识窗

1.电子商务法律概述

(1)电子商务立法的必要性

法律问题是电子商务中的前沿问题,也是电子商务框架中重要的社会环境问题,成熟统一的法律法规能够为电子商务活动提供稳定的环境,保证电子商务交易的顺利进行,使电子商务更加稳定、有序地发展。电子商务的各个环节与问题都直接影响着相关法律法规的制定,法律环境的每一个细节与措施也都左右着电子商务的发展。电子商务市场需要法律规范的引导与监督,有序的网络交易要建立在对电子商务行为的规范管理基础上。如今跨境电子商务越来越成为市场主流,制定相应的电子商务法律规范才能更好地融入全球商务竞争。

（2）电子商务涉及的法律问题

电子商务在飞速发展的过程中遇到了很多的现实问题,如图 8.1.1 所示。

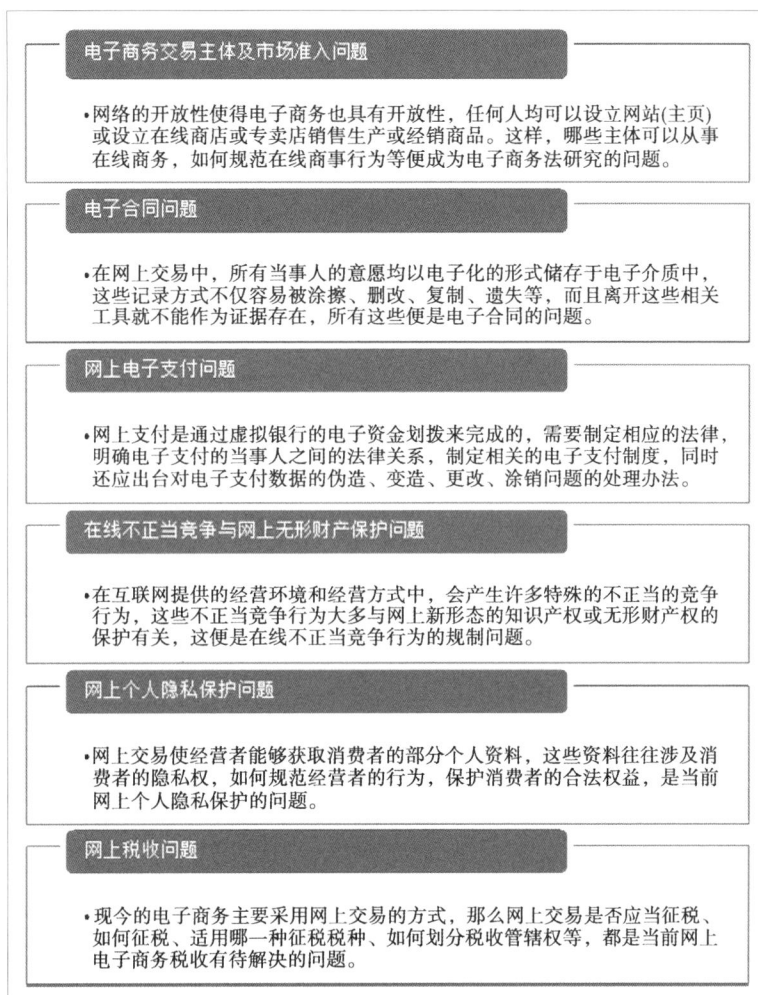

电子商务交易主体及市场准入问题

• 网络的开放性使得电子商务也具有开放性,任何人均可以设立网站(主页)或设立在线商店或专卖店销售生产或经销商品。这样,哪些主体可以从事在线商务,如何规范在线商事行为等便成为电子商务法研究的问题。

电子合同问题

• 在网上交易中,所有当事人的意愿均以电子化的形式储存于电子介质中,这些记录方式不仅容易被涂擦、删改、复制、遗失等,而且离开这些相关工具就不能作为证据存在,所有这些便是电子合同的问题。

网上电子支付问题

• 网上支付是通过虚拟银行的电子资金划拨来完成的,需要制定相应的法律,明确电子支付的当事人之间的法律关系,制定相关的电子支付制度,同时还应出台对电子支付数据的伪造、变造、更改、涂销问题的处理办法。

在线不正当竞争与网上无形财产保护问题

• 在互联网提供的经营环境和经营方式中,会产生许多特殊的不正当的竞争行为,这些不正当竞争行为大多与网上新形态的知识产权或无形财产权的保护有关,这便是在线不正当竞争行为的规制问题。

网上个人隐私保护问题

• 网上交易使经营者能够获取消费者的部分个人资料,这些资料往往涉及消费者的隐私权,如何规范经营者的行为,保护消费者的合法权益,是当前网上个人隐私保护的问题。

网上税收问题

• 现今的电子商务主要采用网上交易的方式,那么网上交易是否应当征税、如何征税、适用哪一种征税税种、如何划分税收管辖权等,都是当前网上电子商务税收有待解决的问题。

图 8.1.1　电子商务涉及的法律问题

2. 电子商务立法现状

相对于国外来说,我国电子商务的发展起步较晚,但是发展速度却非常快,随之而来的法律问题也逐渐浮现。随着电子商务的持续发展,我国也陆续出台了一些与电子商务相关的法律法规,如:《电子签名法》《电子认证法》《网络安全法》《互联网信息服务管理方法》等。直到2018 年 8 月 31 日《中华人民共和国电子商务法》正式通过,让我们的电子商务市场有了法律的支持与规范。《中华人民共和国电子商务法》是我国第一部专门针对电子商务行业颁布的法规,用来规范卖家与买家的电子商务行为,2019 年 1 月 1 日起,该法正式施行。我国近些年关于电子商务的立法,如图 8.1.2 所示。

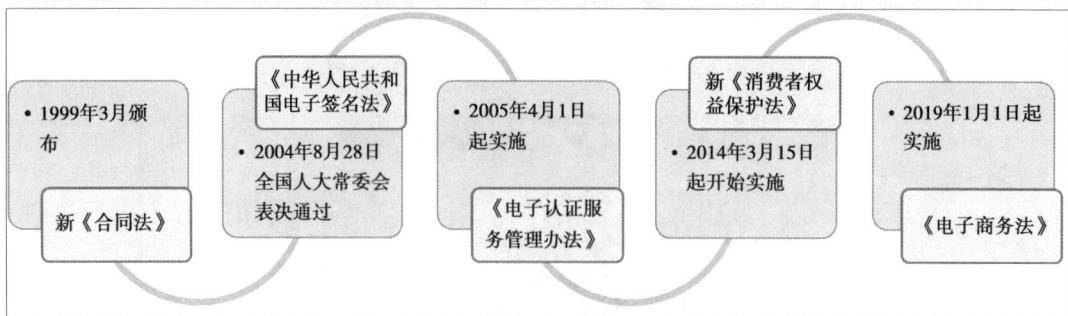

图 8.1.2　我国电子商务的立法现状

3. 我国典型电子商务法律制度

（1）电子签名法律规范

①电子签名的概念。

所谓电子签名，是指以电子形式存在、依附于电子文件并与其逻辑相关，用来确定文件签署者的身份、表示文件签署者同意电子文件的内容以及确保文件内容不被篡改的一种安全保障措施。简单地说，凡是能在电子计算通信中，起到证明当事人的身份、证明当事人对文件内容的认可的电子技术手段，都可被称为电子签名。

②电子签名的法律规定。

《电子签名法》规范了电子签名行为，认定了电子签名与手写签名或者盖章有同等的法律效力，同时承认了电子文件与书面文件具有同等法律效力。《电子签名法》的出台，从根本上解决了我国电子商务发展所面临的一些关键性的法律问题，为实现我国电子签名合法化、电子交易规范化和电子商务的法治化并为我国电子商务立法奠定了坚实的基础。该法的出台具有重大意义，它重点解决了五个方面的问题，如图 8.1.3 所示。

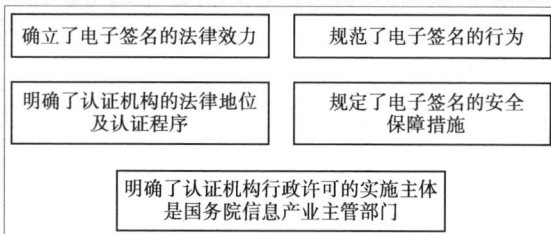

图 8.1.3　《电子签名法》重点解决五个方面的问题

（2）电子认证法律规范

①电子认证的概述。

在网上电子交易中，商户需要确认持卡人是否是银行卡的合法持有者，同时持卡人也必须能够鉴别商户是否是合法商户，是否被授权某种品牌的银行卡支付。为处理这些关键问题，必须有一个大家都信赖的机构来发放数字证书，每次交易时，都要通过数字证书对各方的身份进行验证。数字证书是由权威性的、公正的认证机构来颁发和管理的，它在证书申请被认证中心批准后，通过登记服务机构将证书发放给申请者，这个权威性的证书管理机构就是认证中心，简称 CA。认证中心就是一个负责发放和管理数字证书的权威机构，图 8.1.4 是北京数字证书认证中心的网站，在这里可以下载数字证书。

②电子认证服务机构的设立与管理。

电子认证服务机构是经国家信息产业主管部门批准许可的第三方认证机构，负责审核用户的身份，在确保用户身份真实的情况下，发放电子签名认证证书，为电子政务、电子商务等应

用提供网上身份认证、电子签名等证书认证安全服务。如：北京某诚信电子商务服务有限公司是依据《中华人民共和国电子签名法》由工业和信息化部许可设立的电子认证服务机构，面向各类网络应用提供身份认证、行为认证，并对数据电文进行有效固化，以实现网络空间电子数据的安全、可信、可用、可追溯，促进数字经济的健康有序发展。目前，已为近 5 亿用户提供电子认证服务，服务范围覆盖政务、银行、证券、保险、司法、招投标、互联网金融等领域。图 8.1.5 就是由国家信息产业部认可并颁发的电子认证服务许可证。

图 8.1.4　北京数字证书认证中心

③电子认证服务的相关法律。

随着我国数字中国、智慧社会的不断深入发展，完善电子认证服务的法律规定势在必行。如 2015 年 4 月修订实施的《电子认证服务管理办法》《中华人民共和国电子签名法》、2017 年 6 月 1 日实施的《中华人民共和国网络安全法》、2017 年 9 月实施的《互联网群组信息服务管理规定》等，完善了我国在网络空间安全治理和电子认证服务的法治体系。

图 8.1.5　北京某诚信电子商务服务有限公司的电子认证服务许可证

（3）电子合同法律规范

①电子合同的概述。

电子合同是以电子化的方式订立的合同，其主要是指在网络条件下当事人为了实现一定的目的，通过数据电文、电子邮件等形式签订的明确双方权利义务关系的一种电子协议。电子合同是具有法律效力的，1999 年 10 月起实施的《中华人民共和国合同法》第十一条规定："书面形式是指合同书、信件和数据电文（包括电报、电传、传真、电子数据交换和电子邮件）等可以有形地表现所载内容的形式。"这是我国法律首次规定数据电文可以作为书面形式用于合同的签订。

②电子合同中的法律问题。

电子合同中会涉及的法律问题可以归纳为图8.1.6所示的内容。

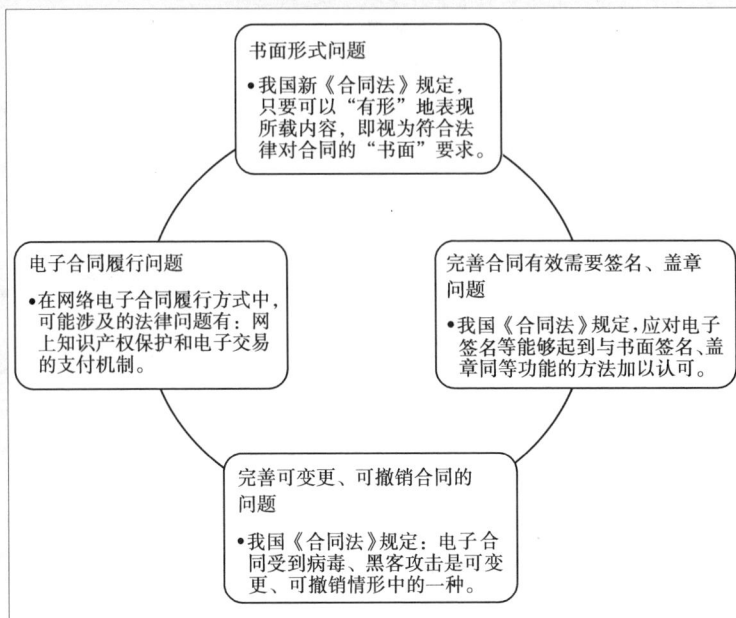

书面形式问题
• 我国新《合同法》规定，只要可以"有形"地表现所载内容，即视为符合法律对合同的"书面"要求。

电子合同履行问题
• 在网络电子合同履行方式中，可能涉及的法律问题有：网上知识产权保护和电子交易的支付机制。

完善合同有效需要签名、盖章问题
• 我国《合同法》规定，应对电子签名等能够起到与书面签名、盖章等同等功能的方法加以认可。

完善可变更、可撤销合同的问题
• 我国《合同法》规定：电子合同受到病毒、黑客攻击是可变更、可撤销情形中的一种。

图 8.1.6　电子合同中的法律问题

③《民法典》中关于电子合同的规定。

《中华人民共和国民法典》自 2021 年 1 月 1 日起实行。《民法典》在现行合同法的基础上，规范了电子交易行为，对网络环境下合同的订立和合同履行作出了相应的规定。作为新中国历史上首个以"法典"命名的法律，《民法典》被称为"社会生活百科全书"，是民事权利的宣言书和保障书。此次《民法典》首次针对通过互联网等信息网络订立的"电子合同"的成立时间、标的物交付时间作出规定，弥补了司法实践中因《合同法》中未对电子合同有关事项作具体规定而存在的争议问题，尤其为当前盛行的"网购"争端提供了有效的"电子合同"法律依据。

《第二章 合同的订立》部分对电子合同"书面形式属性"、成立条件、订立时间及地点做出明确规定。其中：第四百六十九条，当事人订立合同，可以采用书面形式、口头形式或者其他形式。以电子数据交换、电子邮件等方式能够有形地表现所载内容，并可以随时调取查用的数据电文，视为书面形式。第四百九十一条，当事人采用信件、数据电文等形式订立合同要求签订确认书的，签订确认书时合同成立。当事人一方通过互联网等信息网络发布的商品或者服务信息符合要约条件的，对方选择该商品或者服务并提交订单成功时合同成立，但是当事人另有约定的除外。第四百九十二条，承诺生效的地点为合同成立的地点。采用数据电文形式订立合同的，收件人的主营业地为合同成立的地点；没有主营业地的，其住所地为合同成立的地点。当事人另有约定的，按照其约定。

《第四章 合同履行》部分，对电子合同的交付时间做出明确规定。其中：第五百一十二条规定：通过互联网等信息网络订立的电子合同的标的为交付商品并采用快递物流方式交付的，收货人的签收时间为交付时间。电子合同的标的为提供服务的，生成的电子凭证或者实物凭证中载明的时间为提供服务时间;前述凭证没有载明时间或者载明时间与实际提供服务时间不一致的,以实际提供服务的时间为准。电子合同的标的物为采用在线传输方式交付的,合同标的物进入对方当事人指定的特定系统且能够检索识别的时间为交付时间。电子合同当事人对交付商品或者提供服务的方式、时间另有约定的,按照其约定。

(4)电子商务税收法律规范

随着互联网的迅速普及,以及在此基础上形成的全球化电子商务框架,使传统的经济贸易运作方式被彻底改变,长期以来围绕传统的经济贸易框架而形成的税收理论、税收原则和方式受到不同程度的冲击,对现行的税收制度及其管理手段提出了新的要求和挑战。

我国电子商务的税收制度,既要促进电子商务的发展,为电子商务创造一个宽松的外部环境,又要采取措施,防止企业通过互联网络偷漏税款。2015 年 5 月 6 日,国家税务总局官方网站公布《关于坚持依法治税更好地服务经济发展的意见》,意见表明,各级税务部门不得专门统一组织针对电子商务、某一新兴业态、新兴商业模式的全面纳税评估和税务检查。2016 年 11 月,国务院办公厅发布《关于推动实体零售创新转型的意见》,明确提出营造线上线下企业公平竞争的税收环境。国家在落实和改进税收制度的同时积极维护电子商务这类新兴商业模式的健康发展。

(5)电子商务知识产权法律规范

电子商务与知识产权密切相关,在电子商务中不可避免地要涉及知识产权问题,因此从事电子商务工作必须掌握一些知识产权的法律知识。

①知识产权概述。知识产权是人们对自己的智力活动创造的成果和经营管理活动中的标记、信誉依法享有的权利。知识产权的分类,如图 8.1.7 所示。

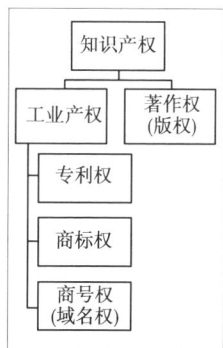

图 8.1.7　知识产权的分类

②电子商务对知识产权保护的影响。由于电子商务依赖的是全新的电子数据通信手段即互联网,给传统的知识产权制度带来了许多需要研究的新问题,是保护知识产权的法律制度无法回避的课题。互联网一方面为知识产权的利用与广泛传播提供了全新机会,权利人的权利和利益有可能在网络的虚拟空间得到扩展;另一方面,互联网可能为那些恣意侵害他人权益的人,通过网络为媒介对别人的无形财产肆意妄为提供了更多机会。尽管技术(例如加密技术等)能够对知识产权的保护提供帮助,但足够和有效的法律体系在对知识产权人提供确定的权利范围、预防侵犯知识产权行为方面仍然是非常必要的。

③与知识产权相关的法律制度。过去电子商务所发生的各式各样纠纷,可以大概归纳为侵权纠纷及合同纠纷两大类。而侵权纠纷中以著作权及其邻接权、商标权、网域名称及专利权的件数最为频繁,其中,又以著作权

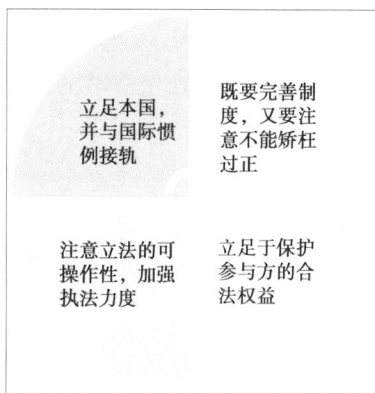

图 8.1.8　我国电子商务法律完善的未来趋势

及其邻接权的纠纷为最大宗,显示出知识产权在发展电子商务活动中起着关键性的作用。

4.我国电子商务法律完善的未来趋势

我国电子商务法律完善的未来发展趋势有以下几个要点,如图8.1.8所示。

活动实施

??想一想 以淘宝购物为例,在各个交易环节中,你认为可能会产生的违规问题有哪些?

🎤 **说一说** 以小组为单位,在组内进行讨论交流。

组长将讨论结果进行汇总,填入表8.1.1中,并且在班内进行展示交流。

表8.1.1 淘宝交易环节中可能会产生的违规问题

交易环节	可能会产生的违规问题
搜索对比商品	
填写信息下订单	
网上付款	
物流发货及快递签收	
评价	
售后	

活动小结

通过理论学习和实际案例分析,学生主动学习有关电子商务的各项法律法规,并应用到实际中,做到活学活用,同时培养学生积极思考,观点分享的能力。

活动2 学习电子商务法

活动背景

通过活动1的学习,李伟、王杰、张艳和刘洋几位同学对电子商务的法律法规有了基本的了解。接下来,李伟小组同学在MT公司的带领下学习《电子商务法》中较为核心的几项重要法规。

🔲 **知识窗**

《电子商务法》是我国电子商务领域的首部综合性法律,从2013年底启动立法进程,经历三次公开征求意见、四次审议及修改、历时近五年,受到社会各界高度关注。2018年8月31日,十三届全国人大常委会第五次会议表决通过《电子商务法》,自2019年1月1日起施行。电子商务法的定位是综合性法律,立法宗旨是"促进发展、规范秩序、维护权益"。民法通则、合同法、消费者权益保护法等虽有规定,但都是为了规范传统的商事活动而设立,有的尽管增加针对电子商务的个别法律条文,但仍缺乏一部规范、促进电子商务发展的综合性法律。该法使电子商务行业的发展有法可依,明确了国家要促进和鼓励电子商务发展的基调,使电子商务行业与实体经济的关系进一步在法律层面得到了明确,是公平竞争的关系,促进了线上线下的公平竞争。

《电子商务法》共7章89条,对电子商务经营主体,电子商务交易、服务、保障、跨境电子商务、监管和法律责任等方面做出规定。值得关注的是,电子商务第三方平台、电子合同、电子支付、快递物流、数据信息、争议解决、消费者权益保护等均有专门的章节。因篇幅有限,将针对核心法规进行阐述,以下简称为《电商法》。

(1)工商注册相关法规

新颁布的《电商法》中有明确规定:电子商务经营者应当依法办理市场主体登记。《电商法》明确了开网店要办理营业执照,同时也规定了豁免办理营业执照的几种情形。

第九条　本法所称电子商务经营者,是指通过互联网等信息网络从事销售商品或者提供服务的经营活动的自然人、法人和非法人组织,包括电子商务平台经营者、平台内经营者以及通过自建网站、其他网络服务销售商品或者提供服务的电子商务经营者。

本法所称电子商务平台经营者,是指在电子商务中为交易双方或者多方提供网络经营场所、交易撮合、信息发布等服务,供交易双方或者多方独立开展交易活动的法人或者非法人组织。

本法所称平台内经营者,是指通过电子商务平台销售商品或者提供服务的电子商务经营者。

第十条　电子商务经营者应当依法办理市场主体登记,但是,个人销售自产农副产品、家庭手工业产品,个人利用自己的技能从事依法无须取得许可的便民劳务活动和零星小额交易活动,以及依照法律行政法规不需要进行登记的除外。

《无证无照经营查处办法》第三条,下列经营活动,不属于无证无照经营:

①在县级以上地方人民政府指定的场所和时间,销售农副产品、日常生活用品,或者个人利用自己的技能从事依法无须取得许可的便民劳务活动;

②依照法律、行政法规、国务院决定的规定,从事无须取得许可或者办理注册登记的经营活动。

(2)电商税务相关法规

电子商务作为交易模式的创新,其交易实质与传统商务并无区别,无论在《电商法》出台前或出台后,理所当然在征税范畴之内。不过,基于传统的税收体制一时间对新兴的经济模式尚无法适应,造成线上线下在实际征管中的松紧不一、税负不同,因而在人们中间产生了"电商不用征税"或"电商不用开票"的误解。

早在2016年11月,《国务院办公厅关于推动实体零售创新转型的意见》明确提出"营造线上线下企业公平竞争的税收环境",无论采用传统贸易模式还是电子商务模式都应享有同等税负,拥有公平的税收环境和市场竞争环境。所以说,规范电商征税这把"利剑"一直悬在头顶,这次《电商法》也是对此的一种呼应。我国并没有出台专门针对电商的税收优惠政策,只要符合相关条件,电商从业者同样可以与线下商家平等地享受税收优惠,这一点在《电商法》中也有明确规定。电商中存在一定比例的小规模纳税人及小微企业,能够较多地享受到增值税的免税政策及小微企业所得税优惠政策;电商中也有不少从事科研、技术的企业,能够享受到高新企业、技术研发等相关的税收优惠。

个人卖家应
缴纳增值税

第十一条　电子商务经营者应当依法履行纳税义务,并依法享受税收优惠。

(3)知识产权相关法规

《电商法》本着"填补空白、解决突出问题"的立法精神,在已有"避风港原则"的制度建设上做出了更加系统性的规定,新增了诸多亮点,包括对投诉和申诉条件做出更细致的要求、认可平台可以采取力度更强的处置措施、15天的维权等待期、恶意投诉的双倍赔偿等。

《电商法》出台后,将电子商务领域的"避风港原则"变成了"通知+及时删除+转通知+声明+转声明+十五日采取措施",通过简易证据和程序性的判断来替代原有的仅对证据的判断。平台作为信息的流转方,使得投诉人和被投诉人充分了解彼此的信息并做下一步的判断,来进行纠纷的处置,而非平台方单方面来判断,体现了权利人之间的公平对抗性和平台方的中立性。除了在投诉程序上有变化,该原则在责任承担上也有变化。

第四十二条　知识产权权利人认为其知识产权受到侵害的,有权通知电子商务平台经营者采取删除、屏蔽、断开链接、终止交易和服务等必要措施。通知应当包括构成侵权的初步证据。

电子商务平台经营者接到通知后,应当及时采取必要措施,并将该通知转送平台内经营者;未及时采取必要措施的,对损害的扩大部分与平台内经营者承担连带责任。

因通知错误造成平台内经营者损害的,依法承担民事责任,恶意发出错误通知,造成平台内经营者损失的,加倍承担赔偿责任。

第四十三条　平台内经营者接到转送的通知后,可以向电子商务平台经营者提交不存在侵权行为的声明。声明应当包括不存在侵权行为的初步证据。

电子商务平台经营者接到声明后,应当将该声明转送发出通知的知识产权权利人,并告知其可以向有关主管部门投诉或者向人民法院起诉。电子商务平台经营者在转送声明到达知识产权权利人后十五日内,未收到权利人已经投诉或者起诉通知的,应当及时终止所采取的措施。

第四十四条　电子商务平台经营者应当及时公示收到的本法第四十二条、第四十三条规定的通知、声明及处理结果。

上述条款是《电商法》中的亮点法条,也是三条执行起来比较难的法条。亮点在于上述条款通过对投诉程序和虚假投诉进行了明文约定,难点在于平台对于处理流程的实时公示和对初步证据的判断。整体上,这三条法条的生效使得知识产权权利人投诉维权的在操作层面有据可依。

(4)网络消费者权益相关法规

由于电子商务消费行为发生在线上,买卖双方彼此之间并不见面,对于商品和服务的考察也没有线下那么完整全面,消费者在交易过程中需要法律给予更有针对性的支持和保护。

与现有的《中华人民共和国消费者权益保护法》(简称《消费者权益保护法》)相比,《电商法》对消费者权益的保护主要是通过对商家和平台提出各项要求来实现的,涉及的网购消费者权利主要包括安全保障、知情权、自主选择权、公平交易权、收验货权、评价权、信息保护权等。《电商法》明令禁止刷单行为,刷单商家将因此承担赔偿或罚款等责任,严重情况构成犯罪的还会被追究刑事责任。除此之外,《电商法》尤其把对消费者人身权、财产权的保障提升到重要的地位。

第十三条　电子商务经营者销售的商品或者提供的服务应当符合保障人身、财产安全的要求和环境保护要求，不得销售或者提供法律、行政法规禁止交易的商品或者服务。

第十七条　电子商务经营者应当全面、真实、准确、及时地披露商品或者服务信息，保障消费者的知情权和选择权。电子商务经营者不得以虚构交易、编造用户评价等方式进行虚假或者引人误解的商业宣传，欺骗、误导消费者。

第三十八条　电子商务平台经营者知道或者应当知道平台内经营者销售的商品或者提供的服务不符合保障人身、财产安全的要求，或者有其他侵害消费者合法权益行为，未采取必要措施的，依法与该平台内经营者承担连带责任。

对关系消费者生命健康的商品或者服务，电子商务平台经营者对平台内经营者的资质资格未尽到审核义务，或者对消费者未尽到安全保障义务，造成消费者损害的，依法承担相应的责任。

（5）广告促销相关法规

《电商法》在广告方面的特殊规定也颇具互联网特色，针对在电商交易环境中日益普及的精准营销和定向推送的情况，《电商法》第十八条规定："电子商务经营者根据消费者的兴趣爱好、消费习惯等特征向其提供商品或者服务的搜索结果的，应当同时向该消费者提供不针对其个人特征的选项，尊重和平等保护消费者合法权益。"也就是说，电子商务经营者要保障消费者获得不针对个人特征的推送选项，避免出现严重价格歧视、信息不透明等问题。

同时，《电商法》第四十条规定："电子商务平台经营者应当根据商品或者服务的价格、销量、信用等以多种方式向消费者显示商品或者服务的搜索结果；对于竞价排名的商品或者服务，应当显著标明'广告'。"这一点针对的是电商中另一种典型广告——竞价排名类的广告，要求其对消费者给出明确告知，使消费者能够了解到这类广告与根据自然流量搜索获得的结果之间的区别。

这些针对性非常强的规定，既契合当前电商交易中网络广告的主流模式，同时又以保障消费者的知情权和选择权为出发点，对网络广告提出了相关的规制，具有很强的现实意义。

（6）电子合同相关法规

合同是经济活动的重要支撑。在电商经营活动中，纸质合约基本上已经逐渐退出历史舞台，代之以大量的电子合同。此次《电商法》用整整一章的篇幅对电子合同做出了明确规定，包括对自动信息系统完成的合同效力、当事人民事行为能力推定、合同成立的条件、合同的充分接触权、订单修改权、合同履行等诸多关键问题都做出了明确规定。如此一来，电子商务场景下的电子合同就有了系统的规范，当事人在这个高频的应用场景中有了清晰的行为指南。

第四十八条　电子商务当事人使用自动信息系统订立或者履行合同的行为对使用该系统的当事人具有法律效力。

第四十九条　电子商务经营者发布的商品或者服务信息符合要约条件的，用户选择该商品或者服务并提交订单成功，合同成立。当事人另有约定的，从其约定。

电子商务经营者不得以格式条款等方式约定消费者支付价款后合同不成立；格式条款等含有该内容的，其内容无效。

第五十条　电子商务经营者应当清晰、全面、明确地告知用户订立合同的步骤、注意事项、下载方法等事项，并保证用户能够便利、完整地阅览和下载。

电子商务经营者应当保证用户在提交订单前可以更正输入错误。

第五十一条 合同标的为交付商品并采用快递物流方式交付的,收货人签收时间为交付时间。合同标的为提供服务的,生成的电子凭证或者实物凭证中载明的时间为交付时间;前述凭证没有载明时间或者载明时间与实际提供服务时间不一致的,实际提供服务的时间为交付时间。

合同标的为采用在线传输方式交付的,合同标的进入对方当事人指定的特定系统并且能够检索识别的时间为交付时间。

合同当事人对交付方式、交付时间另有约定的,从其约定。

(7)物流相关法规

在物流方面,除了对快递业务经营者的一些快递送货行为做出了规范性要求以外,《电商法》还规定了快递业务经营者可以接受电子商务经营者的委托代收货款。这一条对于快递行业来讲,可以说是一个利好消息,这就意味着他们不需要获得支付牌照就可以将代收货款作为一项增值服务了。这对于一些需要货到付款以及不会使用网上支付的用户来讲也都是利好消息。

第五十二条 电子商务当事人可以约定采用快递物流方式交付商品。

快递物流服务提供者为电子商务提供快递物流服务,应当遵守法律、行政法规,并应当符合承诺的服务规范和时限。快递物流服务提供者在交付商品时,应当提示收货人当面查验;交由他人代收的,应当经收货人同意。

快递物流服务提供者应当按照规定使用环保包装材料,实现包装材料的减量化和再利用。

快递物流服务提供者在提供快递物流服务的同时,可以接受电子商务经营者的委托提供代收货款服务。

活动实施

◎查一查◎ 通过访问中国法律服务网的实践,查询电子商务相关的法律法规和案例。

步骤1:进入中国法律服务网官网。

步骤2:查询相关的电子商务法律法规,并搜索相关的案例进行学习。

★找一找★ 通过查找法律法规完成以下案例分析。

步骤1:以小组为单位,完成组内任务分工。

步骤2:思考与查找案例中所对应的电子商务法规。

步骤3:小组内进行汇总和分享各自的见解。

步骤4:小组派代表汇报案例分析情况。

案例:小Q的家乡在陕西富平,家里种了很多柿子树。到了柿子丰收的季节,小Q会采摘柿子做成柿饼。为了更好地打开销路,小Q在网上开设网店销售柿饼。

小P学会了手工刺绣,自己手工制作各种各样花式的小手帕、小团扇等,同样在网上开设网店销售这些手工制品。

小H手脚勤快,擅长打扫、清理房间,总是能在短时间内完成工作,让一切变得井井有条,最近小H不再通过家政公司,而是通过微信朋友圈介绍自己的家政服务,很多雇主通过微信找到小H提供家政服务。

小 J 是一名公司文员,朋友是开服装作坊的,有稳定的围巾货源,小 J 的业余时间用来在网上开店销售围巾,每条围巾售价 20 元左右。但因为小 J 没有花钱做广告,网上的店铺很少有人光顾,一个月最多卖出 10 条围巾。

以上的小 Q、小 P、小 H、小 J 都需要办理市场主体登记吗?

活动小结

通过对电子商务法的学习,了解了电子商务法的最新规则,并能够运用该法规进行基本的电子商务交易争端的分析。

合作实训

实训名称:以 4 人一小组为单位,配合 MT 公司开展一次有效的电子商务保卫战——"双十一"活动,保质又保量。

实训背景:自从 2009 年第一次"双十一"大规模打折促销活动风靡全国,在此以后每年的"双十一"都成为万众瞩目的购物狂欢。"双十一"为各大电子商务经营者带来无限商机的同时,其潜藏的弊端也逐渐暴露在消费者眼前。据调查,许多消费者表示在"双十一"中遇到虚假商品、收货延迟、网络诈骗等问题,让许多消费者对"双十一"的购物狂欢感觉不好。

实训目的:配合 MT 公司针对"双十一"促销可能遇到的问题进行防范,提出解决办法。

实训过程:

步骤 1:任命一名实训活动小组长,明确组员分工,以组为单位提炼"双十一"弊端的解决办法。

步骤 2:调查近 3 年的"双十一"促销活动期间各大商城的营业情况。

步骤 3:调查近 3 年"双十一"促销活动期间消费者的评价和反映。

步骤 4:根据调查结果进行汇总和分析,总结"双十一"活动期间出现的弊端和问题。

步骤 5:针对分析结果,提出解决方案,反馈给 MT 公司,并与企业法律顾问小组进行交流。

步骤 6:提炼出本次调查的结果,做成报告。

实训小结:通过对"双十一"促销活动的调查和实操实训,同学们将理论运用到实际中,并加深对本项目知识点的理解。同时也让学生了解到如此大型的全民购物狂欢背后隐藏的消费漏洞,为学生以后从事电子商务活动提供反面思考的例子。

任务 2 »»»»»»»
培养电子商务职业道德

情境设计

经过前面项目的学习,以及本项目对电子商务的法律法规和行业规则的研读,李伟等几名同学对电子商务已经有了最基本的认识。作为一名未来的电子商务从业人员,除学习这些电子商务的基础知识以外,还要学习如何做一名合格的电子商务从业人员。李伟 4 人学习小组在指导老师的指导下继续学习有关电子商务人员的职业道德修养,同时在 MT 公司中进行社会实践,力求将理论运用到实际中,更好地掌握新知识。

任务分解

李伟小组 4 人在指导老师的带领下先对电子商务从业人员的职业道德修养进行学习,而后才到 MT 公司进行社会实践。

活动1　了解电子商务职业道德

活动背景

作为一名未来的电子商务从业人员,李伟小组 4 人对学习电子商务的职业道德兴趣非常高,在老师的指导下学习了相关知识,并且自己在网上搜索相关的资料。

📖 知识窗

1. 电子商务职业道德的基本含义

职业道德是指从事一定职业劳动的人们,在特定的工作和劳动中以其内心信念和特殊社会手段来维系的,以善恶进行评价的心理意识、行为准则的总和,它是人们在从事职业的过程中形成的一种内在的、非强制性的约束机制。

电子商务的职业道德是对电子商务人员在职业活动中的行为规范。

2. 电子商务职业道德修养的意义

作为一名电子商务从业人员,能否胜任岗位工作的要求和发挥应有的作用,不仅要看他的专业技术水平,还要看他是否拥有良好的职业道德,对待工作的态度、责任心等这些职业道德的基本素质也是决定性的因素。因此,培养学生自我教育的能力,加强电子商务专业职业道德教育建设具有十分重要的意义。

3. 电子商务职业道德修养的具体内容

对于电子商务的职业道德修养,可以归纳为几个要点,具体如图 8.2.1 所示。

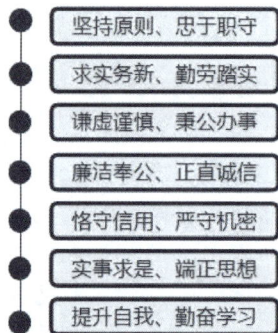

- 坚持原则、忠于职守
- 求实务新、勤劳踏实
- 谦虚谨慎、秉公办事
- 廉洁奉公、正直诚信
- 恪守信用、严守机密
- 实事求是、端正思想
- 提升自我、勤奋学习

图 8.2.1　电子商务职业道德准则

①坚持原则,忠于职守。

职业道德的一条主要规范就是忠于职守。作为电子商务人员,忠于职守就是要忠于电子商务这个特定的工作岗位,自觉履行电子商务人员的各项职责,要有强烈的事业心和责任感,坚持原则,注重社会主义精神文明建设,反对不良思想和作风。

②求实务新,勤劳踏实。

电子商务的工作性质决定了从业人员不仅要在理论上有一定的造诣,还要具有实干精神。能够脚踏实地、埋头苦干、任劳任怨;能够围绕电子商务开展各项活动,招之即来,来之即干。

③谦虚谨慎,秉公办事。

电子商务人员要谦虚谨慎、办事公道,对领导、对群众都要一视同仁,秉公办事,平等相待。切忌因人而异,亲疏有别,更不能趋附权势。只有谦虚谨慎、公道正派的电子商务人员,才能做到胸襟宽阔,在工作中充满朝气和活力。

④廉洁奉公，正直诚信。

廉洁奉公是电子商务师职业活动能够正常进行的重要保证。廉洁奉公是高尚道德情操在职业活动中的重要体现，是电子商务人员应有的思想道德品质和行为准则。它要求电子商务师在职业活动中坚持原则，不利用职务之便或假借领导名义谋取私利。要以国家、人民和本单位整体利益为重，自觉奉献，不为名利所动，正直诚信，以自己的实际行动抵制和反对不正之风。

⑤恪守信用，严守机密。

电子商务人员必须恪守信用，维护企业的商业信用，维护自己的个人信用。要遵守诺言，遵守时间；言必信，行必果。严守机密是电子商务人员的重要素质。

⑥实事求是，端正思想。

电子商务人员要坚持实事求是的工作作风，一切从实际出发，理论联系实际。电子商务人员无论是搜集信息、提供意见、拟写文件，都必须端正思想，坚持实事求是的原则。

案例——主播失手坠亡，平台担责

⑦提升自我，勤奋学习。

电子商务人员要求有广博的知识，做一个"通才"和"杂家"。作为电子商务人员，对自身素质的要求应更严格、更全面，甚至更苛刻一些。因此，电子商务人员必须勤奋学习、刻苦钻研，努力提高自身的思想素质和业务水平。

活动实施

★ 找一找 ★　有关电子商务职业道德缺失的现象和行为。

步骤 1：以小组为单位，小组内成员分别查找电子商务职业道德的案例，分析案例中的行为和现象，填入表 8.2.1 中。

表 8.2.1　电子商务职业道德缺失案例归纳表

案例陈述	分析归纳

步骤 2：将找到的资料在小组内进行交流展示，分别发表看法。

步骤 3：小组派代表进行总结，归纳电子商务从业人员应该如何规范自己的职业道德和行为素质。

【模拟演练】模拟一次电子商务交易中网店客服角色的工作，从中归纳网店客服要遵守哪些职业道德。

步骤 1：分组，4 人为一组，分别扮演售中网店客服、售后网店客服、买家的角色。

步骤 2：模拟在销售过程中网店客服与买家的交流与沟通；在售后当顾客有疑问或需要退货时网店客服与买家之间的交涉过程。

步骤3：请小组扮演两位买家的成员表达对网店客服态度的意见，然后请两位网店客服人员分别表述在活动过程中体会到的电子商务从业人员必须具备的职业道德和行为素质。

活动小结

通过本次活动，学生从理论和实践中深刻体会电子商务从业人员所应具备的职业道德规范，提前体验电子商务职场中的规则，为以后的职业生涯打下基础。同时培养学生换位思考、交流沟通等能力。学生表现良好，得到 MT 公司的大力称赞。

活动2　做有职业操守的电子商务从业人员

活动背景

在了解了电子商务的职业道德规范后，MT 公司安排李伟等几名学生一起参加电子商务从业人员的工作见习，在这个过程中逐步锻炼学生，并培养他们形成自己专业的、规范的电子商务从业人员职业道德和行为素养。

🔲 知识窗

1. 电子商务活动中的道德问题分析

现在的电子商务仍然处于从不成熟到逐渐成熟的转型期，信用等道德问题就格外需要注意；由于诚信、信息安全和法律制裁等方面的缺失，电子商务活动在快速发展的同时也产生了一系列的伦理问题，包括诚信问题、安全问题、侵权问题等，这需要我们采取相应的行动，加强网络伦理道德意识的教育、完善电子商务法律制度、促进安全技术的发展等，从而确保电子商务健康稳步地超前可持续发展。

2. 电子商务活动中的道德问题归类

电子商务活动中的道德问题可以归类为以下几点，如图 8.2.2 所示。

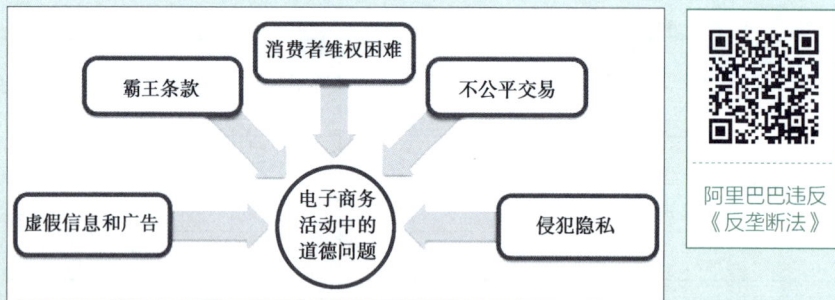

阿里巴巴违反
《反垄断法》

图 8.2.2　电子商务活动中的道德问题

相对于有形技术问题的解决，无形的道德问题不仅仅是资金投入问题，还需要更多的思考和研究。在电子商务中，除了网上商店与客服最常见的道德缺失问题，还有包括店铺发布虚假信息、销售假货、客服态度恶劣等现象存在。由此看来，我们应该认真学习和规范自己的职业道德素质，才能在电子商务活动中体现自己的价值。

活动实施

★ 找一找 ★　收集网上店铺经营者道德缺失的行为，并以此为鉴，认真研读电子商务的职业道德。

步骤1:分组,以小组为单位,参考给出的案例进行分析,并分别搜索近年来电子商务人员道德缺失的行为,归纳总结,填入表8.2.2中。

表8.2.2　电子商务从业人员道德行为分析归纳表

案例展现	电子商务从业人员道德行为分析

活动小结

通过本次活动,学生更加深入地了解电子商务职业道德的重要性,并反思在未来的工作中如何做好本职工作。同时,也锻炼学生收集资料和总结规律的能力。

合作实训

实训名称:以4人一小组为单位,针对近年来电子商务出现的工作人员道德缺失问题,配合MT公司开展一次电子商务整顿行动。

实训背景:电子商务在我国出现到如今发展迅速,但是我国的法律法规和行业内都还没能形成规范完整的制度体系,电子商务从业人员道德素质参差不齐,许多网上店铺因此引来消费者不满,导致了店铺的声誉受影响。针对这些现象,国家迅速采取措施,制定规章制度;淘宝网等多家电子商务平台纷纷树规立据,对网上店铺及从业人员进行行业规范,对电子商务从业人员的道德素质起到一定的引导作用;同时各网上店铺和电子商务人员也开始反思和改正不良工作行为,MT公司最近也开始进行人员整顿。

实训目的:配合MT公司针对目前电子商务行业内从业人员的道德缺失现象进行整顿和改进,提出解决办法。

实训过程:

步骤1:任命一名实训活动小组长,明确组员分工,以组为单位分析电子商务从业人员道德缺失现象。

步骤2:调查和收集近些年来电子商务交易中消费者的投诉与不满情况,绘制成表格。

步骤3:根据调查结果,分析各个案例中电子商务从业人员表现的不妥之处。

步骤4:根据调查结果进行分析,电子商务从业人员的道德问题会给店铺和电子商务交易过程带来哪些不良影响。

步骤5:针对分析结果,总结归纳,反思电子商务行业内从业人员的道德素质如何提升,如何改进,反馈给MT公司,并与企业法律顾问小组进行交流。

步骤6:提炼出本次调查的结果,做成最终报告。

实训小结:通过对近年来电子商务行业内消费者投诉和不满现象的调查和总结,使同学们加深对教材知识点的理解,同时也让学生意识到作为电子商务从业人员具备良好职业道德素质的重要性,为学生以后从事电子商务活动提供更好的实践经验。

项目总结

电子商务的法律法规和职业道德对电子商务来说是至关重要的环节,只有在熟悉和掌握我国对电子商务做出的法律规定,形成自己的职业道德规范,才能更顺利地进行电子商务活动。通过本项目的学习,学生以分组的形式,既有合作学习,又有独立完成作业,并进行信息分享和沟通交流,使学生更好地掌握理论知识。同时进入企业见习实践,能将理论运用到实际工作中,做到活学活用,为以后的职业生涯做好充足的准备。

项目检测

1. 判断题(正确的打"√",错误的打"×")

(1)现阶段,进行网络销售的电商商家不需用征税。 (   )

(2)电子商务当事人使用自动信息系统订立合同的行为不具有法律效力。 (   )

(3)电子商务经营者应当依法履行纳税义务,并依法享受税收优惠。 (   )

(4)《中华人民共和国电子商务法》是我国第一部专门针对电子商务行业颁布的法规,用来规范卖家与买家的电子商务行为,2019 年 1 月 1 日起,该法正式施行。 (   )

(5)电商法规定,对于竞价排名的商品或者服务,应当显著标明"广告" (   )

2. 单项选择题(每题只有一个正确答案,请将正确的答案填在题后的括号中)

(1)电子商务的职业道德规范不包括(   )。

    A. 坚持原则,忠于职守   B. 求实务新,勤劳踏实

    C. 谦虚谨慎,秉公办事   D. 团结友爱,互帮互助

(2)电商法规定,合同标的为交付商品并采用快递物流方式交付的,(   )为交付时间。

    A. 收货人签收时间   B. 收货人签收满 7 天的时间

    C. 收货人拆开快递的时间   D. 发货后满 14 天的时间

(3)以下几种商品中,哪个是淘宝网的禁售商品?(   )

    A. 菜刀   B. 香烟

    C. 食盐   D. 进口奶粉

(4)下列哪一项不是淘宝规则中定义的违规行为?(   )

    A. 恶意评价   B. 描述不符

    C. 价格偏高   D. 刷单

(5)淘宝网店店主从其他店铺盗取图片上传到自己店铺的违规行为属于(   )。

    A. 侵犯知识产权   B. 描述不符

    C. 虚假交易   D. 滥发信息

3. 不定项选择题(每题有两个或以上的正确答案,请将正确的答案填在题后的括号中)

(1)电子商务经营者应当依法办理市场主体登记,但以下哪些情况不需要登记。 (   )

    A. 个人销售自产农副产品   B. 个人自制手工艺品

    C. 个人提供劳务活动   D. 自建网站进行销售产品

(2)电子商务所涉及的法律问题包括(   )。

    A. 网上税收问题   B. 网上个人隐私问题

C. 网上电子支付问题　　　　　　　D. 在线消费者保护问题

(3) 以下哪些行为属于淘宝平台规定的违规行为？(　　)

A. 售卖假货　　　　　　　　　　　B. 侵犯知识产权

C. 虚假发货　　　　　　　　　　　D. 滥发信息

(4) 知识产权是人们对于自己的智力活动创造的成果和经营管理活动中的标记、信誉依法享有的权利。 知识产权包括(　　)。

A. 版权　　　　　　　　　　　　　B. 专利权

C. 商标权　　　　　　　　　　　　D. 域名知识产权

(5) 以下关于电子商务平台经营者权利及义务的说法中正确的有(　　)。

A. 电子商务平台经营者应当知道平台内经营者销售的商品或服务是否存在侵害消费者合法权益的行为

B. 电子商务平台经营者针对平台内经营者的违法行为，无需承担连带责任

C. 对关系消费者生命健康的商品或者服务，电子商务平台经营者对平台内经营者的资质资格应该尽到审核义务

D. 电子商务平台经营者收到商家对侵害知识产权行为的投诉举证后，有权采取删除、屏蔽、断开链接、终止交易和服务等必要措施

4. 简答题

(1) 当今社会,网购消费者信息泄露有哪几种可能的途径?

(2) 作为未来的电子商务从业者，要具备一定的职业操守，要避免出现职业道德缺失的行为，请列举电子商务活动中存在的道德问题。

参考文献

［1］刘春青. 网络推广［M］. 北京:高等教育出版社, 2015.

［2］刘春青. 电子商务技能实训教程［M］. 北京:科学出版社, 2012.

［3］宋文官. 电子商务概论［M］. 北京:高等教育出版社, 2014.

［4］李东进,秦勇. 电子商务实务教程［M］. 北京:中国发展出版社, 2013.

［5］卢忠敏,胡继承. 电子商务实用教程［M］. 北京:北京大学出版社, 2011.

［6］刘春青. 网络营销［M］. 北京:清华大学出版社, 2014.

［7］徐越. 网络生态视角下电子商务业态发展研究［D］. 长春:吉林大学, 2014.

［8］陈文涛. XY 公司电商平台商业计划书［D］. 广州:华南理工大学, 2014.

［9］刘晓宁. 体验电子商务［M］. 北京:高等教育出版社, 2014.

［10］程越敏. 电子商务实务［M］. 北京:高等教育出版社, 2010.

［11］吴健. 电子商务实务物流管理［M］. 北京:清华大学出版社, 2015.

［12］刘全胜. 网络营销与成功案例［M］. 北京:金盾出版社, 2011.

［13］刘玉萍. SEO 网站营销［M］. 北京:清华大学出版社, 2015.

［14］龚铂洋. 左手微博右手微信［M］. 北京:电子工业出版社, 2014.

［15］彭纯宪. 电子商务基础［M］. 北京:机械工业出版社, 2009.

［16］本书编委会. 网民安全手册:维护上网安全,远离网络欺诈［M］. 北京:电子工业出版社, 2014.

［17］吕廷杰. 移动电子商务［M］. 北京:电子工业出版社, 2011.

［18］中国电信移动支付研究组. 走进移动支付［M］. 北京:电子工业出版社, 2012.

［19］柳经纬. 电子商务法［M］. 厦门:厦门大学出版社, 2004.

［20］王芸. 电子商务法律基础知识［M］. 北京:高等教育出版社, 2010.

［21］广东省职业技能鉴定指导中心. 电子商务师(电子商务员、助理电子商务师)［M］. 广州:广东世界图书出版公司, 2011.

［22］杨天翔. 电子商务概论［M］. 上海:复旦大学出版社, 2006.

［23］垦丁网络法学院. 白话电商法律法规［M］. 北京:人民邮电出版社, 2020.

［24］汤飞飞. 电子商务法律法规［M］. 北京:北京出版集团北京出版社, 2020.

"十四五"职业教育国家规划教材

电子商务基础（第3版）
主编：钟雪梅
书号：978-7-5624-9541-3

电子商务物流（第3版）
主编：雷颖晖
书号：978-7-5624-9542-0

网络客户服务实务（第3版）
主编：廖文硕
书号：978-7-5624-9592-5

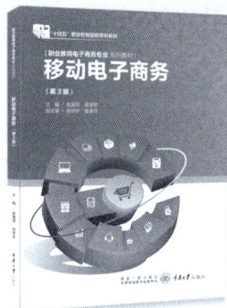

移动电子商务（第3版）
主编：容湘萍　肖学华
书号：978-7-5624-9595-6

网店运营（第3版）
主编：张雪玲
书号：978-7-5624-9978-7

网店装修（第3版）
主编：张文彬
书号：978-7-5689-0146-8

网络推广（第2版）
主编：许嘉红
书号：978-7-5689-0837-5

网络客户服务综合实训（第2版）
主编：詹益生
书号：978-7-5689-0976-1

未完，待续……

"十四五"职业教育国家规划教材

商务软文写作（第2版）
主编：唐汉邦
书号：978-7-5689-0979-2

网络广告制作精选案例（第2版）
主编：李浩明
书号：978-7-5624-8579-7

网上开店（第3版）
主编：欧阳俊
书号：978-7-5624-9770-7

网店美工实战（第2版）
主编：孙 令
书号：978-7-5689-2184-8

直播电商基础（第2版）
主编：彭 军
书号：978-7-5689-2966-0

网店运营综合实战
主编：吴 成　王 薇
书号：978-7-5689-2965-3

网店视觉营销设计与制作
主编：叶丽芬
书号：978-7-5689-2964-6

跨境电子商务实务
主编：李晓燕
书号：978-7-5689-2980-6

未完，待续……